CORPORIS IURIS CIVILIS IUSTINIANI
FRAGMENTA SELECTA

优士丁尼国法大全选译

第 2 卷

物与物权

〔意〕桑德罗·斯奇巴尼 选编
范怀俊 费安玲 译
〔意〕阿尔多·贝特鲁奇 朱赛佩·德拉奇纳 校

商务印书馆
The Commercial Press

Corporis Iuris Civilis Iustiniani

Fragmenta Selecta

II

DE REBUS ET DE IURIBUS IN REM

《优士丁尼国法大全选译 第2卷 物与物权》

SULLE COSE E SUI DIRITTI REALI

Traduzione in cinese con latino a fronte

Selezione di testi
a cura di Prof. Sandro Schipani

con la collaborazione di Prof. Aldo Petrucci e Dott. Giuseppe Terracina

traduzione di FANG HUAIJUN e FEI ANLING

Volume stampato con la collaborazione di
OSSERVATORIO SULLA CODIFICAZIONE E SULLA
FORMAZIONE DEL GIURISTA
IN CINA NEL QUADRO DEL SISTEMA GIURIDICO ROMANISTICO

Università degli Studi di Roma "Tor Vergata"

"Sapienza" Università di Roma

Dipartimento Identità Culturale del CNR

Università della Cina di Scienze Politiche e Giurisprudenza (CUPL)

E

CENTRO DI STUDI DUL DIRITTO ROMANO E ITALIANO

Università della Cina di Scienze Politiche e Giurisprudenza (CUPL)

优士丁尼国法大全选译
总　　序

　　我国法律人了解罗马法的方式，可以说基本上以20世纪80年代末为界。在此之前，我国法律人主要通过现代人撰写的教科书来获取罗马法的知识信息。在此之后，由于有了罗马法原始文献的中译本，例如，将《学说汇纂》(*Digesta*) 与《优士丁尼法典》(*Codex Iustinianus*) 的相关内容按照特定主题编辑的中文选译本、《法学阶梯》(*Institutiones*) 中文全译本、《学说汇纂》单卷本的中文全译本等，我国法律人得以通过阅读罗马法原始文献来认识罗马法。这些中文译本中，大部分内容是从罗马法原始文献的原始文字拉丁文直接译为中文的。较之那些以其他语种为介质的罗马法原始文献的译文，这些直接从拉丁文翻译过来的中文译本，在译文精准度方面，自始便具有不可低估的优势。

　　各位读者或许已经注意到，这套丛书的译者共七人；已经部分问世的单卷本《学说汇纂》的译者团队更是由二十余位年轻的中国法律人组成。饮水不忘挖井人，这一切要感谢中国著名法学家江平教授和意大利著名罗马法学家桑德罗·斯奇巴尼 (Sandro Schipani)

总　序

教授。正是因为他们的睿智决策和精心组织，我国才得以形成一支对罗马法和意大利现代法颇有研究的人才队伍。

1988年春季，任教于中国政法大学的黄风老师应邀赴意大利博洛尼亚大学进行学术访问。能够流利地用意大利语讲授中国法律的黄风立刻成为了博洛尼亚大学法学院的一道靓丽的风景线。正在积极寻找机会与中国法学界建立合作关系的意大利国家研究委员会下属的"罗马法传播研究组"（Gruppo di ricerca sulla diffuslone del diritto romano）负责人皮埃兰杰罗·卡塔拉诺（Pierangelo Catalano）教授和桑德罗·斯奇巴尼教授闻讯找到了黄风，希望他利用娴熟的意大利语致力于罗马法研究和有关项目的合作。当时，这两位意大利的罗马法学教授已然是闻名于意大利乃至欧洲和拉美国家的著名罗马法学家。他们对罗马法的深刻思考、对现代社会的罗马法继受的精辟见解、对中国研究罗马法的重要作用的睿智分析，以及他们对意大利与中国在罗马法领域合作的可行性分析、对落实路径的思考和所提出的能够立即付诸实践的工作计划，深深感染了黄风。当两位意大利教授在黄风有关中国研究罗马法的情况介绍中了解到，中国政法大学的江平教授已经在该大学讲授罗马法课程八年有余，便立即通过黄风向江平教授发出了访问意大利罗马第二大学和意大利国家研究委员会的邀请。

1989年春季，时任中国政法大学校长的著名法学家江平教授应邀在意大利国家研究委员会向来自意大利十余所大学的数十位法学教授发表演讲。时任意大利共和国总统科西加（F. Cossiga）先生为此专门发来贺电："中国政法大学校长江平教授所做的报告不仅对意大利国家研究委员会的罗马法传播项目很重要，而且更重要的是，其清晰地确认了罗马法在不同文化及其发展中的贡献。罗马法的成果系一千余年发展的结晶。其产生于奎利蒂法中较窄的领域，后被拓展至上个世纪的现代法典化中。罗马法不仅是一个始终存在且稳定的法律规则、法律制度和法学方法的共存体，而且在人的自由性、国家的非宗教性、个人的责任性、意愿的自治性、公众的代表性、平等主体间的团体性等一些基本原则的基础上，形成了各个国家之间无差别的当代文明。正是基于罗马法的严谨逻辑和合乎逻辑的推理，在许多国家中，就个人之间和人民之间不应当用暴力方式破坏构建在法律基础上的共同文明这一基本原则都达成了共识。我非常荣幸地向这样一位尊敬的演讲者致以热烈的欢迎，并向会议的全体出席者致以问候。"江平教授的演讲和科西加总统的贺词当年全文刊登于意大利著名学术刊物《启示者》（*Index*）上。

在访问期间，江平教授应邀与"罗马法传播研究组"的教授们及意大利罗马第二大学的罗马法学教授们进行了座谈，就启动中国与意大利法学界之间的罗马法研究、罗马法原始文献翻译和法学人才培养等项目进行了深入交流，并形成了合作意向，其中就法学人才培养达成的共识是：罗马法的翻译与研究工作的实施前提是法学人才的培养；中国政法大学与意大利罗马第二大学共同缔结人才培养、学术交流等多领域合作协议。故而，江平教授代表中国政法大学与意大利罗马第二大学签署了两校间的合作协议。根据该协议，中国政法大学需要尽快派出至少四名合适人选前往意大利学习罗马法并开始原始文献的翻译工作，留学期间的奖学金由意大利方面提供。

总　序

　　1990年至2004年，在中意两国政府和中国政法大学、意大利罗马第二大学等机构的支持下，黄风、丁玫、范怀俊、徐国栋、张礼洪、薛军、刘家安、罗智敏等人和我先后赴意大利学习法律，尤其是罗马法。该期间派出的人员的特点是：一、绝大多数人是高校年轻教师；二、绝大多数人在本科和研究生阶段接受过法学的严格训练；三、绝大多数人在去意大利留学之前仅接受过8个月左右的意大利语短期培训。上述全体年轻学子在意大利学习期间均十分刻苦、努力，因此都顺利地完成了在意大利的学习计划。

　　以在罗马第二大学学习罗马法的年轻学者为例，他们在意大利留学期间主要有两个任务：

　　一、在罗马第一大学法学院罗马法研究所举办的罗马法高级研究班里系统地学习罗马法。罗马第一大学法学院的罗马法研究所设立于1888年，是欧洲享有盛誉的学术机构。那里有藏书极为丰富的罗马法图书馆，许多著名的欧洲法学家都在那里学习或者讲学。在该研究所的图书馆里有一张桌子，那是德国著名的罗马法学和罗马史学家蒙森（Christian Matthias Theodor Mommsen，1817—1903）在该研究所讲学及开展研究活动时经常使用的。这张桌子被作为纪念物放在图书馆一进门醒目的地方，桌子的上方悬挂着蒙森的肖像。该研究班的学生主要来自于欧盟成员国和拉美国家，其中相当一些人是在本国讲授罗马法的青年教师。给罗马法高级研究班授课的都是在罗马第一大学任教的意大利甚至欧洲最著名的罗马法学家，例如，皮埃兰杰罗·卡塔拉诺、马里奥·塔拉曼卡（Mario Talamanca）、菲利恰诺·赛拉奥（Feliciano Serrao）、朱利亚诺·克里佛（Giuliano Crifò）、安东尼·马西（Antonio Massi）、马里

总　　序

奥·马扎（Mario Mazza）、路易吉·卡波格罗西（Luigi Capogrossi）等学者。在研究班学习结束前，要写一篇至少30页的关于罗马法中某一个专题的学术文章。

二、在提高意大利语水平和拉丁文水平的同时，确定一个翻译选题，就该选题进行深入的学习和研究，并且在此基础上进行罗马法原始文献中相关内容的翻译。这是一个极为艰难的任务，但是这些年轻学者们以惊人的毅力、出众的能力将翻译成果呈现在人们面前，除本丛书外，还有包括意大利法学家彼得罗·彭梵得（Pietro Bonfante）的《罗马法教科书》（*Istituzioni Di Diritto Romano*）和朱赛佩·格罗索（Giuseppe Grosso）的《罗马法史》（*Storia Dei Diritto Romano*）在内的罗马法教科书系列翻译，以及意大利现代法的法典和著作的翻译，例如《意大利刑法典》《意大利刑诉法典》《意大利军事法典》《意大利民法典》等。

自2005年起，在中国国家留学基金委员会、意大利罗马第二大学、博洛尼亚大学、罗马第一大学、比萨圣安娜高等师范大学等机构的大力支持下，尤其在桑德罗·斯奇巴尼教授的帮助下，更多的中国年轻学子前往意大利学习罗马法和意大利现代法，这使得罗马法原始文献的翻译力量进一步得到强化。

从1990年至2021年的三十余年内，据不完全统计，我国先后派出一百二十余名年轻学子在意大利至少十所大学的法学院以进修和攻读学位的方式进行学习，其中至少有七十六人攻读了法学博士学位。他们的研究领域覆盖了法学的诸多学科方向，例如，罗马私法、罗马公法、现代私法、国际法、知识产权法、刑法、人权法、欧盟法、税法、中世纪法、人权法、法与经济学等。这些研究在全

总　序

球视野下可能仅仅是一小步，但是就我国而言，则是扎扎实实的一大步。这些在罗马私法、罗马公法、现代法学与中世纪法史等领域的深入研究对进一步推进我国法学理论研究及指导司法实践可谓意义重大。尤其是这些法学人才的出现，对于我国法学事业的发展、我国罗马法原始文献翻译与研究的推进及中国与意大利的法学交流，可谓弥足珍贵。

这套丛书是由按照一定主题从浩瀚的罗马法原始文献中摘选出的相关资料所构成。丛书初版名为"民法大全选译"，由中国政法大学出版社于1993年起陆续出版。部分分册又曾以"罗马法民法大全翻译系列"为题，由中国政法大学出版第二版。此次由商务印书馆再版，依照斯奇巴尼教授的编排方案，将丛书调整为8卷，分别是：第1卷《法的一般准则》（I，II）；第2卷《物与物权》；第3卷《债　契约之债和准契约之债》；第4卷《有悖于人的尊严的违法行为》；第5卷《婚姻与家庭》；第6卷《遗产继承》；第7卷《违法行为的民事责任与刑事责任》；第8卷《社会的各种组织形态》。其中，第4卷和第7卷是新增加的内容，其余各卷涵盖了旧版的各册内容。旧版的各册信息和做此调整的想法及依据，分别在阿尔多·贝特鲁奇（Aldo Petrucci）和桑德罗·斯奇巴尼两位教授的序中有所介绍，此不赘述。

这套丛书的选编者为意大利罗马法学家桑德罗·斯奇巴尼教授和阿尔多·贝特鲁奇教授，尤其是斯奇巴尼教授，他对这套丛书的选编付出了巨大心血。丛书的翻译工作得到了阿尔多·贝特鲁奇教授和朱赛佩·德拉奇纳（Giuseppe Terracina，中文名：纪蔚民）博士的巨大帮助。在贝特鲁奇教授的序中，对此有详细的描述。

总　　序

这套丛书的翻译者为黄风教授、丁玫教授、徐国栋教授、米健教授、张礼洪教授、范怀俊律师及我本人。作为罗马法原始文献之精华摘要，该丛书由译者们以自己辛勤的汗水和青春年华所孕育，并且已经成为中国法治之树不可或缺的营养基础的一部分。这套丛书的再问世得益于商务印书馆学术出版中心的鼎力支持。在这里，我们译者团队特向这套丛书的选编者、对翻译和校对工作提供帮助的人及编辑致以崇高的敬意。

费安玲
2022 年 1 月 26 日于京城静思斋

桑德罗·斯奇巴尼教授序

一、引言

30年前，我们共同开始了优士丁尼《国法大全》(*Corpus Iuris Civilis*) 原始文献的选译工作。如今，"优士丁尼国法大全选译"丛书在《中华人民共和国民法典》（以下简称《民法典》）生效后又以统一方式再版。这是中意法学家们在当今时代找到了合作发展的机遇的重要见证，也是该合作得以持续发展的新起点。

首先，我要感谢中意法典化和法学人才培养研究中心中方负责人、中国政法大学中意法与罗马法研究所所长费安玲教授为这个新版本提出的建议，并感谢商务印书馆敏锐地看到这套丛书的重要性并将其纳入于出版计划中。

本丛书的初版在中国政法大学出版社出版时（以下简称"法大版"），我为其中的每一册撰写了简短的评论式的《说明》。我很高兴地看到，这些《说明》[①]也将一并重新出版。事实上，我在《说

[①] 法大版的部分分册再版时，将"说明"改作"序"。因此，本丛书中以法大版再版后的版本为基础修订出版的各卷，仍沿用"序"，并注明了版本年份，写作"××年版序"。这一部分亦即这里谈到的"说明"。——编者

桑德罗·斯奇巴尼教授序

明》中简要评论了罗马法学家们的文本提到的一些问题。今天,中国学者所著的罗马法教材越来越多,其中有些还明确提到了古代渊源。因此,我的《说明》有助于他们教材撰写的有效完成。此外,我正在协调《学说汇纂》50卷单卷本的翻译工作,这将使读者们能够完整地在《学说汇纂》中找到其感兴趣的见解。我不仅给"法大版"的各分册均撰写了《说明》,而且除其中两册外,均附有波蒂尔(Pothier,1699—1772)在其《新编学说汇纂》(也称《新学说汇纂范畴内的潘德克吞体系》)(*Pandectae in Novum ordinem digestae*,1748—1752)中提出的解读指引[1]。

商务印书馆的再版遵循了《学说汇纂》的编序和题目,仅对每个题目下的片段调整了新的顺序(其中包括将一些片段从一个题目放置在另一个题目下的小调整)。这一新顺序有助于对这套丛书进行逐本翻译。同时,它有助于通过多次阅读所产生的对文本本身的解释而使得对这套丛书的阅读变得更为容易。

无疑,优士丁尼《国法大全》指导了后世诸多罗马法学家、民法学家的工作。不过,最为重要的是,它给1804年《法国民法典》中的许多制度提供了有效的解决路径,也间接地给在《法国民典》基础上发展起来的诸多其他国家的《民法典》提供了指导。然而,优士丁尼《国法大全》并没有穷尽那些依然开放的、与读者一起成长的丰富观点,这些读者往往从新的背景出发,带着新的疑问和新的问题对古代资料提出质疑。德国学说汇纂学派就是对古代资

---

[1] 在一些网站上可以阅读波蒂尔的作品。法语网站可以检索 "Hathi Trust Digital Library Pothier Pandectae Justinianeae",或者检索 "openlibrary.org/books";意大利语网站可以检索 "Pothier Pandette di Giustiniano"。

桑德罗·斯奇巴尼教授序

料进行后续解读的一个例子。尽管学说汇纂学派依然是发展其方法论的路径之一，但是学说汇纂学派对古代资料的重新解释的特点在于，他们比罗马法学家的阐述具有更强的抽象性。通过这种方法，学说汇纂学派强调了他们所认为的罗马法的内部体系，罗马法学家们对该内部体系一直未做出明确阐释，但他们却是按照这个体系来进行研究的。不过，在学说汇纂学派看来，该体系秩序有时是依单方面考量的重点、符合其提出的需求和运用所组合而成的。但随后，新的批判性重新解释提供了新的研究结果，其中意大利罗马学家们的重新解释得到了科学的肯定，并且在其他环境、其他人和其他法学家们的参与下对该内部体系进行了新的扩展。然而，所有的重新解释并不是从一个树干上分出的枝杈，而是在同一树干上的连续生长，并且不断地相互交流。

此次再版，在调整丛书各卷的文本时，为了以统一的方式重新出版这些文本，我向费安玲教授提议：鉴于中国《民法典》的生效，在不对当时所做工作进行大幅度修改的情况下，按照中国《民法典》的顺序进行调整。事实上，中国《民法典》与罗马法原始文献之间的对话由来已久，我相信这一对话不仅从立法法上而且从共同法体系上能够对中国法学的未来发展做出有益的阐释，因为生效的中国《民法典》对该共同法体系做出了贡献。民法法典化本身就是对共同法体系的贡献。这是一次我们许多人共同参与的法律对话，而中国的立法者和参与《民法典》编纂并使之问世的中国法学家们现已成为该对话中的主角。

在我们对话的这个新阶段中，我现在要简单回顾一下罗马法体系的四个核心概念：法（ius）、市民（cives）和人类（homines）、法典（codex）、共同法（ius commune）。它们的意义在不断地吸引着我们。

桑德罗·斯奇巴尼教授序

二、渊源多样性的"法"

对于罗马法学家而言,罗马法体系形成的时代是从罗马法始萌到优士丁尼(Iustinianus,482—565年)时期,"市民法"(ius civile)是由不同的渊源所构成的。

首先,市民法是体现人民意愿的法。平民会议决议、元老院决议、皇帝敕令同样是基于人民意愿而产生的。① 在此,我对平民会议决议、元老院决议和皇帝敕令不做赘述。

其次,作为法的渊源之一的习俗,同样是人民意愿的一种表达。②

---

① 有关该问题,盖尤斯《法学阶梯》中的 Gai. 1, 2—5、《学说汇纂》第1卷中的 D. 1, 1, 7pr.、D. 1, 2, 2, 12 和 D. 1, 4, 1pr. 以及优士丁尼《法学阶梯》中的 I. 1, 2, 3—6 均有阐述。就法律与平民会议决议之间的关系,奥罗·杰里奥(Aulo Gellio)谈道,奥古斯都时代的法学家阿特尤·卡比多(Ateio Capitone)曾经指出,平民会议决议是由主持会议的当选执法官提出法律提案并要求批准而引发的[参见 A. Gellio, N. A. 10. 20. 2 : lex est generale iussum populi aut plebis rogante magistratu(法律是由执法官提议的人民或平民的命令)]。即使是元老院决议,也是由元老院根据召集会议的地方执法官的提议进行表决,在讨论过程中,元老院议员还可能提出其他提议。
事实上,即使是作为人民意志的直接或间接表达的法律概念,在与之无关的原则的压力下,也在很长一段时间内消失了。这些原则主要与中世纪的制度有关,而现代社会推动这些法律概念之重申的原因是对罗马法渊源、对《国法大全》以及对其中存在且保存下来的关于同胞和人民的作用之法律原则进行思考的结果。

② 参见《学说汇纂》第1卷中的 D. 1, 3, 32 和优士丁尼《法学阶梯》中的 I. 1, 2, 9。必须强调的是,习俗不以民选执法官提出的建议为前提,而应当与法学家的评价相符合,法学家们将习俗与同法律无关的简单"做法""习惯做法"区别开。

桑德罗·斯奇巴尼教授序

裁判官告示也是法律的渊源。[1]

最后，基于专业能力（peritia）和智慧（prudentia），[2] 法学家的意见和学说也是法的渊源之一。法学家们对规则加以完善并形成结构化方法，并因此成长起来，其中出现了法学家们用于阐述属和种的归纳演绎法。按照类别、顺序[3] 和其他方式进行分类的方法产生了可验证性以及权威性，因此一些人得到其他已被认为是法学家的人的非正式认可而成为专家，并得到人民的赞赏（当时在某些情况下，还得到了皇帝的支持[4]）。

法学家的这种制定法律的活动并不限于市民法。从只有作为宗教祭司或者战和事务祭司的僧侣社团成员是法律专家的时代开始，由他们确认和制定的法律就提到了与外国人的"诸共同法"（multa iura communia），以及那些第一次遇到的但实际上已包括在其中的法。这些众多的"诸共同法"在市民法之前就已存在且不断

---

[1] 参见《学说汇纂》第1卷中的D. 1, 1, 7, 1、D. 1, 2, 2, 10和D. 1, 2, 2, 12，优士丁尼《法学阶梯》中的 I. 1, 2, 7, 盖尤斯《法学阶梯》中的Gai. 1, 6。事实上，裁判官是由人民选举产生的执法官，因此是人民意志的体现，但其职能不包括制定法律。然而，在很长一段时间内，在行使法律适用告示并随后由法官裁决争端的职能时，裁判官也可以纠正或创新法律，只要其他裁判官或平民护民官没有否决它即可。因此，裁判官的创新产生了法律，其后汇集到历届裁判官在其任职之初公开张贴的告示里，以便任何人都可以阅读（改变告示中所写的内容构成犯罪。参见《学说汇纂》第2卷中的 D. 2, 1, 7、D. 2, 1, 9pr.）。

[2] 参见《学说汇纂》第1卷中的 D. 1, 1, 7pr.、D. 1, 2, 2, 5和第12卷中的 D. 12, 13, 39, 1, 盖尤斯《法学阶梯》中的Gai. 1. 7, 优士丁尼《法学阶梯》中的I. 1, 2, 8。

[3] 参见《学说汇纂》第1卷中D. 1, 2, 2, 4、D. 1, 2, 2, 44中的敕令及相关法学家的阐释。

[4] 参见《学说汇纂》第1卷中的 D. 1, 2, 2, 49。

桑德罗·斯奇巴尼教授序

发展。几个世纪后,这些法大大增加,它们构成了"万民法"(ius gentium),这是全人类的共同法,适用于全人类,但对所有动物而言,适用的则是自然法(ius naturale)。当然,万民法的渊源中包含着自然理性(naturalis ratio)和自然(nature)。[1]

因此,法的概念与法律(lex)的概念不完全相同,前者更为宽泛。

这种更宽泛的延伸已被纳入我们的体系中,即使有时会形成一种对比,就像在现代欧洲民族主义遭遇国家主义法律学说或者遭遇凯尔森的纯粹法律学说一样。这些学说主张,法是源自国家的法律或者源自与国家有关的团体法律,[2]但是,在面对法律本身需要不断适应多种情况和每天不断产生的新情况时,在将法律与其整个体系进行比较时,以及在法律的比较中考量司法裁判的可能性时,在承认人类共同法和人的基本权利时,就会产生一系列理论上和实践上的困境。

法的概念比法律的概念更为宽泛,由产生法的多元渊源所界定的法的概念以一种完整的方式被界定为:对人类而言,法是"善良与公正的艺术"(ars boni et aequi)。[3]根据这个标准,法的每个渊源所产生的一切都应当从法的角度加以评价。

---

[1] 参见盖尤斯《法学阶梯》中的 Gai. 1, 1,《学说汇纂》第 1 卷中的 D. 1, 1, 9、D. 1, 1, 1, 3、D. 1, 1, 4 和优士丁尼《法学阶梯》中的 I. 1, 2pr. —1。

[2] 有时,我们错误地认为,国家法律主义是法治必要的先决条件。但显然,法治并不以国家法律主义为前提,而是要求国家机构尊重法律。

[3] 参见《学说汇纂》第 1 卷中的 D. 1, 1, 1pr.。

三、市民：作为产生"城邦"（civitas）及反映罗马城邦基本情况渊源的术语

罗马古人，即奎里特人（Quirites），被认为是拥有支配权（potestas）[①]的人且是家庭内的支柱和首脑，具有平等地位的家子或被收养的家子亦包含其中，他们将自己托付给国王。第一个国王罗慕路斯（Romulus）在朱庇特（Giove）的主持下建立了罗马城（urbs）[②]。朱庇特被认为是世间的神，是所有已知和未知世界的和平与法律的保障者。他根据地面上的沟壑确定了城市和城墙建造的位置。沟壑、城墙不得翻越，[③]沟壑延至门边不再伸展，从那里始有连接奎里特人及其领土与其他民族和其他王国之间的道路。从那里开始，罗马以其居民家庭为形式向其他自然人和民族开放，使之成为罗马的一部分。在国王的管理下，逐渐形成了"诸共同法"。

多达两个半世纪的酝酿期使得人们确信，他们的团结应当建立在他们自己决定的基础上。

"市民"一词最初并非指住在城市中的居民，而是指那些在互惠关系中彼此为"共同市民"（con-cittadini）的人[④]。他们共同制

[①] potestas 应当源自 potis esse。potis esse 即"更多"之意，是指具有自己独立且能够与他人建立关系，并为那些无法与他人建立关系的人及其家庭提供支持的能力。

[②] urbs 应当源自 urbare，参见《学说汇纂》第 50 卷中的 D. 50, 16, 239, 6。

[③] 参见《学说汇纂》第 1 卷中的 D. 1, 8, 11。

[④] 参见 É. Benveniste, *Deux modèles linguistique de la cité, in Échanges et communications*, in Mél. Lévi-Strauss, 1, Mouton-L'Aia, 1970, 589 ss.（= in Id., *Problèmes de linguistique général*, II, Parigi, 1974, 272ss.。

桑德罗·斯奇巴尼教授序

定了《十二表法》，这是他们的共同法则。在此基础上，他们开始对罗马城市国家进行转型，开始追求"使之平等和自由"（aequare libertatem）这一目标，以及由此带来的所有期许和影响。这一目标成为法律的基本特征，他们也因此经历了不断的变革。最重要的是，正是基于这些法律，他们的自我认同才得以确立，并且"城邦才得以建立"①。

术语 cives（市民）一词是 civitas（城邦）一词的基体词，civitas 源于 cives。首先，它要表明"共同-市民"的条件，也就是说，市民身份是一种地位，依其意志和法律建立起与其他民族之间的相互关系；其次，它指的是"共同市民在一起"（insieme dei concittadini），并以翻译的方式指"城邦"。如同前面提到的那样，市民身份对所有人开放，接纳他人，被制度化地称为"人民"（populus），持有源自市民身份的权力。人民被定义为"是许多人基于法的共同意志与共同利益而结合起来的集合体"（coetus multitudinis iuris consensu et utilitatis communione sociatus）②，并构成一个实体（corpus），但这是一个"由独立的个体组成的实体"（corpus ex distantibus）③，即使存在着特定的统一性，但个体仍然保持着自己的特性。他们是聚集在城邦里的市民，在相互的关系中产生了他们的组织，即"城邦"。

---

① 参见《学说汇纂》第 1 卷中的 D. 1, 2, 2, 4。参见 S. Schipani, *La condificazione del diritto romano romune e l'accrescimento del sistema*. Appunti delle lezioni, cap. II, parte prima, in Liber Amicorum per Massimo Panebianco, 2020。

② 参见 *de Rep.* 1, 25, 39。

③ 参见《学说汇纂》第 41 卷中的 D. 41, 3, 30pr.。

桑德罗·斯奇巴尼教授序

这就是他们的物（res），即"公共物"（res publica），也就是"城邦"。这是他们聚集在一起的结构性产品。并非公共资源或者市民身份使这些人成为市民或者决定了他们存在的这一颇具特征的方式，相反他们就是该城邦的缔造者，其组织结构是他们相互关系的结果，通过活动而得到巩固，且可以被调整。该城邦组织是统一的、团结的，但并非是一个自然的有机体的统一，而是作为一种社会产物，依其模式存在并保证其多元性。①

法律是作为人的市民意志的表达，只对市民有约束力（除少数例外）。作为市民法的渊源，法律也在辨别着市民法，尤其表现在辨别身份时。

对平等的追求是城邦的特点，它使人们认识到，被视为平等的其他民族也有自己的法律，即"利用他们自己的法律"（suis legibus uti）②。在这些规范之外，如前所述，还有适用于所有人的万民法。

基于从家庭过渡到市民身份的社会结构的开放，罗马的扩张是市民条件的扩张。卡拉卡拉（Caracalla，186—217 年）皇帝于 212

---

① 我已经再次强调过，希腊语见证了一个相反的过程：城市（希腊语为 pólis）是市民（polítēs）的基体词。城市产生了市民，这与希腊城市最初对自身的封闭有关，它不对外国人开放，也没有建立起一个如同与罗马共同成长的包容的"公共物"，即城邦。

② 我们在执政官提图斯·昆图斯·弗拉米尼乌斯（Titus Quintus Flaminius）战胜马其顿人后对希腊人的著名演讲中发现，该原则得到了承认和颂扬［参见李维的《自建城以来》(33, 32, 4—6)："罗马元老院和被誉为皇帝的提图斯·昆图斯在打败了菲利普国王和马其顿人后，下令科林斯人和希腊的其他民族获得自由，免于进贡，并按照自己的法律生活。"］。我们发现该原则在库伊特·穆齐·斯凯沃拉给阿西亚行省的告示中也得到了肯定。在恺撒的《高卢记》和西塞罗等人的作品中均可寻觅到相关内容。

年颁布的《安东尼敕令》[1]（Constitutio Antoniniana）承认了帝国所有居民的市民身份。该敕令给予生活在城市的人们以最大程度的自由和自己法律的选择权，人们根据不同情况将法律适用于他们的关系中，而罗马共同法则适用于有着不同法律的城邦市民之间的关系（这个演进过程也见证了罗马法的传播）。

但是，法超越并包容了所有法律意义上的人和自然意义上的人，这就是法设立的原因和目的。[2]

四、法典、法学家、法典编纂的创始人和在优士丁尼立法功能基础上的立法者：基本协同；在所有法的体系中以人为首位的宏观分类和宏观排序。

法典思想的酝酿由来已久。我们可以说，它是在城邦设立千年之后才出现的，我们亦可以把它看作体系编纂时代的最后时刻，它在我们这个伟大革命的和重新法典化的时代，为法典的后续发展提

---

[1] 该敕令可能是用拉丁文起草的，然后由帝国文吏翻译成希腊文。希腊文译本出现在一张非常不完整的纸莎草纸上，其来源不明，德国吉森博物馆于1902年购买并将其保存［参见发表于《优士丁尼之前的罗马法原始文献》（Fontes Iuris Romani Anteiustiniani, FIRA）的文章，佛罗伦萨，1941，第445页］。对极度缺乏的纸莎草纸文本中的信息进行整理、研究非常重要。
关于这个问题的相关文献可参阅朱赛佩·格罗索的《罗马法史》（黄风译，中国政法大学出版社2018年版）中的相关内容及M. 塔拉曼卡（M. Talamanca）的《罗马法史纲》（Lineamenti di Storia del diritto romano）（周杰译，北京大学出版社2019年版）中的相关内容。

[2] 参见盖尤斯《法学阶梯》第1卷中的Gai. 1, 7；参见《学说汇纂》第1卷D. 1, 5, 2中法学家赫尔莫杰尼安所说的"所有的法都是为人而设"。

桑德罗·斯奇巴尼教授序

供了支持。

在从城邦到我们的奥古斯都（Augusto，公元前 63 年—公元 14 年）时代之初所采取的新形式中，法学家的工作与皇帝设立的新裁判官机构之间出现了一种融合形式，皇帝通过在一定时期内给法学家以权威而对此给予支持。①

这种融合并非是孤曲的独舞，而是同样发生在其他场合。

从 2 世纪开始，法学家们对城邦本身的新结构进行了反思，完善了皇帝不同类型的敕令中法的特有价值。在这些敕令中，皇帝针对已有的法律进行了创新。这些创新有时包含在皇帝做出的司法裁决（decreta）中；有时包含在裁判官告示（edicta）中，其旨在体现皇帝通过其代表对行省政府的治理；有时包含在行政文件中，例如批复（epistulae），批复是皇帝向其代表发出的纯粹政治性的，或者行政性的，甚至法律性的建议，或者用它回应私人的请求。法学家们有时会利用这些文本，将它们作为权威性的引文纳入自己对法律的阐述中，如同他们将其他法学家的观点和学说纳入自己的阐述中一样。因此，借助着法学家们的著作，皇帝对法律一般性的思考成熟起来，②后来它们被通称为"敕令"（constitutiones）。这个词也被用来指皇帝直接颁布的一般文件、独立于上述形式的文件和皇帝自己的倡议。法律的特有价值建立在人民意愿的基础上，因为人民

---

① 参见《学说汇纂》第 1 卷中的 D. 1, 2, 2, 11 和 D. 1, 2, 2, 49。
② 盖尤斯《法学阶梯》中的 Gai. 1, 5 和《优士丁尼法典》中的 C. 1, 1412, 1 均阐释了法学家在促进皇帝敕令产生法律价值方面的作用："……甚至古代的法律创始人（即法学家）也公开和明确地定义，来自皇帝在法庭上宣布的判决敕令具有法律价值。"

桑德罗·斯奇巴尼教授序

在君主上任之初批准了"君王法"(lex de imperio)[①]。

在上述记载的其中一个文件内,皇帝再次就涉及法官的法学家的意见进行了干预。事实上,在科学方法多样化的背景下,法学家们的意见有时会相互矛盾。皇帝通过一项敕令规定:如果法学家们的意见一致,对法官应当具有约束力;但是,如果法学家们的意见不一致,法官可以选择他认为最适合其裁判纷争的意见,但法官不能自己研究出另一种解决方案。[②]

此外,法学家们不仅开始引用和思考敕令,还开始收集敕令。因此,帕皮流斯·尤斯图斯(Papirius Iustus)将2世纪末马尔库斯·奥勒流斯·安东尼努斯(Marcus Aurelius Antoninus)和鲁求斯·维鲁斯(Lucius Verus)两位皇帝的批复汇编为20编的书,没有添加任何自己的内容。他的这部著作随后在《学说汇纂》中以与法学家其他著作相同的方式被使用和引用。[③]由于在可卷的纸上进行书写(即由羊皮纸装订成册的书)这一创新形式的出现,我们得到了3世纪末法学家格雷戈里亚努斯(Gregorianus)和赫尔莫杰尼安(Hermogenianus)的两部法典。这两部法典收集和整理了皇帝敕令。这些法典还被作为法学家著作,用从事敕令收集与整理的两

[①] 在盖尤斯《法学阶梯》中的 Gai. 1, 5 的最后和《学说汇纂》中的 D. 1, 4, 1pr., 乌尔比安都谈到了涉及君王治权的《君王法》。我们仅能够通过维斯帕西亚努斯(Vespasianus, 9—79年)找到的一块铜板(69年)了解之。在该文本中,我们没有读到赋予君王发布法律的权力条款,而只有非常笼统的一句话:"他有权执行和实施一切,根据城邦管理需要,他被认为享有神圣的、人类的、公共的和个人的威严。"因此,除了后来法律的条款不同之外,我们可以理解涉及该法的解释变化。

[②] 参见盖尤斯《法学阶梯》中的 Gai. 1, 7。

[③] 参见《学说汇纂》第 8 卷中的 D. 8, 2, 14 和 D. 8, 3, 17 等内容。

桑德罗·斯奇巴尼教授序

位法学家的名字命名。[1]

后来，关于法学家的著作，426年的《引证法》（*Lex Citationis*）确认了皇帝对规范法学家著作的使用进行了干预。[2] 在法学家的法律专业水平和古典法学家著作的持久性出现危机的情况下，敕令确认了盖尤斯、帕比尼安、保罗、乌尔比安和莫德斯丁著作的价值，[3] 以及他们的著作中包含的其他人的意见。此外，针对解释这些文本的困难以及这些法学家的意见可能存在不一致、使用者可能不知如何解释的情况，敕令规定要接受被大多数人认可的意见；如果依然无法确认，则以帕比尼安的意见为准。

顺着皇帝敕令和法学家解释这两个渊源相遇与互替的思路，狄奥多西二世（Theodosius II，401—450年）皇帝随即开始了法律的编纂，将敕令和作为其注释的法学家意见汇集在一起。由于为此目的而成立的委员会的放弃，这个编纂活动没有取得成果（我们不知道这究竟是由于委员会成员能力不足，还是由于他们对编纂法典有异议）。其后，一个新的委员会完成了《狄奥多西法典》（*Codex Theodosianus*）的编纂，并于438年颁布。该法典只收集和整理了敕令，且仅限于那些普遍适用的敕令，以便符合在此之前确定的仅承认这些敕令有效的方针。[4] 一方面，这部法典所表达的背景是，在

---

[1] 参见狄奥多西二世和瓦伦丁尼安《法典》中的1, 4, 3:"……从格雷戈里亚努斯、赫尔莫杰尼安、盖尤斯、帕皮尼安和保罗等所有的法学家这里，我们基于当今时代的原因而选择了被认为是必要的内容。"

[2] 参见狄奥多西二世和瓦伦丁尼安《法典》中的1, 4, 3。

[3] 请注意，有关敕令提到了这些法学家们已更多地参与了教学和法律实践。参见 *Vaticana Fragmenta* 和 *Collati* 中的记载。

[4] 参见《优士丁尼法典》中的 C. 1, 14, 2 和 C. 1, 14, 3。

桑德罗·斯奇巴尼教授序

法律层面的术语中,"法典"这一表达在当时已具有法律书的特定含义。在法典中,法学家的著作和立法者的认可交互融合;另一方面,这部法典对法学研究的新发展形成了一种刺激。此外,在这部法典颁布之前的425年,君士坦丁堡大学[①]"为对法学与法律进行系统阐述"[②]而设立了两个教席,并要求官员们在完成法律学习后才能进入一定级别的帝国官僚机构中。

最终,优士丁尼皇帝在他于527年上任后就立刻关注到应当以可知的更容易、更可靠的编纂方式来提高法律的确定性,并决定用一部法典来更新《狄奥多西法典》,其中要包括在它之后颁布的敕令和特别敕令,也要包括最古老的敕令。这项工作很快就在529年完成了。[③] 该法典没有收录法学家的著作,这些著作的使用由《引证法》规定。优士丁尼坚信,这部法典是他唯一的成果,他希望以他的名字命名,即《优士丁尼法典》。

但是,在这项工作完成后,一个对法及其渊源进行反思的时期开始了。在此期间可以看到,法学家、大臣特里波尼亚努斯

---

① 据史料记载,君士坦丁堡大学成立于425年,由狄奥多西二世创设,其目的是对抗以古爱琴文明为道统传承的雅典学院。在优士丁尼皇帝时代,雅典学院被取缔拆毁,君士坦丁堡大学便成了罗马帝国的最高学府。该大学设有拉丁文、希腊文、法学和哲学等31个教席。教员由元老院委任,学校由市长管理。据传大学图书馆内有36 500卷藏书。该大学后被利奥三世(Leo III,717—741年在位)拆毁,图书馆也被烧掉。至此,该大学不复存在。——译者

② 参见《优士丁尼法典》中的 C. 11, 19, 1, 1。法律教学也在帝国的其他城市进行,如在埃及的亚历山大、巴勒斯坦的凯撒利亚、非洲省的迦西奇、希腊的雅典和安提奥克。我们知道,在表现出色的贝里托,有来自当时中东各地的学生(参见 L. Wenger, *Die Quellen des römischen Rechts*, Wien, 1953, 616 e 629)。

③ 即529年4月7日的 *Summa rei publica* 敕令。

桑德罗·斯奇巴尼教授序

(Tribonianus，约500—542年)发挥了突出作用，他参与了《优士丁尼法典》的编纂，他欣赏他所处时代的法学家的能力并维护法学家的权威，支持他们编纂一部与敕令并行的法典，在该法典中包括教学和司法实践中使用的古代法学家的著作。

优士丁尼和他的一些合作者最初可能认为，对在体系扩展下的法之产生，皇帝的作用往往是或者已经是唯一的渊源。显然，没有人认为要取消古典法学家们对法的产生所具有的作用(在第一部法典中保留的《引证法》就证明了这一点)。然而，在529年11月的一部敕令中，似乎出现了一种含糊的概念，根据该概念，皇帝在制定新法律方面拥有某种垄断权，他可以用自己的敕令或用自己对敕令的解释来提供一些创新性发展。但是，应注意的是，在敕令中，皇帝只是在为实现法典编纂所做的工作加以辩护，特别是以更加开放的态度将早期的敕令纳入其中，同时承认与个别案件有关的敕令。

无论第一部法典的诞生是基于怎样的方式，这导致对《学说汇纂》工作的思考持续了一年半，而由特里波尼亚努斯倡导的方式似乎占了上风：不仅决定收集和整理法学家著作，而且确认了法学家——甚至他们同时代的法学家——的作用和永久价值。根据530年12月15日的敕令，特里波尼亚努斯受托选择他想要的合作者，并开展将法学家著作汇集进法典的工作。由于清晰认识到自己的权限，并考虑到古典法学家著作中存在的意见分歧，以及在编纂前的几个世纪里法律在默许的转化使用中或通过帝国敕令的干预发生的变化，他认为，作为法典编纂委员会成员的法学家们不应局限于计算多数票，或者不应根据《引证法》的规定考虑提交人对他们发表的意见的或多或少的权威性。但是，他们有选择著作和参与

桑德罗·斯奇巴尼教授序

著作撰写的自由,以消除任何矛盾,并使之适应"更好和更有成效的平等"。[1] 换言之,法学家被正式承认有能力做自罗马早期以来法学家一直在做的事情:引用前人的意见,对其进行比较、评估,选择或提出一个新的结论。他们所做工作的质量和法律相关性得到了认可,在促使成果问世的工作中,他们是该成果的"创始人"(conditores),这是一个用于古典法学家和皇帝的重要术语。[2]

此外,《学说汇纂》不仅收录了编纂者所关注的法学家们的著作,还收录了对编纂体系至关重要的著作,其强调:制定具有法律效力的敕令的权力取决于人民所希望的法律,这就是城邦的基本原则。[3]

鉴于这项工作的规模,该委员会在很短时间内即完成了这一工作。《学说汇纂》于533年12月16日以拉丁文和希腊文双语敕令的形式问世。这个写给君士坦丁堡元老院和"全体人民"的双语敕令强调,"神圣的善良在保护着我们"。

同时,在最后几个月中还有一项工作,即主要在盖尤斯《法学阶梯》(*Gai Institutionum*)的基础上起草的一部新的教科书,即优士丁尼《法学阶梯》。优士丁尼《法学阶梯》具有对法律研习的引导功能,该功能与几个世纪前《安东尼敕令》于其最初几十年中引导对法律感兴趣且规模不断扩大的人们研习法律的功能是相同的。

---

[1] 参见《优士丁尼法典》中的 C. 1, 17, 1, 6,即敕令 *Deo Auct.* 6。
[2] 参见《优士丁尼法典》中的 C. 1, 17, 2, 17,即敕令 *Tanta* 17;参见桑德罗·斯奇巴尼,《桑德罗·斯奇巴尼教授文集》,费安玲等译,中国政法大学出版社2010版,第72页。
[3] 参见《学说汇纂》中的 D. 1, 4, 1pr. 和优士丁尼《法学阶梯》中的 I. 1, 2, 6。

桑德罗·斯奇巴尼教授序

盖尤斯的教科书、优士丁尼的教科书均有自己并非完全描述性而是规范性的宏观分类和宏观体系。因此,优士丁尼《法学阶梯》将部分著作加以综合,同时构建了具有很强结构性的内部体系,与《优士丁尼法典》和《学说汇纂》相互发挥作用。法学家们具有规范性的全部著作得到了体系化张力的支持,但优士丁尼《法学阶梯》对此明确提出了相关建议。该顺序被放置在优士丁尼《法学阶梯》的开篇,而且对《优士丁尼法典》和《学说汇纂》而言似颇具影响,其确定了阅读方向,同时在法学家术语中嵌入了翻译术语"学说汇纂",以现代化的方式丰富了其内含。[①] 优士丁尼《法学阶梯》于533年12月21日与《优士丁尼法典》[也称《帝国敕令》(*Constitutio Imperatoriam*)]一起公布。

法律研究计划的改革也已准备就绪,533年12月16日的敕令中强调的"一切由我们城邦认可的东西",表达出对《优士丁尼法典》、优士丁尼《法学阶梯》与法学家之间必要的长期对话的共识,因为编纂者认为,他们的成果能够"使法律每天都向最好的方向发展"(ius cottidie in melius produci),这是保持法律本身稳定的必要目标。正如编纂者自己计划的那样,他们将彭波尼(Pomponius)[②]的这些话放入了《学说汇纂》中。

情况也是如此,优士丁尼希望自己的《法学阶梯》能够对作为未来法学家的年轻人加以教导,而且强化年轻人最初的学习方向,他将他们称为"年轻的优士丁尼"[③]。

---

① 参见《君士坦丁堡敕令》*Dédōken* 7。
② 参见《学说汇纂》第1卷中的 D. 1, 2, 2, 13。
③ 参见《君士坦丁堡敕令》*Omenm 2 Imp.* S。

桑德罗·斯奇巴尼教授序

在《学说汇纂》和优士丁尼《法学阶梯》问世后的第二年，《优士丁尼法典》进行了更新。其与《学说汇纂》工作期间颁布的敕令结合起来，以解决法学家委员会认为立法者必须干预的问题。新版《优士丁尼法典》于534年11月17日通过敕令发布。

无论是《优士丁尼法典》，还是《学说汇纂》，或是优士丁尼《法学阶梯》，都被特称为优士丁尼《国法大全》，以表明它们都同属《国法大全》这一法律著作。它们有着共同特点，即开篇伊始即包括全部的法。

在这里，我不对这些特点加以讨论，[①] 但我认为必须强调的是，作为产生法的两个渊源，在皇帝立法职能基础上的市民——人民立法者（concittadini-popolo legislatore）与法学之间具有协同发展的特点。

如前所述，《国法大全》是罗马法体系两个渊源，即法律和法学家之间相互独立、相互作用的结果。这是一个真正的两个渊源之间的合作，其不仅发展了过去的做法，而且还产生了一个具有高度价值的共同成果，这是前所未有的。与此同时，这一合作并没有削弱两个渊源各自在体系中继续发挥其自主功能。

立法者和法学家的活动都没有以编纂作为结束。优士丁尼发布了许多敕令，这些敕令或许应该纳入一个新的"敕令法典"（codice delle costituzioni）中，其他由他的继任者颁布的敕令也会按照时间顺序被简单收集。法学家们按照不同的路径和方法，致力于汇总、

---

① 对上述特点的更详细阐述，参见朱赛佩·格罗索：《罗马法史》，黄风译，中国政法大学出版社2018年版。

解释、调整和强化这些法典的艰巨工作，以造福于新一代罗马帝国之人和其他民族。他们在超过一千年的时间里所做的一切不仅仅是一个简单的事实，更是基于体系渊源的永久逻辑。

此后，其协同功能被更新，这是近现代再法典化的现实，也是今天的现实。①

五、行进在途中的共同法；不变的法之统一与多种语言

古典时代的罗马法学家以复数形式将他们的法称为"罗马人的法律综合体"（iura populi romani）。伴随着《国法大全》的出现，我们看到出现了一个独立的统一概念化的成果：罗马共同法（ius romanum commune）。这一名称包括了市民法、万民法、自然法中已阐述的内容，而非将其删除。对于这些法典而言，这些内容是叠加存在着的。

此外，有学者准确地指出，在《优士丁尼法典》中提到外国人资格，就会获得另一种意思，即"生活在法律之外的人"，或者"处于同一自然界之外的人"。② 这三部作品（即《优士丁尼法典》、优士丁尼《法学阶梯》和《学说汇纂》）没有讨论涉及罗马人和外国人之间关系的全部问题，如果他们因婚姻、子女等原因来到罗马帝国，这些问题以前都曾被处理过。③ 对于成熟的罗马共同法而言，

---

① 相关内容参见桑德罗·斯奇巴尼：《桑德罗·斯奇巴尼教授文集》，费安玲等译，中国政法大学出版社 2010 年版，第 17—71 页。
② 参见《优士丁尼法典》中的 C, 9, 18, 6。
③ 参见盖尤斯《法学阶梯》中的 Gai. 1, 65。

桑德罗·斯奇巴尼教授序

有一个思考的路径。根据该思路，不再有"外国人"。"市民"指向"人类"，反之亦然。或者更确切地说，这是一个正在进行中的运动。

在优士丁尼时代发动的战争，无论是在帝国东部与帕提亚人的战争，还是在帝国西部特别是针对意大利的奥斯特罗哥特人、针对非洲的旺达里人和西班牙南部的西哥特人的战争，都显示了优士丁尼要恢复帝国整体和统一的计划，并且从治国角度而言，法律照顾是一个优先事项[1]。这一优先事项涉及地中海沿岸地区人民之间对"使之平等和自由"（aequare libertatem）的关注，即使他们适用同样的法，一个统一的法。

在《国法大全》中确立的罗马法对罗马帝国中的全体居民有效。[2] 如上所述，使用自己的法律，即《安东尼敕令》所适用的法律，已不再符合广泛的需要。[3] 因此，我们看到了《国法大全》中确认了每个人都要遵守法律规定的内容，这一规定并非偶然，例如，在男女平等地享有继承权方面，就确认了人与人之间的平等。[4] 我们还看到，在最终并入帝国的民族和领土范围内对此也给予了确认。[5] 我们还发现，面对暂时的局势和那些在保留自己政府机构的情况下进入帝国领土的民众，我们在接受保留其法律的同时，也要求他们遵守涉及尊重人的自然属性之完整的有关原则。共同法的扩展按照保护人与平等的思维进行的，这同保护人与平

---

[1] 参见敕令 *Deo auct.* Pr.。

[2] 参见 S. Schipani, *La condificazione del diritto romano comune e l'accrescimento del sistema*. Appunti delle lezioni, cap. III, par. 22 e 24。

[3] 参见《学说汇纂》第 1 卷中的 D. 1, 5, 17。

[4] 参见 535 年颁布的《新律》（*Novellae*）。

[5] 同上。

桑德罗·斯奇巴尼教授序

等思维被确认为是法的内部体系中心地位是一致的。在这种扩展中,出现了优先考虑原则。

然而,对所有人、所有民族颁布法律时所使用的表达方式既要谨慎又要包容,还应当意识到依赖于其他政治共同体(politeíai)所存在的困难。

一般性、普遍性的表述逐渐转化为精准的介入,以满足特定情况下的具体需求,正如我们前面所述,开始是将主要交易物作为中心,其后涉及超越国界但与作为其保护者的帝国有关的人。[1]

法有其特征,它实际上是所有人共同的法,其力量超越了机构和裁判官的效力范围。[2]"市民"作为构成性和推动性的因素,以其结构上的包容性将其他希望汇聚于市民地位的人均纳入城邦,这意味着作为城邦的共同体之扩大和对等性。法学家对此做出了贡献,他们的法科学包容了所有的人,他们对构成主体的永久多元性进行了思考,从原则上对正在进行的体系编纂进行了阐述,而这就是法的体系之基本组成部分[3],其中包括全部的时效内容。

此外,统一性的最大化与平等的新维度相结合,差异亦包括在内:强调法律的统一性,实际上是以一种涉及自治的新方式关注文化的多样性,以适应新的环境。基于团体自有身份的平等,不再强

---

[1] 参见《优士丁尼法典》中的 C. 1, 3, 51 (52), 2。

[2] 参见《学说汇纂》第 1 卷中的 D. 1, 2, 2, 12 和 D. 1, 2, 2, 13。

[3] 参见《学说汇纂》第 1 卷中的 D. 1, 2, 1。另参见 S. Schipani, Principia iuris. Potissima pars principium est. *Principi generali del diritto* (*Schede sulla formazione del concetto*); *La codificazione giustinianea del ius Romanum commune*, in *La codificazione del diritto romano commune*, rist. ed. 1999 *con Note aggiuntive*, Torino, 2011。

桑德罗·斯奇巴尼教授序

调对特定法律或习俗的适用。这些法律或习俗在一定程度上仍然存在，但在优士丁尼的编纂工作中，已经通过使用自己的语言令这一做法变得成熟。人们渴望通过语言获得罗马共同法，同时也希望将子孙后代们更充分地获取的现代法律内容融入该共同法中，并在其中展示自己的贡献。

法律语言的问题是这种设计的象征。罗马法是用拉丁文构思的，几乎所有文本都使用了这种语言。

法学家们用拉丁文撰写了《国法大全》的大部分，但双语敕令则规定要翻译成希腊文。

如同讲授法律编纂一样，翻译也被认为是法编纂活动的组成部分。翻译是法编纂的延伸。

罗马帝国的东方和西方法律之间实现了平等，因为一部法律有两种语言。因此，人们设计了字面翻译、寻求诠释更为自由的意译、"索引"式翻译（即摘要式的自由翻译），以及用希腊语进行"总结标题式的注释"翻译，其中包括对解释性的题外话、问题和答案、评论说明的翻译，有时还包括对业已存在的部分资料的翻译。

这是一个新的自治维度，即是"利用自己的法律"（suis legibus uti），是尊重不同的市民秩序（politeumáta）。与《安东尼敕令》和以往的经验相比较，这一正在编纂的罗马共同法在不同层次和新的层面上有所增加，它也被理解为实现平等自由和人民在法律上的自治与认同，我们认为这是一种强化统一性的平等方式。共同法和以自己的语言制定的自有法并存。多种语言用于一个法上。这意味着一种开放包容的态度。

桑德罗·斯奇巴尼教授序

感谢参与本译丛翻译的中国同仁！感谢参与其他罗马法原始文献翻译和参与我们正在进行中的《学说汇纂》单卷本翻译工作的中国同仁！感谢将法典化国家的法典翻译为中文的中国同仁！再次感谢中国人民，感谢中国的法学家们，更要特别感谢中国的《民法典》，其所具有的宏观体系、宏观类型和全部民法典的主题均值得我们进行深入研究！愿所有这些渊源能够成为全人类共同法的相遇及成长之地！

桑德罗·斯奇巴尼
意大利罗马"智慧"大学荣休教授
2021 年 2 月 26 日
（费安玲　译）

阿尔多·贝特鲁奇教授序

每个人的命运都受到机遇的强烈影响。这同样也发生在我身上。1989年2月,我是罗马托尔·维尔卡塔(Tor Vergata)大学,即罗马第二大学法学院的一名罗马法研究人员,当时我正与担任罗马法教席的桑德罗·斯奇巴尼教授进行合作。其间北京的中国政法大学校长江平教授前来访问,在江平教授的一次重要演讲中,他不仅向我们介绍了中国罗马法研究的情况,还阐述了中国法学在当时构建起适应20世纪末中国社会和经济新需求的民法体系的重要性。

江平教授特别指出:"由于中国目前正在发展市场经济,罗马法对我们是有用的,因为罗马法为市场经济社会提供了丰富的经验和法律解决方案。"他指出,正是由于其内在合理性,罗马法具有普遍的社会价值。[1] 不过他也认为,对于中国学者而言,应当通过分析《国法大全》编纂中收集的罗马法原始文献直接了解罗马法,而不应以经过翻译的现代语言(主要是英语)为中介,也不宜加入西方罗马法学家的诠释。换言之,中国法学家希望了解"罗马人的

---

[1] 参见 Jiang Ping, Il diritto romano nella Repubblica Popolare Cinese, in *Index*. Quaderni camerti di studi romanistici, 16, 1988, p. 367。

阿尔多·贝特鲁奇教授序

罗马法",而不是通过其他国家(甚至是具有悠久罗马法学传统的国家)的语言和意识形态的过滤器来了解。这正是江平教授在1989年结束意大利访问时与斯奇巴尼教授签署合作协议所依据的精神。一个新的挑战由此产生:将罗马法原始文献或至少其中一部分从拉丁文翻译成中文,以便中国法学家们能够立即研究它们,并以他们认为最方便的方式使用它们。在当时的中国,《民法通则》和《婚姻法》《继承法》《经济合同法》已经颁行,而是否以及如何设计和实施一部《民法典》也正在讨论之中。

在此,我走近了我的机遇。作为一名大学研究人员,按照当时的学术习惯,我必须"听从"与我合作的教授的安排。这使我得以在江平教授访问意大利的每个阶段,即从他到达的那一刻直到离开,都能够伴其左右。我去罗马机场接他并最终把他送至罗马机场,参加了他的讲座,参加了关于中意双方未来合作的会谈。为了实现这一合作并使之具体化,合作计划设计了让年轻的中国学者在意大利停留较长时间(一年半至两年)的模式,他们将在斯奇巴尼教授的指导下致力于罗马法学习和原始文献的翻译工作。如果说指导和管理的工作由斯奇巴尼教授来决定,那么就需要有人每天跟随并帮助年轻的中国学者进行学习和翻译活动。这个人就是我。斯奇巴尼教授在众多可供选择的人中选择了我,另外还选择了朱赛佩·德拉奇纳,他是一位汉学家和完美的中文鉴赏家,我们共同开始了工作。

因此,从1989年底开始,在大约十年的时间里,年轻的中国学者与朱赛佩·德拉奇纳和我每周见面一到两次,讨论罗马法的内容并校对原始文献的中译本。工作方案在理论上安排如下:到达罗

阿尔多·贝特鲁奇教授序

马后的六个月内,这位由中国政法大学派往意大利的年轻学者要提升其意大利语水平(其已在北京开设意大利语课程的大学学习过意大利语),并开始学习拉丁语的基础知识;六个月后至回国之前,该学者要深化对罗马法的学习研究,并进行罗马法原始文献的翻译。我根据斯奇巴尼教授的指示,亲自安排了翻译前的各阶段活动,斯奇巴尼教授则仔细指导年轻的中国学者完成向罗马法学者的转变。在罗马法原始文献的翻译中,斯奇巴尼教授从优士丁尼《国法大全》里最重要的文本中根据不同主题进行内容筛选,或者审查由我选择并提交给他的文本;其后,我们翻译小组,即朱赛佩·德拉奇纳、我和进行翻译的中国学者对译稿进行讨论与修改;终审和存疑的最后解决都留给斯奇巴尼教授,他通常是邀请中国学者到他当时居住的位于撒丁岛萨萨里的家中待上几日来完成这件事。

因此,"民法大全选译"(中国政法大学出版社版)的各册出版计划得以实现。该计划和出版的总体安排如下:I.1.《正义与法》(黄风译,1992年);I.2.《人法》(黄风译,1995年);I.3.《法律行为》(徐国栋译,1998年);I.4.《司法管辖 审判 诉讼》(黄风译,1992年);II.《婚姻 家庭》(费安玲译,1995年);III.《物与物权》(范怀俊译,1993年);IV.1.《债 契约之债I》(丁玫译,1992年);IV.1B.《债 契约之债II》(丁玫译,1994年);IV.2A.《阿奎利亚法》(米健译,1992年);IV.2B《债 私犯之债(II)和犯罪》(徐国栋译,1998年);V.《遗产继承》(费安玲译,1995年);VI.《公法》(张礼洪译,2000年)。

根据这个计划的实施,我们可以做一番思考。

首先,我们意识到,第一次将罗马法原始文献的文本直接翻译

阿尔多·贝特鲁奇教授序

成中文，不可能将优士丁尼法典化的全部内容包括于内。这是一个新的尝试（肯定与已在中国流传的一些优士丁尼《法学阶梯》英译本不同），它可能是成功的（事实确实如此），也可能失败。正是由于这一计划的成功，2000年后才进行了罗马法原始文献《学说汇纂》的完整翻译。此外，通过对罗马法原始文献文本的选择，才能够确定那些在后世罗马法传统影响最大的文本，从而为中国法学进行更富有成效的研究与思考提供基础。通过这种方式，人们能够立即看到罗马法渊源的内容，以及中世纪尤其是在19世纪和20世纪法典编纂时代的现代法律体系对这些渊源的使用方式。

我们可以看到，这套丛书所选择的体系并未遵循已有计划，其既非古代亦非现代，而是按照每个年轻的中国学者的兴趣且与其在意大利学习研究的时间相吻合，这也解释了为什么这套丛书的出版时间与计划中的主题顺序不一致。当然，我们可以说已经确定了总论部分，它包括了1992年出版的《正义与法》《司法管辖 审判 诉讼》《债 契约之债Ⅰ》和《阿奎利亚法》，但其具有与众不同的特点，因为一方面，其代表了盖尤斯《法学阶梯》和优士丁尼《法学阶梯》的模式（有关于司法和法的规范，以及有关人的规范）与德国的潘德克吞模式（有关法律行为的规范）之间的融合，另一方面，它包括了原始文献中有关民事诉讼的内容，在上述两种模式中均没有该体系设计，故而它更接近于《学说汇纂》（因此也是罗马裁判官告示）的体系方案。该丛书的分论部分也采用了一种混合顺序，即按顺序处理家庭法、物与物权、契约和不法行为之债，基本上是盖尤斯《法学阶梯》及优士丁尼《法学阶梯》的体系。通过在典型合同之前嵌入债的一般规则和契约制度，该体系使得现代民法

阿尔多·贝特鲁奇教授序

典（例如，法国、意大利、瑞士、西班牙的《民法典》）受到很大启发。遗产继承放置在最后的位置，即最后一册（第Ⅴ册）中，则体现出《德国民法典》的潘德克吞体系的特点。

将这套丛书对私法以外的罗马法分支领域开放的决定，在今天看来，我认为依然非常重要。其包括《债 契约之债Ⅱ》中所提及的"商法"、《债 私犯之债（Ⅱ）和犯罪》所涉及的刑法内容以及《公法》中从广义上讲包含的行政法的各种表述（财政、军事、教会以及与官僚机构和行业组织等有关的行政法内容）。这是一个大胆的行动，它超越了编纂民法典的目标，并伴随着其后若干年内对罗马公法著作和教材的翻译而取得了相当大的成功。

如果说我上述描述的是我们通过出版这套丛书而取得的具体成果，那么在这些成果的背后则是人，是克服了工作中许多困难的团队精神。现在，这套丛书通过商务印书馆又以崭新的面貌问世，再一次发挥了这一团队精神的作用，它诠释了这一完美的组合。

其一，人。这些来自中国大学的年轻学者们，他们来到罗马，在经过与我们相互认识的最初时刻后，便立即集中精力，非常认真地投入他们的学习和研究中，并展示出了伟大的人格魅力。我们小组成员之间建立起了伟大的友谊，这种友谊在他们返回中国后依然延续着，他们每个人分别在北京、上海和厦门的大学执教并获得了耀眼的成就。在多年的合作中，我们分享了个人和家庭的生活经历，学会了理解对方、尊重对方不同的思维方式和文化传统。我记得我们初识黄风，他是乘坐沿西伯利亚铁路运行的列车抵达罗马的；初识米健和丁玫，他们下飞机时身着颇具中国风格的制服；初识费安玲和徐国栋时，他们汲取了之前到达罗马的学者们的经验，

阿尔多·贝特鲁奇教授序

已经显得不那么迷茫了；初识张礼洪时，他当时看起来像一个少年，比他24岁的实际年龄要年轻得多。即使在二十多年后的今天，我们的感情和友谊依然很牢固，尽管彼此见面变得愈加困难。

其二，团队精神。为了实施如此雄心勃勃的翻译计划，我们必须要在团队中形成强大的凝聚力。这需要通过我们之间的不断互动来实现。在每次讨论中，我都能了解到年轻的中国学者的文化和思维方式的许多方面，而他们对意大利的看法也是如此。通过这种方式，我们成功地营造了恰当的合作氛围，同时尊重了我们每个人的个性。这是我生命中的快乐时刻，我非常怀念这些时刻。

其三，工作困难。从理论上讲，这个翻译计划的构思非常好，但在操作中，其实施方法、语言和术语方面的许多障碍都需要我们去克服。

首先是方法。在年轻的中国学者自己做罗马法原始文献的拉丁文文本翻译的情况下，我们是仅讨论其遇到的疑惑，还是要校对所有的内容？我们的选择是：不管有什么疑问，都要校对全部翻译内容。

其次是语言。从拉丁文直接翻译成中文，无法使用英语甚至意大利语作为媒介，因此我们更倾向于借助朱赛佩·德拉奇纳不可替代的语言天赋（中国人也很钦佩他），逐字逐句地校对拉丁文与中文的对应关系的准确性。

最后是术语。罗马法中有着大量的词汇和术语表达（在罗马法传统国家而且不限于这些国家的民法中几乎都出现），由于有多重意思，所以缺少或没有整合出与之对应的中文是常见情况。因此，我们的努力是逐步建立一个具有最大统一性的拉丁文-中文法律词

阿尔多·贝特鲁奇教授序

汇表,以20世纪20年代和30年代最重要的中国罗马法学家们的选择为基础,在必要时进行创新。在没有可供选择的情况下,新词被创造出来。当然,研究台湾地区和澳门地区的术语翻译经验也是必要的,因为其民法术语是从罗马法继受过来的,或者是引入全新的术语。遗憾的是,我们没有时间将我们的这份词汇表作为这套丛书的附录出版,但我们确信,它十分有助于中国的罗马法和民法术语的统一化。

这套丛书的初版自1992年问世以来,28年的时光转眼即逝。在此期间发生了很多事情:越来越多重要的罗马法文本或与之相关的文献被翻译成中文;许多新的年轻中国学者来到意大利,通过攻读法学博士学位来完善他们的罗马法和民法研究,他们几乎都是上个世纪90年代来意大利的当时尚年轻的中国学者——现今已是著名学者——的学生(其中有的学生还是他们的子女);朱赛佩·德拉奇纳现在担任重要的行政职务;我自己也离开了罗马托尔·维尔卡塔大学,在比萨大学法学院做了教授,在那里我找到了许多其他的兴趣点。

中国一直在迅速整合和更新其民法立法,并着手编纂《民法典》,该法典最终于2020年5月通过。在中国不少的法学院都开设了罗马法课程,许多学生都在学习罗马法。然而,近几年来,我有一种悲哀的感觉,罗马法被认为不那么重要了,而且好像在中国对未来法学家的培养中对罗马法不再有兴趣了。在我最近一次对一些中国大学做学术访问时,有人问我,现在研究罗马法有什么意义,因为了解现代法律制度要有用得多,我们为什么还要看过去的"死法",当今世界,包括法律,都要面对未来和新技术。我认为

阿尔多·贝特鲁奇教授序

这种思维方式完全受制于眼前的实际效用,这是很危险的。这种思维也会使他们远离我们以巨大奉献所形成的且给予其生命力的这套丛书。

如今,这套丛书新版的问世展示出罗马式教育对新生代法学家教育所赋予的生命力。对当代重要基本原则,如诚信、公平和效用等的历史渊源的理解,对基本术语,如物权、债、遗产继承等的理解,对大陆法系和英美法系许多规则和制度,如契约、遗嘱、侵权行为等渊源的分析,这套丛书不仅提供了考古学般的碎片,更是为获得分析和解决当今法律问题甚至是与网络发展紧密相关的问题的能力,提供了不可或缺的工具。与此同时,这套丛书也提醒我们,不要忽略法律体系的独特性和一致性。

阿尔多·贝特鲁奇

2020 年 10 月 20 日于比萨

(费安玲 译)

1993 年版序

本书系"民法大全选译"第Ⅲ册,其标题与《国法大全》本身的有关标题并不一致。实际上,根据德国学说汇纂学派所接受的《法学阶梯》分类体系的发展情况,它统一了材料的内容。

在《法学阶梯》中,阐述了"物"(res)这一术语在法律拉丁语中的多种含义。尤其是在《法学阶梯》的整个体系中(I. 1, 2, 12),将物分为有体物和无体物(I. 2, 2),确定了财产的各要素,并统一地组织了物权、继承权和债权的阐述顺序。

与财产各要素的这一统一的观点相比较,《法学阶梯》中极为重要的对物之诉和对人之诉的划分(I. 4, 6pr.),在相当程度上揭示了各种权利以及各种法律关系之间的深刻的区别,不管它们是首先建立在某人对某物(物的概念在此也包含"权利":人们认为借以行使继承权的遗产继承之诉属于对物之诉)的直接关系上,还是首先建立在某人的合作基础上。

在《学说汇纂》中,这两种分类都存在。第一种分类在《学说汇纂》开头部分有关"物"的各种分类一章中(D. 1, 8)同其他分类一起被提及,但它并未像在《法学阶梯》中那样被用于安排材料的阐述。第二种分类被用于统一有关对物之诉(遗产继承之诉、返还所有物之诉等)的论述(D. 5—8);但是遗产继承在

1993年版序

其他地方（尤其是在 D. 28—38）也非常广泛地被论及，因而具有独立性。

面对这一多重含义，外部世界的那部分物，或曰可掌握的实体，便成为物的狭义概念在分类体系中的含义。通过这类物，人们可以建立一种占有、使用、收益等直接的关系；这一关系不需要他人的合作，但因此关系仅为了否认物属于某人或可由某人使用，也可能产生同他人的争议；此关系还直接或间接地突出了财产的重要性。在《法学阶梯》中，这类狭义的物出现于其他物之旁，并且基于该类物确定了第二卷第一部分的材料的顺序。该部分集中规定了物变成个人之物和物权客体的各种方法（I. 2, 1, 11—48；I. 2, 3—9）；它还非常引人注目地出现在诉讼部分（I. 4, 6, 2—7）和令状部分（I. 4, 15）。这两部分对上述规定做了补充。因此《法学阶梯》注重物权的分类，并试图对它们进行统一的论述，然而在《学说汇纂》中，对物权的论述却分散在各部分（尤其是在 D. 6—8、D. 10、D. 20、D. 39, 1—3、D. 41—42、D. 43）。

在现代《民法典》中，总是用一个部分专门规定物和物权。然而，有的却在总则的开始部分论述物（如《德国民法典》第 90—103 条，《巴西民法典》第 47—73 条），而将物权分开论述。

因此，在本书，中首先提供了研究物的各种概念及物的分类的有关材料，然后提供了着重从物的上述狭义的角度研究物权的材料，从而构成了基本的分类体系。

在物权中，首先被考虑的是所有权，就像在《国法大全》中一样（I. 2, 1, 11—48；D. 6）。确切地讲，在《国法大全》中，没有一章专门论述"所有权"，也没有关于它的定义，所有权的概念基

1993年版序

本上是由"此物是我的"所确认,即由某物属于某人并由此人"直接"行使对该物的那种归属权所确认;所有权结果被表述为"可以合法地使用(usare)、获取孳息(trarre i frutti)、拥有(avere)和占有(possedere)",但这组权利不能被认为是一个定义。鉴于确认物的归属的重要性,在表述顺序方面,首先要顾及物变成某人之物或停止作为某人之物(即那种归属开始或终止)的方法;其次要顾及物之所属者借以保护其归属权、调整同他人的关系的方法,以及限制他用物从事某事的方法;最后要顾及他同别人一起行使归属权(共有)的方法,及归属权在无所有权的情况下被完满行使的方法。本书各章专门阐述了这些问题,融合了《法学阶梯》和《学说汇纂》的顺序。

相反,在此未考虑根据那一典型模式某物属于某一"市民"(不仅在古罗马及市民法所有权的初期,而且在市民资格被赋予一切人的帝国的最后几个世纪)这一事实。此说明具有重要意义,因为市民是"国民的一部分",即是由人组成的有秩序的社会的一部分,该社会以全体人及每一个人的利益为目的,其最高统治者是上帝,它有由监察官监督实施的统一的伦理和法律,它允许人们主张,在罗马所有权是以培养善良的市民为目的的,而不是像在商人中那样以财富本身为目的。此目的源于整个制度,但在那一制度中却未以一个单独的部分对之加以表述。

此外,撇开物属于物权的享有者不谈,我们发现在《国法大全》中还规定了一系列物权,它们被规定,以便可以同物属于他人的情况并存。那些权利在不同情况下产生,具有不同的内容。它们的名称已在漫长的岁月中被确定,并且在古代罗马法的任何

41

1993年版序

一个历史时期都在被增加。从其内容不是由设定它们的当事人一次一次地确定的而是事先确定的这一意义上讲，它们是典型的权利，当事人可以选择在他人之物上存在的物权的种类。他物权的行使限制了所有权人的权利的行使，但不能使那些权利消灭；当它们消灭时，那些权利重新获得其完整性。此外，它们的行使直接针对物，就所有权人可能负担保持物的适当状态的义务而言，并不要求他积极合作，而只要求他不实施某种妨碍行为。阐述它们的顺序主要是《学说汇纂》的顺序（D. 6, 3—D, 8），它优于《法学阶梯》的顺序（I. 2, 3—5），并通过对地上权的规定而臻于完善。

在他物权中还有两种担保物权，从本质上讲，它们限制了所有权人处分设定了担保物权之物的权利。对它们的论述，在《学说汇纂》中同债的问题联系在一起，在《法学阶梯》中则同对权利享有者所拥有的诉讼手段的规定联系在一起。它们同样是物权，通过它们，权利的享有者同物本身之间的直接关系被表现得尤为充分。

在定义方面，最棘手的问题之一是占有。与所有权并列的这一基本制度，有时在所有权不可能发生的情况下确实代替着所有权（人们认为，当罗马人的公共土地为市民私人占有时，那些土地仍是罗马人的公共土地）；有时是取得所有权的前提（人们认为，占有是自《十二表法》时代起就规定了的时效取得所有权的前提）；有时同恢复所有权的诉讼联系在一起；等等。因此，它渗入各个方面，对它的规定主要涉及取得和保护两个方面。

我们发现，在《国法大全》中还规定了人们同不属于任何个

1993年版序

人之物的许多关系，在这些关系中排除了处分物的行为（非交易物），对于这些物，人们同样享有一系列受到保护的权利。《法学阶梯》的体系并未考虑这些关系，相反，在《优士丁尼法典》和《学说汇纂》中却较多地考虑了它们。公、私法区分的现代发展使人们已拒绝从私法角度考虑物权的这些方面，但重新考虑它们似乎是有益的。现在，在本书中，在关于物的种类的论述范围内提及它们是恰当的。该问题可能被再次提及。

就我所完成的这一原文选辑而言，这本较厚的册子主要由选自《学说汇纂》的文献构成，有少量的补充材料选自《优士丁尼法典》，但它们是重要的。本书始终是对《法学阶梯》的补充，并简要地考察了后者所涉及的有关问题。

拉丁文的翻译由中国政法大学范怀俊博士完成，并经过由阿尔多·贝特鲁奇博士及朱赛佩·德拉齐纳博士组成的意大利工作组的校订。此项工作是根据中国政法大学同罗马法传播研究组于1989年达成的协议，于范怀俊博士在我们罗马第二大学罗马法教研室进修期间在罗马进行的。该项工作得到了中国政法大学、意大利国家研究委员会——政治法律科学委员会、罗马第二大学（特别是其法的历史和理论部）的支持。

桑德罗·斯奇巴尼

1993 年 6 月 29 日于罗马

版本说明

　　罗马法原始文献选译本《物与物权》的第一版出版于1993年12月。第一版《物与物权》的全部内容均由著名的意大利罗马法学家桑德罗·斯奇巴尼教授直接从浩瀚的罗马法原始文献中筛选出来，由当时中国政法大学的范怀俊讲师翻译成中文。该书出版后很快即销售告罄。随后，中国政法大学出版社根据市场需要又将该书以16开的形式再版，但依然无法满足法学界师生的需求。2009年，斯奇巴尼教授对《物与物权》原始文献的内容进行了必要的补充，同时对全书的目录做出了比较大的调整，新调整的内容全部由我翻译完成。此次再版，正文部分是在2009年版的基础上修订而成。

费安玲

2022年1月26日

目　　录

目 录

1. De rerum divisione et qualitate ······(2)
   1.1 Generaliter ······(2)
   1.2 De rebus extra nostrum patrimonium divini iuris ······(4)
   1.3 De rebus sacris ······(6)
   1.4 De rebus religiosis ······(10)
   1.5 De rebus sanctis ······(12)
   1.6 De rebus extra nostrum patrimonium humani iuris ······(16)
      1.6.1 De rebus communibus omnium et publicis et in usu publico ······(16)
      1.6.2 De fluminibus, et portubus, et fluminibus ······(26)
   1.7 De rebus universitatis ······(32)
   1.8 De rebus in nostro patrimonio ······(34)
   1.9 De rebus quae pondere numero mensura consistunt ······(36)
   1.10 De rebus quae commode dividi possunt aut non possunt ······(38)
   1.11 De rebus quae uno spiritu continentur, ex cohaerentibus, ex distantibus ······(40)
   1.12 De rei partibus ······(42)
   1.13 De rebus principalibus, de rebus quae iis accedunt, vel pertinent ······(46)
   1.14 De fructibus ······(50)
   1.15 De rebus futuris et de rei spe ······(52)

2. De adquirendo rerum dominio ······(56)
   2.1 De occupatione ······(56)
   2.2 De rerum hostilium occupatione ······(58)

目　录

1. 关于物的划分与特点 （3）
  1.1　概论 （3）
  1.2　神法规定的不可有物 （5）
  1.3　神用物 （7）
  1.4　安魂物 （11）
  1.5　神护物 （13）
  1.6　人法规定的不可有物 （17）
    1.6.1　共用物和公有物 （17）
    1.6.2　河流、港口和水 （27）
  1.7　市有物 （33）
  1.8　可有物 （35）
  1.9　可称量计数的物 （37）
  1.10　可分物与不可分物 （39）
  1.11　单一物、合成物及聚合物 （41）
  1.12　物之部分 （43）
  1.13　主物、从物和附属物 （47）
  1.14　孳息 （51）
  1.15　未来物与可期待物 （53）

2. 物之所有权的取得 （57）
  2.1　先占 （57）
  2.2　敌人之物的占有 （59）

iii

目 录

  2.3 De thesauris ······（58）
  2.4 De fructibus ······（60）
  2.5 De nova specie ······（64）
  2.6 De confusione et commixtione ······（66）
  2.7 De accessionibus ······（68）
  2.8 De alveo derelicto et de insula in flumine nata ······（72）
  2.9 Ex lege ······（76）
  2.10 Ex litis aestimatione ······（80）
  2.11 De rerum traditione ······（80）
    2.11.1 Animus tradendi ······（82）
    2.11.2 Modus tradendi ······（82）
    2.11.3 Causa tradendi ······（88）
    2.11.4 Per aliam personam ······（92）
  2.12 De usucapione ······（94）
    2.12.1 Qui usucapere potest ······（94）
    2.12.2 Res habilis ······（96）
    2.12.3 Tempus ······（98）
    2.12.4 Possessio ······（100）
    2.12.5 Bona fides ······（100）
    2.12.6 Iusta causa ······（102）
  2.13 De rebus quae alienari non possunt ······（106）

3. **Quemadmodum dominium amittitur** ······（110）
  3.1 De rei derelictione ······（110）
  3.2 Quando alienatio revocata sit ······（114）
  3.3 Res a re publica distractae vel publicatae ······（114）

目　录

2.3　埋藏物 ……………………………………………………（59）
2.4　孳息 ………………………………………………………（61）
2.5　加工 ………………………………………………………（65）
2.6　混合与混杂 ………………………………………………（67）
2.7　添附 ………………………………………………………（69）
2.8　河水不再流经的河床及河中产生的岛屿 ………………（73）
2.9　法定取得 …………………………………………………（77）
2.10　诉讼取得 …………………………………………………（81）
2.11　转让 ………………………………………………………（81）
　　2.11.1　交付之意思 ………………………………………（83）
　　2.11.2　交付之方式 ………………………………………（83）
　　2.11.3　交付之原因 ………………………………………（89）
　　2.11.4　通过中间人取得 …………………………………（93）
2.12　时效取得 …………………………………………………（95）
　　2.12.1　能通过时效取得所有权的人 ……………………（95）
　　2.12.2　不能通过时效取得的物 …………………………（97）
　　2.12.3　期间 ………………………………………………（99）
　　2.12.4　占有 ………………………………………………（101）
　　2.12.5　善意 ………………………………………………（101）
　　2.12.6　正当理由 …………………………………………（103）
2.13　不能转让的物 ……………………………………………（107）

3.　所有权的丧失 …………………………………………………（111）
3.1　物的抛弃 …………………………………………………（111）
3.2　转让的撤销 ………………………………………………（115）
3.3　由于共和国的需要或者没收的原因而出售的物 ………（115）

v

目 录

4. De rei vindicatione ……………………………………………… (118)
    4.1 Quid vindicari possit …………………………………… (118)
    4.2 De actore ……………………………………………………… (122)
    4.3 Onus probandi ……………………………………………… (122)
    4.4 De reo, de possessione eius et si dolo desiit possidere ……(124)
    4.5 Restituere …………………………………………………… (128)
        4.5.1 Fructus et omnis res quae accedit ……………… (130)
        4.5.2 Sumptus ………………………………………………… (134)
        4.5.3 Si res deterior facta sit …………………………… (138)
        4.5.4 Manu militari ……………………………………… (140)
        4.5.5 Res sine dolo amissa ……………………………… (142)

5. De ceteris in rem actionibus ……………………………… (144)

6. Finium regundorum ………………………………………… (148)

7. De operis novi nunciatione et de remissionibus ……… (152)
    7.1 Opus novum ………………………………………………… (152)
    7.2 Actor ………………………………………………………… (154)
    7.3 Adversarium ……………………………………………… (158)
    7.4 Modus nuntiandi ………………………………………… (158)
    7.5 Quod factum est, restituas ……………………………… (160)

8. De damno infecto …………………………………………… (164)
    8.1 Damnum nondum factum ……………………………… (164)
    8.2 Cui competit stipulatio ………………………………… (168)

目 录

4. 物的返还 (119)
  4.1 可返还的物 (119)
  4.2 诉讼 (123)
  4.3 举证责任 (123)
  4.4 被告、占有人或者故意停止占有之人 (125)
  4.5 返还 (129)
    4.5.1 孳息和各种添附物 (131)
    4.5.2 费用 (135)
    4.5.3 物是否遭受损害 (139)
    4.5.4 强制剥夺 (141)
    4.5.5 因诈欺而丧失的物 (143)

5. 他物权之诉 (145)

6. 调整地界之诉 (149)

7. 新施工警告与撤销 (153)
  7.1 新施工 (153)
  7.2 原告 (155)
  7.3 相对方 (159)
  7.4 警告的方式 (159)
  7.5 将已进行的施工恢复原状 (161)

8. 潜在损害 (165)
  8.1 尚未发生的损害 (165)
  8.2 要求对潜在损害提供要式口约担保的主体 (169)

目 录

  8.3 Cui competit cautio ···(168)
  8.4 Missio in possessionem ··(172)
  8.5 De damno facto ante quam caveretur ·························(174)

9. De aqua et aquae pluviae arcendae ································(176)
  9.1 Aqua pluvia ···(176)
    9.1.1 Opus manu factum ···(176)
    9.1.2 Opus manu factum colendi causa ···················(178)
    9.1.3 Opus manu factum publica auctoritate ············(182)
  9.2 Cui competit actio ···(182)
  9.3 Restitutio et damnum ···(182)

10. Quod vi aut clam ··(188)
  10.1 Interdictum restitutorium ·······································(188)
  10.2 Quae in solo fiunt ···(188)
  10.3 Vi aut clam ···(190)
  10.4 Exceptiones quod vi aut clam, quod necessitatis causa,
     quod colendi causa ···(192)
  10.5 Cui competit interdictum ······································(196)
  10.6 Adversus possessorem ··(196)
  10.7 Restitutio aut litis aestimatio ·································(198)

11. De arboribus caedendis ··(202)

12. De in alienum fundum ineundo ··································(204)
  12.1 De glande legenda ··(204)

viii

目　录

8.3　缔结为潜在损害提供担保的要式口约的主体 …………（169）
8.4　特准占有 ……………………………………………………（173）
8.5　无潜在损害要式口约时的救济 ……………………………（175）

9. 水及雨水的排放 …………………………………………………（177）
9.1　雨水 …………………………………………………………（177）
9.1.1　施工 …………………………………………………（177）
9.1.2　因耕作需要而进行的施工 …………………………（179）
9.1.3　依官方命令进行的施工 ……………………………（183）
9.2　诉讼主体 ……………………………………………………（183）
9.3　恢复原状及损害 ……………………………………………（183）

10. 以暴力或者秘密方式进行的施工 ……………………………（189）
10.1　恢复原状令状 ………………………………………………（189）
10.2　在地上进行的施工 …………………………………………（189）
10.3　暴力或者秘密施工 …………………………………………（191）
10.4　有正当理由的暴力或者秘密施工除外 ……………………（193）
10.5　令状使用的主体 ……………………………………………（197）
10.6　对抗物的占有人 ……………………………………………（197）
10.7　恢复原状或者裁决赔偿 ……………………………………（199）

11. 应砍伐的树木 ……………………………………………………（203）

12. 在他人土地上通行 ………………………………………………（205）
12.1　捡拾橡果 ……………………………………………………（205）

ix

目 录

    12.2 De ineundi ceteris causis ……………………………………(204)

13. Ne quis re sua male utatur ……………………………………(210)

14. De edificiis privatis ……………………………………………(212)

15. De rebus inter aliquos communibus ………………………(214)
    15.1 Res communis ……………………………………………(214)
    15.2 Communi dividundo ……………………………………(218)

16. De ceteris modis quibus res nostrae sint …………………(222)
    16.1 De Publiciana in rem actione …………………………(222)
    16.2 De exceptione rei venditae et traditae ………………(226)
    16.3 De nudo ex iure Quiritium tollendo vel de differentiam inter dominos expellenda ……………………………(228)

17. Si ager vectigalis petatur et de emphyteutico iure ………(230)

18. De usu fructu …………………………………………………(240)
    18.1 Quemadmodum quis utatur et fruatur …………………(240)
        18.1.1 Quid sit in fructu ……………………………………(240)
        18.1.2 Quid fructuarius facere possit ……………………(252)
        18.1.3 Quid fructuarius facere debet ……………………(256)
        18.1.4 Quid proprietatis dominus facere possit ………(260)
        18.1.5 An uti frui dividi possit …………………………(262)
    18.2 Quibus modis usus fructus amittitur …………………(266)

目 录

12.2 进入土地的其他原因 ···（205）

13. 使任何人不滥用自己的物 ···（211）

14. 私人建筑物 ···（213）

15. 数人共有一物 ···（215）
15.1 共有物 ···（215）
15.2 共有物的分割 ···（219）

16. 物的其他取得方式 ···（223）
16.1 普布利其对物之诉 ···（223）
16.2 出售和交付物的抗辩 ···（227）
16.3 市民法所有权与裁判官法所有权划分之取消 ·········（229）

17. 赋税地的出售与永佃权 ···（231）

18. 用益权 ···（241）
18.1 用益权行使的方式和收益的获取 ·······················（241）
18.1.1 孳息的产生 ···（241）
18.1.2 用益权人可以进行的活动 ···························（253）
18.1.3 用益权人应当进行的活动 ···························（257）
18.1.4 所有权人可以进行的活动 ···························（261）
18.1.5 用益权的可分性 ·····································（263）
18.2 用益权消灭的方式 ···（267）

xi

目 录

18.3　Si usus fructus petetur vel ad alium pertinere negetur ……（270）
18.4　De usu fructu earum rerum quae usu consumuntur
　　　vel minuuntur ……（272）

19.　De operis servorum ……（276）

20.　De usu et habitatione ……（278）

21.　De servitutibus ……（284）
　21.1　Praediorum iura sunt haec ……（284）
　21.2　De quibusdam servitutium regulis ……（292）
　21.3　Si servitus vindicetur vel ad alium pertinere negetur ……（298）
　21.4　Quemadmodum servitutes amittuntur ……（300）

22.　De superficiebus ……（306）

23.　De pignoribus et hypothecis ……（312）

24.　De possessione ……（326）
　24.1　Quid sit possessio et quae res possideri possint ……（326）
　24.2　De adquirenda vel amittenda possessione ……（330）
　24.2.1　Quis apisci possessionem possit ……（330）
　　24.2.2　Quomodo apisci possessionem possit ……（332）
　　24.2.3　Quomodo possessionem retinemus ……（338）
　　24.2.4　Quomodo possessionem amittimus ……（342）
　24.3　De interdictis retinendae aut reciperandae possessionis ……（346）

目　　录

18.3　是提起确认用益权之诉还是否认它属于别人 ……………（271）
18.4　消费物的用益权或者准用益权 ……………………………（273）

19.　奴畜使用权 …………………………………………………（277）

20.　使用权和居住权 ……………………………………………（279）

21.　役权 …………………………………………………………（285）
21.1　地役权内容 …………………………………………………（285）
21.2　地役权的若干规则 …………………………………………（293）
21.3　是提起确认役权之诉还是否认它属于别人 ………………（299）
21.4　役权消灭的方式 ……………………………………………（301）

22.　地上权 ………………………………………………………（307）

23.　质权和抵押权 ………………………………………………（313）

24.　占有 …………………………………………………………（327）
24.1　占有和能够被占有的物 ……………………………………（327）
24.2　占有的取得和丧失 …………………………………………（331）
　24.2.1　能够取得占有的人 ……………………………………（331）
　24.2.2　取得占有的条件 ………………………………………（333）
　24.2.3　占有的保持 ……………………………………………（339）
　24.2.4　占有的丧失 ……………………………………………（343）
24.3　保护占有和恢复占有的令状 ………………………………（347）

目　录

24.3.1　De interdicto unde vi reciperandae possessionis ……(346)
24.3.2　De interdicto uti possidetis retinendae possessionis ……(352)
24.3.3　De interdicto utrubi retinendae possessionis ……(356)
24.3.4　Quomodo possidere liceat ……(356)
24.3.5　De condemnationis summa ……(362)

目 录

24.3.1　因暴力驱逐引发的恢复占有令状 ……………………（347）
24.3.2　保护占有的现状占有令状 ……………………………（353）
24.3.3　保护占有的优者占有令状 ……………………………（357）
24.3.4　合法占有的条件 ………………………………………（357）
24.3.5　判罚的金钱数额 ………………………………………（363）

索引 …………………………………………………………………（364）

物 与 物 权

1. De rerum divisione et qualitate

1. 1 Generaliter
(D. 1. 8 ; C. 7. 31)

D. 1. 8. 1pr.   Gaius 2 inst.

Summa rerum divisio in duos articulos deducitur: nam aliae sunt divini iuris, aliae humani. di vini iuris sunt veluti res sacrae et religiosae. Sanctae quoque res, veluti muri et portae, quo dammodo divini iuris sunt. quod autem divini iuris est, id nullius in bonis est: id vero, quod humani iuris est, plerumque alicuius in bonis est, potest autem et nullius in bonis esse: nam res hereditariae, antequam aliquis heres existat, nullius in bonis sunt. hae autem res, quae humani iuris sunt, aut publicae aut privatae. quae publicae sunt, nullius in bonis esse creduntur, ipsius enim universitatis esse creduntur: privatae autem sunt, quae singulorum sunt.

D. 1. 8. 1. 1   Gaius 2 inst.

Quaedam praeterea res corporales sunt, quaedam incorporales. corporales hae sunt, quae tangi possunt, veluti fundus homo vestis aurum argentum et denique aliae res innumerabiles: incorporales sunt, quae

1. 关于物的划分与特点

1.1 概论
（D. 1, 8；C. 7, 31）

D. 1, 8, 1pr.[①] 盖尤斯:《法学阶梯》第 2 卷

物主要被分为两类：一类物是神法物（res divini iuris），另一类物是人法物（res humani iuris）。例如，神用物（res sacrae）、安魂物（res religiosae）是神法物；城墙和城门是神护物（res sanctae），在一定意义上也是神法物。神法物是不可有物[②]，人法物通常是可有物，然而也可以是不可有物，遗产在有遗产继承人之前不是可有物。人法物或是公有物（res publicae），或是私有物（res privatae）。公有物被视为不属于任何人而属于共同体的财产；私有物是属于个人之物。

D. 1, 8, 1, 1 盖尤斯:《法学阶梯》第 2 卷

除此之外，一些物是有体物（res corporales），另一些物是无体物（res incorporales）。有体物是能触摸到的物，例如，土地、奴隶、衣服、金、银及其他数不胜数的物；无体物是不能触摸到的

[①] 在本书中，D. 代表优士丁尼《学说汇纂》，C. 代表《优士丁尼法典》，其后的阿拉伯数字依次代表卷、章、条款的编号，pr. 代表头款。——译者

[②] 在这里，不可有物指不归属于任何人所有的物。——译者

1. De rerum divisione et qualitate

tangi non possunt, qualia sunt ea, quae in iure consistunt, sicut hereditas, usus fructus, obligationes quoquo modo contractae. nec ad rem pertinet, quod in hereditate res corporales continentur: nam et fructus, qui ex fundo percipiuntur, corporales sunt, et id quod ex aliqua obligatione nobis debetur plerumque corporale est, veluti fundus homo pecunia: nam ipsum ius successionis et ipsum ius utendi fruendi et ipsum ius obligationis incorporale est. eodem numero sunt et iura praediorum urbanorum et rusticorum, quae etiam servitutes vocantur.

D. 1. 8. 2pr. Marcianus 3 inst.

Quaedam naturali iure communia sunt omnium, quaedam universitatis, quaedam nullius, pleraque singulorum, quae variis ex causis cuique adquiruntur.

C. 7. 31. 1. 5 Imp. Iustinianus A. Iohanni pp.

Cum etiam res dividi mancipi et nec mancipi sane antiquum est et merito antiquari oportet, sit et rebus et locis omnibus similis ordo, inutilibus ambiguitatibus et differentiis sublatis.

D. XV k. Nov. Costantinopoli post consulatum Lampadii et Orestis vv. cc. < a. 531>

1. 2 De rebus extra nostrum patrimonium divini iuris
(D. 1. 8 ; D. 6. 1)

D. 1. 8. 6. 2 Marcianus 3 inst.

Sacrae res et religiosae et sanctae in nullius bonis sunt.

物，例如，遗产继承权、用益权及以任何形式设定的债权等权利。遗产中是否包含有体物无关紧要，因为虽然由土地产生的孳息是有体物，根据一些债应当给付的物一般也是有体物，如土地、奴隶、金钱，然而继承权、用益权及债权本身却是无体物。被称为役权的城市和乡村土地上的权利也属于无体物。

D. 1, 8, 2pr. 马尔西安：《法学阶梯》第 3 卷

根据自然法，一些物为一切人所有，一些物为一个共同体所有，另一些物不属于任何人，而大部分物可基于不同原因而为任何个人所有。

C. 7, 31, 1, 5 优士丁尼皇帝致大区长官乔万尼

要式移转物（res mancipi）与略式移转物（res nec mancipi）的区分太古老，同样应予废除。废除无益的含糊不清的区分，使得所有地方的同样之物被归入同一类中。

（531 年，于君士坦丁堡，兰巴蒂和奥莱斯蒂斯执政）

1.2 神法规定的不可有物
（D. 1, 8；D. 6, 1）

D. 1, 8, 6, 2 马尔西安：《法学阶梯》第 3 卷

神用物、安魂物及神护物，皆非任何人的可有物。

1. De rerum divisione et qualitate

D. 6. 1. 23. 1   Paulus 21 ad ed.

Loca sacra, item religiosa, quasi nostra in rem actione peti non possunt.

1. 3   De rebus sacris
(D. 1. 8 ; D. 43. 6/8 ; C. 1. 2)

D. 1. 8. 6. 3   Marcianus 3 inst.

Sacrae autem res sunt hae, quae publice consecratae sunt, non private: si quis ergo privatim sibi constituerit sacrum sacrum constituerit, sacrum non est, sed profanum. semel autem aede sacra facta etiam diruto aedificio locus sacer manet.

D. 1. 8. 9pr.   Ulpianus 68 ad ed.

Sacra loca ea sunt, quae publice sunt dedicata, sive in civitate sint sive in agro.

D. 1. 8. 9. 1   Ulpianus 68 ad ed.

Sciendum est locum publicum tunc sacrum fieri posse, cum princeps eum dedicavit vel dedicandi dedit potestatem.

D. 1. 8. 9. 2   Ulpianus 68 ad ed.

Illud notandum est aliud esse sacrum locum, aliud sacrarium. sacer locus est locus consecratus, sacrarium est locus, in quo sacra reponuntur, quod etiam in aedificio privato esse potest, et solent, qui liberare eum locum religione volunt, sacra inde evocare.

D. 1. 8. 9. 5   Ulpianus 68 ad ed.

Res sacra non recipit aestimationem.

1. 关于物的划分与特点

D. 6, 1, 23, 1　保罗:《告示评注》第 21 卷

圣地（loca sacra）同安魂之地一样,我们不能将之作为我们的所有物而提起对物之诉。

1.3　神用物
（D. 1, 8；D. 43, 6/8；C. 1, 2）

D. 1, 8, 6, 3　马尔西安:《法学阶梯》第 3 卷

神用物是官方组织祭神所用之物,而非私人的祭神之物。因此,如果一个人私自献祭某物,此物非神用物,而是俗物。一座庙宇一旦变成神用物,即使建筑物倒塌,其座落的地方依然是神用物。

D. 1, 8, 9pr.　乌尔比安:《告示评注》第 68 卷

圣地（sacra loca）是官方在城市或乡村组织献祭的地方。

D. 1, 8, 9, 1　乌尔比安:《告示评注》第 68 卷

人们应当知道,一个公共场所,一旦君主在那里献祭或授权在那里献祭,便成为圣地。

D. 1, 8, 9, 2　乌尔比安:《告示评注》第 68 卷

人们还应当注意,一个是圣地,另一个是圣龛。圣地是官方举办献祭的地方,圣龛却是放置神用物的地方,且圣龛可以设于私人建筑物内。如果人们想使那个地方不再与宗教有关,就要以郑重的方式将神用物从那个地方移走。

D. 1, 8, 9, 5　乌尔比安:《告示评注》第 68 卷

神用物不允许被估价。

1. De rerum divisione et qualitate

D. 43. 6. 1pr.   Ulpianus 68 ad ed.

Ait praetor : 'in loco sacro facere inve eum immittere quid veto. '

D. 43. 6. 1. 2   Ulpianus 68 ad ed.

Quod ait praetor, ne quid in loco sacro fiat, non ad hoc pertinet, quod ornamenti causa fit, sed quod deformitatis vel incommodi.

D. 43. 8. 2. 19   Ulpianus 68 ad ed.

Locorum sacrorum diversa causa est: in loco enim sacro non solum facere ihi restitutus esset, ceterae vero res, quae vi ablatae sunt, non vetamur, sed et factum restituere iubemur: hoc propter religionem.

C. 1. 2. 21 pr.   Imp. Iustinianus A. Demostheni pp.

Sancimus nemini licere sacratissima atque arcana vasa vel vestem ceteraque donaria, quae ad divinam religionem necessaria sunt (cum etiam veteres leges ea, quae iuris divini sunt, humanis nexibus non illigari sanxerunt) vel ad venditionem vel hypothecam vel pignus trahere, sed ab his, qui haec suscipere ausi fuerint, modis omnibus vindicari tam per religiosissimos episcopos quam oeconomos nec non etiam sacrorum vasorum custodes: nullam eis actionem relinquendam vel super recipiendo pretio vel fenore exigendo, pro quo res pignoratae sunt, sed omnibus huiusmodi actionibus respuendis ad restitutionem earum modis omnibus coartari.

C. 1. 2. 21. 1   Imp. Iustinianus A. Demostheni pp.

Sin autem vel conflata sunt vel fuerint vel alio modo immutata vel dispersa, nihilo minus vel ad ipsa corpora vel ad pretia eorum exactionem competere sive per in rem sive per condictionem sive per in factum actionem, cuius tenor in multis et variis iuris articulis saepe est admissus, excepta videlicet causa captivitatis in locis, in quibus hoc (quod abominamur) contigerit.

1. 关于物的划分与特点

D. 43, 6, 1pr. 乌尔比安：《告示评注》第 68 卷

裁判官说："我禁止在圣地施工或放置任何（非神用物）的物品。"

D. 43, 6, 1, 2 乌尔比安：《告示评注》第 68 卷

裁判官说禁止在圣地施工，此话不包括从事装饰圣地的活动，而是针对损坏圣地或恶化圣地环境的活动而言。

D. 43, 8, 2, 19 乌尔比安：《告示评注》第 68 卷

关于圣地的规则是不同的，因为我们在圣地不仅禁止施工，而且我们还命令将已施工的地方恢复原状。这是出于宗教原因而做出的规定。

C. 1, 2, 21pr. 优士丁尼皇帝致大区长官德莫斯特尼

我们规定，任何人均不得将神圣的宗教活动所必需的最神圣的及神秘的器皿、服装和其他捐赠物出卖、抵押或者质押（正如古代法禁止将这些神法物同世俗联系在一起一样），但是，我们规定，主教、财务管理人及圣器的看守人可以通过任何方式将上述物品从擅自拿走者处追回。如果针对上述物品［被出售］[①]的价金或者被质押的利益没有提起诉讼的权利，则上述之人在提起诉讼遭拒绝之后，可以采取任何办法迫使持有者返还这些物品。

C. 1, 2, 21, 1 优士丁尼皇帝致大区长官德莫斯特尼

如果这些物品被盗、被用于交易或被瓜分掉，为索回这些物品或收回其价金，允许提起对物之诉、请求给付的对人之诉或事实之诉。很多法律条文规定适用事实之诉。然而，在敌占区为交付赎金（及避免饥荒），允许有例外。

---

① 汉语部分方括号内的文字系译者为使译文清晰、通畅而增加的内容。——译者

1. De rerum divisione et qualitate

C. 1. 2. 21. 2   Imp. Iustinianus A. Demostheni pp.

Nam si necessitas fuerit in redemptione captivorum, tunc et venditionem praefatarum rerum divinarum et hypothecam et pignorationem fieri concedimus, cum non absurdum est animas hominum quibuscumque causis vel vestimentis praeferri: hoc obtinente non solum in futuris negotiis, sed etiam in iudiciis pendentibus.

<a. 529>

1. 4   De rebus religiosis
(D. 1. 8 ; D. 8. 6 ; D. 11. 7 ; D. 47. 12)

D. 1. 8. 6. 4   Marcianus 3 inst.

Religiosum autem locum unusquisque sua voluntate facit, dum mortuum infert in locum suum. in commune autem sepulchrnm etiam invitis ceteris licet inferre. sed et in alienum locum concedente domino licet inferre: et licet postea ratum habuerit quam illatus est mortuus, religiosus locus fit.

D. 1. 8. 6. 5   Marcianus 3 inst.

Cenotaphium quoque magis placet locum esse religiosum, sicut testis in ea re est Vergilius.

D. 1. 8. 7   Ulpianus 25 ad ed.

Sed divi fratres contra rescripserunt.

D. 11. 7. 5   Gaius 19 ad ed. provinc.

Familiaria sepulchra dicuntur, quae quis sibi familiaeque suae constituit, hereditaria autem, quae quis sibi heredibusque suis constituit.

1. 关于物的划分与特点

C. 1, 2, 21, 2　优士丁尼皇帝致大区长官德莫斯特尼

若需赎回俘虏，我们允许将上述物品出售、抵押或质押。因为人的生命比任何圣器、祭服都重要，这并非荒谬。这一规定不仅适用于未来的行为（negotium），而且适用于未决的案件。

（529年）

1.4　安魂物
（D. 1, 8；D. 8, 6；D. 11, 7；D. 47, 12）

D. 1, 8, 6, 4　马尔西安：《法学阶梯》第3卷

当一个人将已故者埋葬于自己所有的一个地方时，均可以按其意志使该地变成安魂之地。此外，人们可以将已故者埋葬于一个共有的墓地而无需其他共有人的同意。人们可以根据所有权人的许可将已故者埋葬于他的土地上。此外，即使是在已故者被埋葬后得到土地所有权人的许可，该地方也变成安魂之地。

D. 1, 8, 6, 5　马尔西安：《法学阶梯》第3卷

如维尔基流斯所论证的那样，纪念碑亦被视为安魂场所。

D. 1, 8, 7　乌尔比安：《告示评注》第25卷

但是，兄弟俩皇帝[1]作了相反的批复。

D. 11, 7, 5　盖尤斯：《行省告示评注》第19卷

人们说家庭的墓地是一个人为自己及其家人确定的墓地。一个人为自己及其继承人确定的墓地，是可以继承的。

---

[1] 即马尔库斯·奥勒留斯·安东尼努斯（Marcus Aurelius Antoninus）皇帝和鲁求斯·维鲁斯（Lucius Verus）皇帝。这两位皇帝于161—169年在位。——译者

1. De rerum divisione et qualitate

D. 11. 7. 2pr.   Ulpianus 25 ad ed.

Locum in quo servus sepultus est religiosum esse Aristo ait.

D. 47. 12. 5   Pomponius 6 ex plaut.

Utimur eo iure, ut dominis fundorum, in quibus sepulchra fecerint, etiam post venditos fundos adeundorum sepulchrorum sit ius. legibus namque praediorum vendundorum cavetur, ut ad sepulchra, quae in fundis sunt, item eius aditus ambitus funeri faciendi sit.

D. 8. 6. 4   Paulus 27 ad ed.

Iter sepulchro debitum non utendo numquam amittitur.

D. 11. 7. 36   Pomponius 26 ad q. muc

Cum loca capta sunt ab hostibus, omnia desinunt religiosa vel sacra esse, sicut homines liberi in servitutem perveniunt: quod si ab hac calamitate fuerint liberata, quasi quodam postliminio reversa pristino statui restituuntur.

1. 5   De rebus sanctis
(D. 1. 8)

D. 1. 8. 8pr.   Marcianus 4 reg.

Sanctum est, quod ab iniuria hominum defensum atque munitum est.

D. 1. 8. 8. 1   Marcianus 4 reg.

Sanctum autem dictum est a sagminibus: sunt autem sagmina quaedam herbae, quas legati populi Romani ferre solent, ne quis eos violaret, sicut legati Graecorum ferunt ea quae vocantur cerycia.

1. 关于物的划分与特点

D. 11, 7, 2pr.　乌尔比安:《告示评注》第 25 卷

阿里斯托说：埋葬奴隶（servus）的地方是安魂之地。

D. 47, 12, 5　彭波尼:《普劳提评注》第 6 卷

根据法学原理，土地所有权人在其土地上建造坟墓，他在出售土地后有权进入墓地。因为出卖土地的契约约定，人们享有进入位于其出卖了的土地上的墓地的权利及送葬时进入墓地或者绕墓地行走的权利。

D. 8, 6, 4　保罗:《告示评注》第 27 卷

墓地通行权永远不会因未行使而丧失。

D. 11, 7, 36　彭波尼:《库伊特·穆齐评注》第 26 卷

被敌人占领的圣地和安魂之地停止作为圣地或安魂之地，就像自由人沦为奴隶一样。如果那些地方摆脱了灾难①，便像根据复境权一样恢复其原来的状态。

1.5　神护物
（D. 1, 8）

D. 1, 8, 8pr.　马尔西安:《规则集》第 4 卷

人们说：受到保护并防止受到人的侵辱之物是神护物。

D. 1, 8, 8, 1　马尔西安:《规则集》第 4 卷

"神护的"一词源于"马鞭草"，它是罗马人的使者为使任何人都不能伤害他们而经常携带的一种草，就像希腊使者携带的、被称之为 cerycia② 的物一样。

---

① 指敌人的占领。——译者
② cerycia 是古希腊使者随身携带的一种象征和平的标志，也称为"墨丘利之杖"。——译者

1. De rerum divisione et qualitate

D. 1. 8. 8. 2   Marcianus 4 reg.

In municipiis quoque muros esse sanctos Sabinum recte respondisse Cassius refert, prohiberique oportere ne quid in his immitteretur.

D. 1. 8. 9. 3   Ulpianus 68 ad ed.

Proprie dicimus sancta, quae neque sacra neque profana sunt, sed sanctione quadam confirmata: ut leges sanctae sunt, sanctione enim quadam sunt subnixae. quod enim sanctione quadam subnixum est, id sanctum est, etsi deo non sit consecratum: et interdum in sanctionibus adicitur, ut qui ibi aliquid commisit, capite puniatur.

D. 1. 8. 9. 4   Ulpianus 68 ad ed.

Muros autem municipales nec reficere licet sine principis vel praesidis auctoritate nec aliquid eis coniungere vel superponere.

D. 1. 8. 11   Pomponius 2 ex variis lectionibus

Si quis violaverit muros, capite punitur, sicuti si quis transcendet scalis admotis vel alia qualibet ratione. nam cives Romanos alia quam per portas egredi non licet, cum illud hostile et abominandum sit: nam et Romuli frater Remus occisus traditur ob id, quod murum transcendere voluerit.

1. 关于物的划分与特点

D. 1, 8, 8, 2　马尔西安：《规则集》第 4 卷

卡修斯①说，萨宾②曾经正确地回答道：自治市的城墙也是神护物，应当禁止将任何东西放置于城墙上。

D. 1, 8, 9, 3　乌尔比安：《告示评注》第 68 卷

我们所称的神护物，按其本意既非神有物，亦非俗物，而是受一种制裁措施保护之物，正如法律受一种制裁措施的保护而成为神护的法律一样。凡受到一种制裁措施保护的物就是神护物，虽然它不是献祭于神的。有时在制裁措施中也补充规定：谁在神护之地行凶，谁就会被处死。

D. 1, 8, 9, 4　乌尔比安：《告示评注》第 68 卷

未经皇帝或总督的批准，不得重建自治市的城墙，也不得将某物靠于墙上或将之置于其上。

D. 1, 8, 11　彭波尼：《各种片段引述》第 2 卷

如果一个人损坏城墙，则就像他用自己的梯子或以其他任何方式翻越城墙一样，将被处以死刑。因为，罗马市民只能通过城门进出城，否则便是一种敌对行为，应受到憎恨。据说罗慕路斯的兄弟雷穆斯就因翻越城墙而被处死。

---

① 1 世纪法学家。——译者
② 同上。

1. De rerum divisione et qualitate

1. 6 De rebus extra nostrum patrimonium humani iuris
(D. 1. 8 ; D. 8. 3 ; D. 18. 1 ; D. 39. 3 ; D. 41. 1/3 ; D. 43. 8/12/20 ; D. 47. 10 ; D. 50. 16 ; C. 3. 34)

1. 6. 1 De rebus communibus omnium et publicis et in usu publico

D. 1. 8. 2. 1 Marcianus 3 inst.

Et quidem naturali iure omnium communia sunt illa: aer, aqua profluens, et mare, et per hoc litora maris.

C. 3. 34. 14. 1 Imp. Iustinianus A. Iohanni pp.

Cum autem apertissimi iuris est fructus aridos conculcatione quae in area fit suam naturam et utilitatem ostendere, aliquis vicinum suum vetabat ita aedificium extollere iuxta suam aream, ut ventus excluderetur et paleae ex huiusmodi obstaculo secerni a frugibus non possent, quasi vento suam vim per omnem locum inferre ex huiusmodi aedificatione vetito, cum secundum regionis situm et auxilium venti aream accedit. sancimus itaque nemini licere sic aedificare vel alio modo versari, ut idoneum ventum et sufficientem ad praefatum opus infringat et inutilem domino aream et fructuum inutilitatem faciat.

D. XI k. Nov. Costantinopoli post consulatum Lampadii et Orestis vv. cc. <a. 531>

D. 39. 3. 1. 22 Ulpianus 53 ad ed.

Sed et si vicinus opus tollat et sublato eo aqua naturaliter ad inferiorem agrum perveniens noceat, Labeo existimat aquae pluviae

1. 关于物的划分与特点

1.6 人法规定的不可有物
（D. 1, 8；D. 8, 3；D. 18, 1；D. 39, 3；D. 41, 1/3；
D. 43, 8/12/20；D. 47, 10；D. 50, 16；C. 3, 34）

1.6.1 共用物和公有物

D. 1, 8, 2, 1　马尔西安:《法学阶梯》第 3 卷

根据自然法（ius naturale），空气、流水、海洋及由此而来的海岸均属于一切人共有。

C. 3, 34, 14, 1　优士丁尼皇帝致大区长官乔万尼

然而，法律清楚地规定，晒干的麦子经过在晒场的处理而具有特殊用途。一个人应禁止其邻居加高建筑物，因为加高了建筑物，风便不能将晒场上的麦秸从麦子中吹走。由于在那个地方建造了建筑物，阻挡了该地的风力，而这个地方正好是需要风的晒场，因此我规定，任何人修建这样的建筑或以其他方式实施挡住晒场上的适当且足够的风力的活动，使所有权人的晒场变得无用并使麦子无法晒干，均是非法的。

（531 年，于君士坦丁堡，兰巴蒂和奥莱斯蒂斯执政）

D. 39, 3, 1, 22　乌尔比安:《告示评注》第 53 卷

但是，如果邻地所有权人拆除其建造的建筑物，水自然地流入所有权人的田地并造成损害的，拉贝奥[①]认为，人们不能提起排放雨水之诉，因为低地负有接受自然流水的役权。当然，拉贝奥确

---
① 1 世纪法学家。——译者

1. De rerum divisione et qualitate

arcendae agi non posse: semper enim hanc esse servitutem inferiorum praediorum, ut natura profluentem aquam excipiant. Plane si propter id opus sublatum vehementior aqua profluat vel corrivetur, aquae pluviae arcendae actione agi posse etiam Labeo confitetur.

D. 39. 3. 1. 13   Ulpianus 53 ad ed.

Item sciendum est hanc actionem vel superiori adversus inferiorem competere, ne aquam, quae natura fluat, opere facto inhibeat per suum agrum decurrere, et inferiori adversus superiorem, ne aliter aquam mittat, quam fluere natura solet.

D. 43. 8. 3. 1   Celsus 39 dig.

Maris communem usum omnibus hominibus, ut aeris, iactasque in id pilas eius esse qui iecerit: sed id concedendum non esse, si deterior litoris marisve usus eo modo futurus sit.

D. 43. 8. 2. 8   Ulpianus 68 ad ed.

Adversus eum, qui molem in mare proiecit, interdictum utile competit ei, cui forte haec res nocitura sit: si autem nemo damnum sentit, tuendus est is, qui in litore aedificat vel molem in mare iacit.

D. 41. 1. 50   Pomponius 6 ex plaut.

Quamvis quod in litore publico vel in mari exstruxerimus, nostrum fiat, tamen decretum praetoris adhibendum est, ut id facere liceat: immo etiam manu prohibendus est, si cum incommodo ceterorum id faciat: nam civilem eum actionem de faciendo nullam habere non dubito.

D. 1. 8. 10   Pomponius 6 ex plaut.

Aristo ait, sicut id, quod in mare aedificatum sit, fieret privatum, ita quod mari occupatum sit, fieri publicum.

认，如果由于建筑物的移除导致水会流得更猛或汇集在一起，则可以提起排放雨水之诉。

D. 39, 3, 1, 13　乌尔比安：《告示评注》第 53 卷

同样应当知道，高地所有权人有权对低地所有权人提起这一诉讼，以禁止其通过施工阻止自然流动之水流经自己的土地。低地所有权人也有权对高地所有权人提起这一诉讼，以禁止其使水不按通常的、自然的方式流动。

D. 43, 8, 3, 1　杰尔苏：《学说汇纂》第 39 卷

大海如空气一样，为全人类所共有。在海上建造的建筑物则归建筑者所有。如果这种建筑有害于大海或海岸，则不应当允许实施建筑施工。

D. 43, 8, 2, 8　乌尔比安：《告示评注》第 68 卷

可能遭受损害的人有权使用扩用令状（interdictum utile）以对抗在海上建造建筑物的人，但若无人遭受损害，在海岸或海上建筑的人应当受到保护。

D. 41, 1, 50　彭波尼：《普劳提评注》第 6 卷

虽然我们在公共海岸或海上建筑的任何东西均是我们的，但是，为使建筑合法，应当有裁判官允许这样做的裁决。如果任何人的建筑活动会给他人带来损害，则他人可以坚决阻止。因为我坚信不疑，建造该建筑物的人对此并无提起市民法之诉的权利。

D. 1, 8, 10　彭波尼：《普劳提评注》第 6 卷

阿里斯托说：在海上建筑之物为私有物，被大海淹没之物为公物。

1. De rerum divisione et qualitate

D. 50. 16. 96pr.   Celsus 25 dig.

Litus est, quousque maximus fluctus a mari pervenit: idque Marcum Tullium aiunt, cum arbiter esset, primum constituisse.

D. 1. 8. 5. 1   Gaius 2 rer. cott.

In mare piscantibus liberum est casam in litore ponere, in qua se recipiant.

D. 1. 8. 6pr.   Marcianus 3 inst.

In tantum, ut et soli domini constituantur qui ibi aedificant, sed quamdiu aedificium manet: alioquin aedificio dilapso quasi iure postliminii revertitur locus in pristinam causam, et si alius in eodem loco aedificaverit, eius fiet.

D. 43. 8. 3pr.   Celsus 39 dig.

Litora, in quae populus Romanus imperium habet, populi Romani esse arbitror.

D. 41. 1. 14pr.   Neratius 5 membr.

Quod in litore quis aedificaverit, eius erit: nam litora publica non ita sunt, ut ea, quae in patrimonio sunt populi, sed ut ea, quae primum a natura prodita sunt et in nullius adhuc dominium pervenerunt: nec dissimilis condicio eorum est atque piscium et ferarum, quae simul atque adprehensae sunt, sine dubio eius, in cuius potestatem pervenerunt, dominii fiunt.

D. 1. 8. 3   Florentinus 6 inst.

Item lapilli, gemmae ceteraque, quae in litore invenimus, iure naturali nostra statim fiunt.

D. 1. 8. 4pr.   Marcianus 3 inst.

Nemo igitur ad litus maris accedere prohibetur piscandi causa, dum tamen villius et aedificiis et monumentis abstineatur, quia non sunt iuris

1. 关于物的划分与特点

D. 50, 16, 96pr.　杰尔苏:《学说汇纂》第 25 卷

海岸是最大海浪所及的地方。人们认为马尔库斯·图流斯当仲裁人时首先提出了这种主张。

D. 1, 8, 5, 1　盖尤斯:《日常事务》第 2 卷

在海上捕鱼的人,可以在海岸建造可栖身的棚屋。

D. 1, 8, 6pr.　马尔西安:《法学阶梯》第 3 卷

在该地①建造房屋的人,于建筑物存在期间为该地的所有权人;反之,在建筑物倒塌后,如同根据复境权恢复其原来的状态一样,那个地方恢复至之前的状态,且如果他人在该地上建筑房屋,此地将为该他人所有。

D. 43, 8, 3pr.　杰尔苏:《学说汇纂》第 39 卷

我认为,罗马人控制的海岸属于罗马人所有。

D. 41, 1, 14pr.　内拉蒂:《羊皮纸书稿》第 5 卷

一个人在海滩的建筑物归该人所有。海滩是公共的,不是民众（populus）的可有物（res in patrimonio）,而是类似于自然界最初形成的财产,尚未归任何人所有。它们的状况与鱼类及野生动物一样,鱼类和野生动物一旦被捕获,无疑将为捕获者所有。

D. 1, 8, 3　佛罗伦汀:《法学阶梯》第 6 卷

同样,我们在海滩上发现的宝石、美玉及任何其他的物,根据自然法,将立刻为我们所有。

D. 1, 8, 4pr.　马尔西安:《法学阶梯》第 3 卷

因此,不禁止任何人为捕鱼而进入海滩,只要其不侵入房屋、建筑物和纪念性建筑物。因为这些物不像海洋那样属于万民法上之物。皮乌斯皇帝给弗尔米亚尼斯和卡佩纳迪斯的渔民作了如此批复。

---

① 指海滨。——译者

1. De rerum divisione et qualitate

gentium sicut et mare: idque et divus Pius piscatoribus Formianis et Capenatis rescripsit.

D. 47. 10. 13. 7 Ulpianus 57 ad ed.

Si quis me prohibeat in mari piscari vel everriculum (quod Graece 'σαγήνη' dicitur) ducere, an iniuriarum iudicio possim eum convenire? Sunt qui putent iniuriarum me posse agere: et ita Pomponius et plerique esse huic similem eum, qui in publicum lavare vel in cavea publica sedere vel in quo alio loco agere sedere conversari non patiatur, aut si quis re mea uti me non permittat: nam et hic iniuriarum conveniri potest. conductori autem veteres interdictum dederunt, si forte publice hoc conduxit: nam vis ei prohibenda est, quo minus conductione sua fruatur. si quem tamen ante aedes meas vel ante praetorium meum piscari prohibeam, quid dicendum est? me iniuriarum iudicio teneri an non? et quidem mare commune omnium est et litora, sicuti aer, et est saepissime rescriptum non posse quem piscari prohiberi: sed nec aucupari, nisi quod ingredi quis agrum alienum prohiberi potest. usurpatum tamen et hoc est, tametsi nullo iure, ut quis prohiberi possit ante aedes meas vel praetorium meum piscari: quare si quis prohibeatur, adhuc iniuriarum agi potest. in lacu tamen, qui mei dominii est, utique piscari aliquem prohibere possum.

D. 18. 1. 51 Paulus 21 ad ed.

Litora, quae fundo vendito coniuncta sunt, in modum non computantur, quia nullius sunt, sed iure gentium omnibus vacant: nec viae publicae aut loca religiosa vel sacra. itaque ut proficiant venditori, caveri solet, ut viae, item litora et loca publica in modum cedant.

D. 43. 8. 1 Paulus 64 ad ed.

In loco publico praetor prohibet aedificare et interdictum proponit.

1. 关于物的划分与特点

D. 47, 10, 13, 7　乌尔比安：《告示评注》第 57 卷

如果有人禁止我在海上捕鱼或者撒下希腊人称之为 σαγήνη 的渔网，我可以对之提起侵辱之诉（iniuriarum iudicium）吗？有些权威人士认为，我可以提起该诉讼。不过，包括彭波尼[①]在内的大多数人认为，这与有人阻止我在公共浴场洗澡、在公共剧场中就坐或者进入任何公共场所中做事、就坐或与他人交谈，或者有人不允许我使用自己财产的情况相似，因为这些人亦可能被提起侵辱之诉。假如一个人租借一个公共场所，古人便给他以令状，因为应当禁止他人以暴力阻止该人使用租借之地。然而，如果我禁止一个人在我的房前或者别墅前钓鱼，人们会说什么呢？我是否被提起侵辱之诉？对此，在［皇帝的］批复中常被提及的是，海洋和海岸如同空气一样为所有的人所共用。任何人均不可以被禁止钓鱼，正如任何人均不可以被禁止捕鸟一样，但是一个人可能被禁止进入属于他人的土地。在任何情况下，如果没有法律依据，任何人可能被我禁止在我的房前或者别墅前钓鱼，因此该人可能对我提起侵辱之诉。然而，我确实能够禁止任何人在我享有所有权的湖上钓鱼。

D. 18, 1, 51　保罗：《告示评注》第 21 卷

与被出卖的土地相连接的海岸，不被计算在出售土地的面积内，因为它不属于任何人，但是根据万民法，它向所有权人开放。公共道路、安魂之地或者圣地亦不被计算在内。因此，如果规定应当将公共道路、海岸和公共场所考虑在被出卖的土地内，显然这是有利于出卖人的。

D. 43, 8, 1　保罗：《告示评注》第 64 卷

裁判官禁止在公共场所中建筑，并发出了有关令状。

---

① 2 世纪法学家。——译者

1. De rerum divisione et qualitate

D. 43. 8. 2pr. Ulpianus 68 ad ed.

Praetor ait : 'Ne quid in loco publico facias inve eum locum immittas, qua ex re quid illi damni detur, praeterquam quod lege senatus consulto edicto decretove principum tibi concessum est. de eo, quod factum erit, interdictum non dabo. '

D. 43. 8. 2. 1 Ulpianus 68 ad ed.

Hoc interdictum prohibitorium est.

D. 43. 8. 2. 2 Ulpianus 68 ad ed.

Et tam publicis utilitatibus quam privatorum per hoc prospicitur. loca enim publica utique privatorum usibus deserviunt, iure scilicet civitatis, non quasi propria cuiusque, et tantum iuris habemus ad optinendum, quantum quilibet ex populo ad prohibendum habet. propter quod si quod forte opus in publico fiet, quod ad privati damnum redundet, prohibitorio interdicto potest conveniri, propter quam rem hoc interdictum propositum est.

D. 43. 8. 2. 10 Ulpianus 68 ad ed.

Merito ait praetor 'qua ex re quid illi damni detur' : nam quotiensque aliquid in publico fieri permittitur, ita oportet permitti, ut sine iniuria cuiusquam fiat. et ita solet princeps, quotiens aliquid novi operis instituendum petitur, permittere.

D. 43. 8. 2. 11 Ulpianus 68 ad ed.

Damnum autem pati videtur, qui commodum amittit, quod ex publico consequebatur, qualequale sit.

D. 43. 8. 2. 6 Ulpianus 68 ad ed.

Cum quidam velum in maeniano immissum haberet, qui vicini luminibus officiebat, utile interdictum competit: 'ne quid in publico

1. 关于物的划分与特点

D. 43, 8, 2pr. 乌尔比安:《告示评注》第 68 卷

裁判官说:"你不得在公共场所(in loco puhlico)进行某一施工,也不得把将给公共场所造成损害之物置于其上,除非法律、元老院决议、告示和皇帝敕令允许你那样做。我将不就已进行的施工发出令状。"

D. 43, 8, 2, 1 乌尔比安:《告示评注》第 68 卷

此令状是禁止性令状。

D. 43, 8, 2, 2 乌尔比安:《告示评注》第 68 卷

此令状对公众和个人一样有用。因为从市民法上讲,公共场所不是作为每个人自己的[物]而为私人使用,我们有权使用公共场所,每个市民便有权禁止使用公共场所。因此,如果在公共场所进行施工,结果给私人造成了损害,根据该禁止令状,[受害人]将会就此施工提起诉讼。该令状就是为此而发布的。

D. 43, 8, 2, 10 乌尔比安:《告示评注》第 68 卷

裁判官说"将给公共场所造成损害之物",这是正确的。因为当[裁判官]同意在公共场所进行施工时,应当只许以不造成任何损害的方式进行。这样,当有人请求从事新的施工时,方予许可。

D. 43, 8, 2, 11 乌尔比安:《告示评注》第 68 卷

失去从公共场所获得任何一种利益的人,被视为遭受了损失(damnum)。

D. 43, 8, 2, 6 乌尔比安:《告示评注》第 68 卷

当有人在其阳台上支起一顶妨碍邻居采光的帐篷时,[邻居]可使用"你不得在公共场所放置妨碍盖尤斯·塞伊乌斯采光之物"

1. De rerum divisione et qualitate

immittas, qua ex re luminibus Gaii Seii officias' .

D. 43. 8. 2. 12   Ulpianus 68 ad ed.

Proinde si cui prospectus, si cui aditus sit deterior aut angustior, interdicto opus est.

D. 43. 8. 2. 29   Ulpianus 68 ad ed.

Idem ait, si odore solo locus pestilentiosus fiat, non esse ab re de re ea interdicto uti.

D. 43. 8. 2. 21   Ulpianus 68 ad ed.

Viam publicam eam dicimus, cuius etiam solum publicum est: non enim sicuti in privata via, ita et in publica accipimus: viae privatae solum alienum est, ius tantum eundi et agendi nobis competit: viae autem publicae solum publicum est, relictum ad directum certis finibus latitudinis ab eo, qui ius publicandi habuit, ut ea publice iretur commearetur.

D. 41. 3. 45pr.   Papinianus 10 resp.

Praescriptio longae possessionis ad optinenda loca iuris gentium publica concedi non solet. quod ita procedit, si quis, aedificio funditus diruto quod in litore posuerat (forte quod aut deposuerat aut dereliquerat aedificium), alterius postea eodem loco extructo, occupantis datam exceptionem opponat, vel si quis, quod in fluminis publici deverticulo solus pluribus annis piscatus sit, alterum eodem iure prohibeat.

1. 6. 2   De fluminibus, et portubus, et fluminibus

D. 1. 8. 4. 1   Marcianus 3 inst.

Sed flumina paene omnia et portus publica sunt.

1. 关于物的划分与特点

的扩用令状。

D. 43, 8, 2, 12　乌尔比安:《告示评注》第 68 卷

因此,如果任何人可以欣赏的风景遭到了破坏或者进入公共场所的方式受到干扰,应当适用此令状。

D. 43, 8, 2, 29　乌尔比安:《告示评注》第 68 卷

内尔瓦[①]说,如果一个地方仅因气味不好而变成了一个不卫生的地方,不适用此令状。

D. 43, 8, 2, 21　乌尔比安:《告示评注》第 68 卷

我们所说的公共道路,是指土地为公有的道路。因为我们认为,公共道路的土地不像私人道路的土地,私人道路的土地是他人的,我们只享有通行和运输的权利;但是公共道路的土地是公有的,且由有权使之成为公有土地的人标出一定的宽度界限,以便公众通行。

D. 41, 3, 45pr.　帕比尼安:《解答集》第 10 卷

长期占有时效的规定不适用于万民法中对公共土地的占有。即使有人摧毁了他在海岸建造的建筑物的地基(或者放弃了该建筑物),他人随后在同一个地方建造建筑物,前者不能对后者提起抗辩;或者即使有人多年来在公共河流的一个转弯处钓鱼,他也无权阻止别人享有同样的权利。

1.6.2　河流、港口和水

D. 1, 8, 4, 1　马尔西安:《法学阶梯》第 3 卷

但是,几乎全部的河流与港口均是公有物。

---

① 1 世纪法学家。——译者

1. De rerum divisione et qualitate

D. 43. 12. 1. 1   Ulpianus 68 ad ed.

Flumen a rivo magnitudine discernendum est aut existimatione circumcolentium.

D. 43. 12. 1. 2   Ulpianus 68 ad ed.

Item fluminum quaedam sunt perennia, quaedam torrentia. perenne est, quod semper fluat, ἀέναος, torrens ὁ χιμάρρος: si tamen aliqua aestate exaruerit, quod alioquin perenne fluebat, non ideo minus perenne est.

D. 43. 12. 1. 3   Ulpianus 68 ad ed.

Fluminum quaedam publica sunt, quaedam non. publicum flumen esse Cassius definit, quod perenne sit: haec sententia Cassii, quam et Celsus probat, videtur esse probabilis.

D. 43. 12. 1. 12   Ulpianus 68 ad ed.

Non autem omne, quod in flumine publico ripave fit, coercet praetor, sed si quid fiat, quo deterior statio et navigatio flat. ergo hoc interdictum ad ea tantum flumina publica pertinet, quae sunt navigabilia, ad cetera non pertinet. sed Labeo scribit non esse iniquum etiam si quid in eo flumine, quod navigabile non sit, fiat, ut exarescat vel aquae cursus impediatur, utile interdictum competere 'ne vis ei fiat, quo minus id opus, quod in alveo fluminis ripave ita factum sit, ut iter cursus fluminis deterior sit fiat, tollere demoliri purgare restituere viri boni arbitratu possit'.

D. 43. 12. 1. 5   Ulpianus 68 ad ed.

Ripa autem ita recte definietur id, quod flumen continet naturalem

1. 关于物的划分与特点

D. 43, 12, 1, 1　乌尔比安:《告示评注》第 68 卷

河流,不论是按其大小还是按其附近居民的意见,均不同于小溪。

D. 43, 12, 1, 2　乌尔比安:《告示评注》第 68 卷

同样,一些河流是河水终年流淌的,另一些河流是河水湍急的[①]。那些总是有水流动的河流是河水终年流淌的河流,希腊人称之为 ἀέναος;河水湍急的河流即冬天流动的河流,被希腊人称为 ὁ χιμάρρος。但是,即使河水终年流淌的河流在某个夏天干涸了,它仍是河水终年流淌的河流。

D. 43, 12, 1, 3　乌尔比安:《告示评注》第 68 卷

一些河流是公有的,另一些则不是。卡修斯将公有河流定义为河水终年流淌的河流。卡修斯的这个定义得到了杰尔苏的赞同,似乎是可以采纳的。

D. 43, 12, 1, 12　乌尔比安:《告示评注》第 68 卷

裁判官并不绝对禁止在公有河流上或者其岸上施工,然而要禁止妨碍船舶靠岸和航行的施工。因此,这种令状只适用于可通航的公共河流,而不适用其他的河流。不过,拉贝奥写道,尽管人们在不能通航的河流中施工而导致河水干涸或者使河道阻塞,但是,为禁止使用任何暴力来阻止拆除建在河床上的建筑物,适用上述扩用令状,并非不公正。如果有人在河床上或者河岸上施工使河道变得更糟,人们便有权按照正直人的决定强迫他去掉、拆除或者清除建筑物并将之恢复原状。

D. 43, 12, 1, 5　乌尔比安:《告示评注》第 68 卷

河岸,被定义为河水按照自然线路流动时,不因暴雨、涨潮

---

① 此指"小溪"。——译者

1. De rerum divisione et qualitate

rigorem cursus sui tenens: ceterum si quando vel imbribus vel mari vel qua alia ratione ad tempus excrevit, ripas non mutat: nemo denique dixit Nilum, qui incremento suo Aegyptum operit, ripas suas mutare vel ampliare. nam cum ad perpetuam sui mensuram redierit, ripae alvei eius muniendae sunt. si tamen naturaliter creverit, ut perpetuum incrementum nanctus sit, vel alio flumine admixto vel qua alia ratione, dubio procul dicendum est ripas quoque eum mutasse, quemadmodum si alveo mutato alia coepit currere.

D. 43. 12. 3. 1   Paulus 16 ad sab.

Ripa ea putatur esse, quae plenissimum flumen continet.

D. 43. 12. 3. 2   Paulus 16 ad sab.

Secundum ripas fluminum loca non omnia publica sunt, cum ripae cedant, ex quo primum a plano vergere incipit usque ad aquam.

D. 1. 8. 5pr.   Gaius 2 rer. cott.

Riparum usus publicus est iure gentium sicut ipsius fluminis. itaque navem ad eas appellere, funes ex arboribus ibi natis religare, retia siccare et ex mare reducere, onus aliquid in his reponere cuilibet liberum est, sicuti per ipsum flumen navigare. sed proprietas illorum est, quorum praediis haerent: qua de causa arbores quoque in his natae eorundem sunt.

D. 41. 1. 15   Neratius 5 reg.

Qui autem in ripa fluminis aedificat, non suum facit.

D. 8. 3. 17   Papirius Iustus 1 de const.

Imperatores Antoninus et Verus Augusti rescripserunt aquam de flumine publico pro modo possessionum ad irrigandos agros dividi oportere, nisi proprio iure quis plus sibi datum ostenderit. item rescripserunt aquam ita demum permitti duci, si sine iniuria alterius id fiat.

1. 关于物的划分与特点

或者其他原因而改变边岸的地方。从未有人说过尼罗河泛滥淹没了埃及而其河岸将被改变或者被拓宽,但是,当河水退至其通常的水位时,河的两岸要被加高。然而,如果河水因同另一条河流汇合或者因其他原因而不可改变地增加,从而自然地溢出,那么应毫无疑问地说河岸已发生了变化,这就像河水改道而开始流往别处一样。

D. 43, 12, 3, 1　保罗:《萨宾评注》第 16 卷

人们认为,河岸是水处于最高位时将河流整个地夹在其间的两岸。

D. 43, 12, 3, 2　保罗:《萨宾评注》第 16 卷

沿河两岸的地方并非均是公有的,公有的地方只是从河岸一直延伸到水边的地方。

D. 1, 8, 5pr.　盖尤斯:《日常事务》第 2 卷

根据万民法,对河岸的使用如同对河流的使用一样,是公有的。因此,任何人均可将船舶停靠在河岸边,把缆绳拴在生长于河岸上的树上,可以晒网,并可以把网从大海中取回,在岸边存放任何货物,如同他们可以自由地沿河流航行一样。但是,河岸的所有权属于其土地与河岸相连的人。基于同样的理由,生长于河岸上的树也属于该所有权人。

D. 41, 1, 15　内拉蒂:《规则集》第 5 卷

如果有人在河岸上修建建筑物,该建筑物有能归其所有。

D. 8, 3, 17　帕皮流斯·尤斯图斯:《敕令评注》第 1 卷

安东尼皇帝和维鲁斯皇帝批复道:为了灌溉田地,需根据土地面积按比例划分公有河流之水,除非有人提出证据证明其有权利获得更多的水。类似的批复还规定,只有在不损害他人的情况下方可以引水。

1. De rerum divisione et qualitate

D. 43. 20. 1pr.   Ulpianus 70 ad ed.

Ait praetor: 'uti hoc anno aquam, qua de agitur, non vi non clam non precario ab illo duxisti, quo minus ita ducas, vim fieri veto.'

D. 43. 20. 1. 27   Ulpianus 70 ad ed.

Labeo putat per hoc interdictum prohiberi quem, ne quid in illo fundo faciat fodiat serat succidat putet aedificet, quare ex re ea aqua, quam ille hoc anno per fundum tuum sine vitio duxit, inquinetur vitietur corrumpatur deteriorve fiat: et similiter de aestiva aqua debere interdici ait.

1. 7   De rebus universitatis
(D. 1. 8 ; D. 50. 6)

D. 1. 8. 6. 1   Marcianus 3 inst.

Universitatis sunt non singulorum veluti quae in civitatibus sunt theatra et stadia et similia et si qua alia sunt communia civitatium. ideoque nec servus communis civitatis singulorum pro parte intellegitur, sed universitatis et ideo tam contra civem quam pro eo posse servum civitatis torqueri divi fratres rescripserunt. ideo et libertus civitatis non habet necesse veniam edicti petere, si vocet in ius aliquem ex civibus.

D. 50. 16. 15   Ulpianus 10 ad ed.

Bona civitatis abusive 'publica' dicta sunt: sola enim ea publica sunt, quae populi Romani sunt.

1. 关于物的划分与特点

D. 43, 20, 1 pr.　乌尔比安：《告示评注》第 70 卷

裁判官说："只要你在这一年中未暴力地、未秘密地或者未不确定地从他人处取水，我就禁止［他人］以暴力阻止你取水。"

D. 43, 20, 1, 27　乌尔比安：《告示评注》第 70 卷

拉贝奥认为，如果你污染、恶化或者阻止一个人在过去一年中正当地通过你的土地取水，此令状将禁止你在你的土地上施工、挖掘、播种、砍伐、修枝及建筑。他也主张，此令状同样适用于夏天用水。

1.7　市有物
（D. 1, 8；D. 50, 6）

D. 1, 8, 6, 1　马尔西安：《法学阶梯》第 3 卷

城市的剧院、体育场和类似之物以及属于城市的其他物，为市所有，而非为个人所有。所以，城市公奴不被视为按份为个人所有，而是为市所有。因此，神圣的皇帝兄弟俩[1]批复，为了一个市民的利益或者旨在反对另一个市民，均可以拷问城市公奴；同样，任何一个由城市公奴成为解放自由人的人，无需获得告示的许可，便要求传唤任何一个市民到庭。

D. 50, 16, 15　乌尔比安：《告示评注》第 10 卷

城市的财产（bona civitatis）曾被误称为公有财产（bona publica），唯有属于全体罗马人的财产才是公有财产。

---

[1]　参见第 11 页注释①。——译者

1. De rerum divisione et qualitate

1. 8　De rebus in nostro patrimonio
(D. 50. 16 ; C. 18. 1)

D. 50. 16. 49　Ulpianus 59 ad ed.

'Bonorum' appellatio aut naturalis aut civilis est. naturaliter bona ex eo dicuntur, quod beant, hoc est beatos faciunt: beare est prodesse. in bonis autem nostris computari sciendum est non solum, quae dominii nostri sunt, sed et si bona fide a nobis possideantur vel superficiaria sint. aeque bonis adnumerabitur etiam, si quid est in actionibus petitionibus persecutionibus: nam haec omnia in bonis esse videntur.

D. 50. 16. 39. 1　Paulus 53 ad ed.

'Bona' intelleguntur cuiusque, quae deducto aere alieno supersunt.

D. 50. 16. 83　Iavolenus 5 ex plaut.

Proprie 'bona' dici non possunt, quae plus incommodi quam commodi habent.

D. 50. 16. 5pr.　Paulus 2 ad ed.

'Rei' appellatio latior est quam 'pecuniae', quia etiam ea, quae extra computationem patrimonii nostri sunt, continet, cum pecuniae significatio ad ea referatur, quae in patrimonio sunt.

D. 50. 16. 222　Hermogenianus 2 iuris epit.

'Pecuniae' nomine non solum numerata pecunia, sed omnes res tam soli quam mobiles et tam corpora quam iura continentur.

D. 50. 16. 178pr.　Ulpianus 49 ad sab.

'Pecuniae' verbum non solum numeratam pecuniam complectitur,

1. 关于物的划分与特点

1.8 可有物
（D. 50, 16；C. 18, 1）

D. 50, 16, 49　乌尔比安：《告示评注》第 59 卷
"财产的"（bonorum）一词，或是自然法上的，或者市民法上的。财产，根据自然法，是使人变得幸福的东西，使人幸福即有用。人们应当知道，不仅我们享有所有权之物被计算在我们的财产内，而且我们善意占有之物或者设定了地上权之物也被计算在我们的财产内。任何通过诉讼要求和追索的东西，同样被列入财产之内，因为这些物都被认为属于我们财产的一部分。

D. 50, 16, 39, 1　保罗：《告示评注》第 53 卷
任何人们的"财产"，均被认为是指清偿债务后剩下的东西。

D. 50, 16, 83　雅沃伦：《普劳提评注》第 5 卷
不利益多于利益的东西，不能被说成是"财产"。

D. 50, 16, 5pr.　保罗：《告示评注》第 2 卷
"物"（res）一词的含义比"钱财"（pecuniae）的含义更为宽泛。因为，物包括我们可有财产以外的那些物，而钱财的意思是仅指我们可有财产中包含的东西。

D. 50, 16, 222　赫尔莫杰尼安：《法律概要》第 2 卷
"钱财"一词不仅包括现金，而且包括无论是附着于土地还是可移动的，以及有体的和权利在内的任何的物。

D. 50, 16, 178pr.　乌尔比安：《萨宾评注》第 49 卷
"钱财"一词不仅包括现金，而且包括各种财产，即一切的物

1. De rerum divisione et qualitate

verum omnem omnino pecuniam, hoc est omnia corpora: nam corpora quoque pecuniae appellatione contineri nemo est qui ambiget.

D. 18. 1. 1pr.   Paulus 33 ad ed.

Origo emendi vendendique a permutationibus coepit. olim enim non ita erat nummus neque aliud merx, aliud pretium vocabatur, sed unusquisque secundum necessitatem temporum ac rerum utilibus inutilia permutabat, quando plerumque evenit, ut quod alteri superest alteri desit. sed quia non semper nec facile concurrebat, ut, cum tu haberes quod ego desiderarem, invicem haberem quod tu accipere velles, electa materia est, cuius publica ac perpetua aestimatio difficultatibus permutationum aequalitate quantitatis subveniret. eaque materia forma publica percussa usum dominiumque non tam ex substantia praebet quam ex quantitate nec ultra merx utrumque, sed alterum pretium vocatur.

1. 9   De rebus quae pondere numero mensura consistunt
(D. 7. 5 ; D. 12. 1)

D. 12. 1. 2. 1   Paulus 28 ad ed.

Mutui datio consistit in his rebus, quae pondere numero mensura consistunt, quoniam eorum datione possumus in creditum ire, quia in genere suo functionem recipiunt per solutionem quam specie: nam in ceteris rebus ideo in creditum ire non possumus, quia aliud pro alio invito creditori solvi non potest.

D. 7. 5. 7   Gaius 7 ad ed. provinc.

Si vini olei frumenti usus fructus legatus erit, proprietas ad

质的东西（corporatus）。因为，没有人怀疑物质财产也被包含在钱财一词之内。

D. 18, 1, 1pr.　保罗：《告示评注》第 33 卷

买卖起源于交换。最初没有货币，也无所谓的商品（merx）和价金（pretium），但是，当一些人缺乏另一些人过剩的东西的情况经常发生时，每个人便在必要时根据其对物的需要，以对己无用之物去交换对己有用之物。不过，通常不易碰上你有我需要的东西同时我有你需要的东西这种情况。因而，人们选择一种具有公开的和永久价值的物，解决了物物交换中等量交换的困难。该物具有公共标记，它所提供的所有权的使用和占有与其本身的质量无关，而与其数量有关，被交换的两件物品不再均被称为商品，而是其中一件被称为另一件商品的价金。

1.9　可称量计数的物
（D. 7, 5；D. 12, 1）

D. 12, 1, 2, 1　保罗：《告示评注》第 28 卷

消费借贷存在于能够以度、量、衡计算之物上，因为通过交付这些以种类的（genus）而非以特定的（species）物来发挥履行债务的功能，我们才能设定消费借贷之债。实际上，我们不能在除此以外的其他物上设定消费借贷之债，因为不能违背债权人（creditor）的意愿，向他借一个物却偿还其另一个物。

D. 7, 5, 7　盖尤斯：《行省告示评注》第 7 卷

如果葡萄酒、橄榄油及小麦的用益权（usus fructus）被遗赠，

1. De rerum divisione et qualitate

legatarium transferri debet et ab eo cautio desideranda est, ut, quandoque is mortuus aut capite deminutus sit, eiusdem qualitatis res restituatur, aut aestimatis rebus certae pecuniae nomine cavendum est, quod et commodius est. idem scilicet de ceteris quoque rebus, quae usu continentur, intellegemus.

1. 10 De rebus quae commode dividi possunt aut non possunt
(D. 6. 1 ; D. 30. 26)

D. 6. 1. 35. 3   Paulus 21 ad ed.

Eorum quoque, quae sine interitu dividi non possunt, partem petere posse constat.

D. 30. 26. 2   Pomponius 5 ad sab.

Cum bonorum parte legata dubium sit, utrum rerum partes an aestimatio debeatur, Sabinus quidem et Cassius aestimationem, Proculus et Nerva rerum partes esse legatas existimaverunt. sed oportet heredi succurri, ut ipse eligat, sive rerum partes sive aestimationem dare maluerit. in his tamen rebus partem dare heres conceditur, quae sine damno dividi possunt: sin autem vel naturaliter indivisae sint vel sine damno divisio earum fieri non potest, aestimatio ab herede omnimodo praestanda est.

1. 关于物的划分与特点

所有权应当移转给受遗赠人。然而，他应当担保，一旦他死亡或者人格减等，便将归还同等数量和质量之物"，或者他应当在上述物被估价后提供一笔特定数额的保证金，后一种方法较方便。我们认为，此规则同样适用于所有其他可消耗物。

1.10 可分物与不可分物
（D. 6, 1；D. 30, 26）

D. 6, 1, 35, 3　保罗：《告示评注》第 21 卷
如果物不被毁损则不能被分割的，我们可以就该物提起返还之诉。

D. 30, 26, 2　彭波尼：《萨宾评注》第 5 卷
当财产的某一部分被遗赠时，被遗赠的应当是物的实体部分还是其价金，存有疑问，萨宾和卡修斯认为被遗赠的是物的价金，普罗库勒[①]和内尔瓦却认为被遗赠的是物的实体部分。然而，继承人有必要受到保护，以便其可以决定是交付物的实体部分还是交付物的价金。对不毁损而可分割之物，应当允许继承人交付物的实体部分。但是，若一些物按其性质是不可分割的，或者不毁损则不能被分割的，那么继承人应当通过一切方法交付物之价金。

---

① 1世纪法学家。——译者

1. De rerum divisione et qualitate

1.11 De rebus quae uno spiritu continentur, ex cohaerentibus, ex distantibus

(D. 6. 1 ; D. 41. 3)

D. 41. 3. 30pr. Pomponius 30 ad sab.

Rerum mixtura facta an usucapionem cuiusque praecedentem interrumpit, quaeritur. Tria autem genera sunt corporum, unum, quod continetur uno spiritu et Graece ἡνωμένον vocatur, ut homo tignum lapis et similia: alterum, quod ex contingentibus, hoc est pluribus inter se cohaerentibus constat, quod συνημμένον vocatur, ut aedificium navis armarium: tertium, quod ex distantibus constat, ut corpora plura non soluta, sed uni nomini subiecta, veluti populus legio grex. primum genus usucapione quaestionem non habet, secundum et tertium habet.

D. 41. 3. 30. 1 Pomponius 30 ad sab.

Labeo libris epistularum ait, si is, cui ad tegularum vel columnarum usucapionem decem dies superessent, in aedificium eas coniecisset, nihilo minus eum usucapturum, si aedificium possedisset. quid ergo in his, quae non quidem implicantur rebus soli, sed mobilia permanent, ut in anulo gemma? in quo verum est et aurum et gemmam possideri et usucapi, cum utrumque maneat integrum.

D. 41. 3. 30. 2 Pomponius 30 ad sab.

De tertio genere corporum videndum est. non autem grex universus

1. 关于物的划分与特点

1.11 单一物、合成物及聚合物
（D. 6, 1；D. 41, 3）

D. 41, 3, 30pr.　彭波尼:《萨宾评注》第 30 卷

有人问，如果若干个物发生了混合，是否会使正在进行中的对原物的取得时效中断？物体（corpus）有三类：第一类是仅包括一个单一的物，希腊人称之为 ηνωμένον，即"同一的"，例如，一个奴隶、一根木头、一块石头及其他类似的物；第二类是由若干相互连接的单一物构成的物，希腊人称之为 συνημμένον，即"合成的"，例如，一栋建筑物、一只船和一个柜子；第三类是聚合而成的物，它是由若干独立的但从属于一个名称的物所构成，例如，人民（populus）、军团（legio）和羊群（grex）。第一类物通过时效取得不存问题，第二类和第三类物通过时效取得则会产生问题。

D. 41, 3, 30, 1　彭波尼:《萨宾评注》第 30 卷

拉贝奥在《书信集》中写道，如果还差 10 天就能通过时效取得瓦或圆柱所有权的人，将瓦和圆柱用于建造建筑物，且占有了该建筑物，那么他可以通过时效取得获得瓦和圆柱的所有权。对于实际上未与不动产连在一起而仍是动产（res mobiles）的物，如金戒指上的宝石，该怎么办呢？在此情况下，实际上人们既可占有金戒指和宝石，也可在它们连接在一起的情况下，通过时效取得它们的所有权。

D. 41, 3, 30, 2　彭波尼:《萨宾评注》第 30 卷

我们再来考虑第三类物体。如果一群羊既不像单一物（res singulae）

41

1. De rerum divisione et qualitate

sic capitur usu quomodo singulae res, nec sic quomodo cohaerentes. quid ergo est? etsi ea natura eius est, ut adiectionibus corporum maneat, non item tamen universi gregis ulla est usucapio, sed singulorum animalium sicuti possessio, ita et usucapio. nec si quid emptum immixtum fuerit gregi augendi eius gratia, idcirco possessionis causa mutabitur, ut, si reliquus grex dominii mei sit, haec quoque ovis, sed singulae suam causam habebunt, ita ut, si quae furtivae erunt, sint quidem ex grege, non tamen usucapiantur.

D. 6. 1. 1. 3   Ulpianus 16 ad ed.

Per hanc autem actionem non solum singulae res vindicabuntur, sed posse etiam gregem vindicari Pomponius libro lectionum vicensimo quinto scribit. idem et de armento et de equitio ceterisque, quae gregatim habentur, dicendum est. sed enim gregem sufficiet ipsum nostrum esse, licet singula capita nostra non sint: grex enim, non singula corpora vindicabuntur.

1. 12   De rei partibus
(D. 19. 1 ; D. 33. 7 ; D. 50. 16)

D. 19. 1. 17. 7   Ulpianus 32 ad ed.

Labeo generaliter scribit ea, quae perpetui usus causa in aedificiis sunt, aedificii esse, quae vero ad praesens, non esse aedificii, ut puta fistulae temporis quidem causa positae non sunt aedium, verum tamen si perpetuo fuerint positae, aedium sunt.

1. 关于物的划分与特点

那样,也不像合成物(res cohaerentes)那样被通过时效取得,情况会怎样呢?虽然一群羊实质上是通过若干只羊的增加而存在,但是整个羊群不能被通过时效取得,不过,基于对单只羊的占有,它可以被通过时效取得。如果为扩大羊群而将购买的羊与羊群合在一起,占有的原因将不会改变,以致若其他羊为我所有,买来的羊也为我所有。然而,对每只羊的占有都有其原因。因此,若有些羊是在偷来后被放入羊群的,它们不能被通过时效取得。

D. 6, 1, 1, 3　乌尔比安:《告示评注》第 16 卷

然而,通过这种诉讼①不仅可以请求返还单一物,而且按照彭波尼在《各种片段引述》第 25 卷中所述,人们还可以请求返还一群羊。需指出的是,牛群、马群及其他畜群亦适用此规则。虽然单只的羊不是我们的,但只要同一群羊是我们的,即足矣。因为被请求返还的是羊群而非单只的羊。

1.12　物之部分
（D. 19, 1；D. 33, 7；D. 50, 16）

D. 19, 1, 17, 7　乌尔比安:《告示评注》第 32 卷

拉贝奥指出,作为一个一般性命题,建筑物之上任何用于永久用途之物均是建筑的一部分,而仅被临时用于建筑物上的物则不是,例如,临时安装上去的水管不是房屋的一部分,但若永久安装在房屋上的水管则属于房屋的一部分。

---

① 这里是指返还原物之诉。——译者

1. De rerum divisione et qualitate

D. 19. 1. 17. 8   Ulpianus 32 ad ed.

Castella plumbea, putea, opercula puteorum, epitonia fistulis adplumbata (aut quae terra continentur, quamvis non sint adfixa) aedium esse constat.

D. 19. 1. 17. 9   Ulpianus 32 ad ed.

Item constat sigilla, columnas quoque et personas, ex quorum rostris aqua salire solet, villae esse.

D. 19. 1. 17. 10   Ulpianus 32 ad ed.

Ea, quae ex aedificio detracta sunt ut reponantur, aedificii sunt: at quae parata sunt ut imponantur, non sunt aedificii.

D. 50. 16. 242pr.   Iavolenus 2 ex post. lab.

Malum navis esse partem, artemonem autem non esse Labeo ait, quia pleraeque naves sine malo inutiles essent, ideoque pars navis habetur: artemo autem magis adiectamento quam pars navis est.

D. 50. 16. 242. 2   Iavolenus 2 ex post. lab.

Plumbum, quod tegulis poneretur, aedificii esse ait Labeo: sed id, quod hypaethri tegendi causa poneretur, contra esse.

D. 50. 16. 242. 4   Iavolenus 2 ex post. lab.

Straturam loci alicuius ex tabulis factis, quae aestate tollerentur et hieme ponerentur, aedium esse ait Labeo, quoniam perpetui usus paratae essent: neque ad rem pertinere, quod interim tollerentur.

D. 50. 16. 245pr.   Pomponius 10 epist.

Statuae adfixae basibus structilibus aut tabulae religatae catenis aut erga parietem adfixae aut si similiter cohaerent lychni, non sunt aedium: ornatus enim aedium causa parantur, non quo aedes perficiantur. idem Labeo ait.

1. 关于物的划分与特点

D. 19, 1, 17, 8　乌尔比安:《告示评注》第 32 卷

铅质蓄水池、井、井盖、牢固地焊到水管上的龙头（或者埋于地下的未附着于房屋的装置），我们认为它们属于房屋的一部分。

D. 19, 1, 17, 9　乌尔比安:《告示评注》第 32 卷

同样，人们知道，小塑像如同圆柱及嘴里常喷水的兽形雕像一样，是别墅的一部分。

D. 19, 1, 17, 10　乌尔比安:《告示评注》第 32 卷

任何出于更换目的而从建筑物上取下之物均是建筑物的一部分。不过，为把东西安放到建筑物上而配备的那些物却非建筑物的构成部分。

D. 50, 16, 242pr.　雅沃伦:《拉贝奥遗作摘录》第 2 卷

拉贝奥说，船桅是船的组成部分，船帆却不是，因为很多船没有船桅将是无用的，因而它被视为船的组成部分。相反，船帆是船的附加物，而非船的一部分。

D. 50, 16, 242, 2　雅沃伦:《拉贝奥遗作摘录》第 2 卷

拉贝奥说，被安装到房顶上的铅板是房屋的一部分。但是，为遮盖无覆盖物的凉台而装的铅板却不是。

D. 50, 16, 242, 4　雅沃伦:《拉贝奥遗作摘录》第 2 卷

拉贝奥还说，用若干木板为一个凉台制作的、冬天被安上夏天被取下的遮盖物构成房屋的一部分，因为它是为永久使用而设计的。它的确没有附着于土地上，因为它有一段时间会被取下移走。

D. 50, 16, 245pr.　彭波尼:《书信集》第 10 卷

安放在基座上的雕像，或者用铁链悬挂或固定在墙上的图画，或者以同样方式固定摆放的灯，都不是房屋的一部分。因为它们被放在那里是为了装饰房子，而不是为了作为建筑物的组成部分。

1. De rerum divisione et qualitate

D. 33. 7. 12. 23   Ulpianus 20 ad sab.

Papinianus quoque libro septimo responsorum ait: sigilla et statuae adfixae instrumento domus non continentur, sed domus portio sunt: quae vero non sunt adfixa, instrumento non continentur, inquit: suppellectili enim adnumerantur, excepto horologio aereo, quod non est adfixum: nam et hoc instrumento domus putat contineri, sicut prothyrum domus, si velamen est, inquit, instrumento domus continetur.

1. 13   De rebus principalibus, de rebus quae iis accedunt, vel pertinent

(D. 8. 5 ; D. 33. 7)

D. 33. 7. 8pr.   Ulpianus 20 ad sab.

In instrumento fundi ea, esse, quae fructus quaerendi cogendi conservandi gratia parata sunt, Sabinus libris ad Vitellium evidenter enumerat. quaerendi, veluti homines qui agrum colunt, et qui eos exercent praepositive sunt is, quorum in numero sunt vilici et monitores: praeterea boves domiti, et pecora stercorandi causa parata, vasaque utilia culturae, quae sunt aratra ligones sarculi falces putatoriae bidentes et

1. 关于物的划分与特点

D. 33, 7, 12, 23　乌尔比安:《萨宾评注》第 20 卷

帕比尼安[①]在《解答集》第7卷中写道,固定的装饰性石膏作品和固定在墙上的雕像不包括在房屋设备中,而是房屋的一部分。事实上,如果它们没有固定于房屋上,就属于家具的范畴,但非固定的金属钟除外。因为他认为,这些东西就像房屋门厅悬挂的布帘一样,属于房屋设备的组成部分。

1.13　主物、从物和附属物

（D. 8, 5；D. 33, 7）

D. 33, 7, 8pr.　乌尔比安:《萨宾评注》第 20 卷

萨宾在《维特里乌斯评注》一书中清楚地说道,任何涉及生产、收割、贮藏农产品的,均属于土地的生产要素（instrume-ntum fundi）[②]。例如,为了获得农产品,雇用了一些自然人（homo）来耕种田地和一些管理劳动的管理者及监督者,此外,还有驯养的牛、生产肥料的家畜及种植用的工具,如犁、锄头、小草锄、修

[①]　3世纪法学家。——译者
[②]　拉丁文 instrumentum fundi 直译是土地设备、土地资料、农具。我们需要注意的是,在该内容内,萨宾在其所举之例中没有使用"奴隶"（拉丁文是 servus）的表达而是自然人（拉丁文是 homo）的表述,不仅包括劳作者,而且包括劳动事务的管理者和监督者。因此,如果将 instrumentum fundi 理解为"农具",完全无法彰示出主体的存在,无法完整地理解萨宾该句的意思。受到徐国栋教授观点的启发,将 instrumentum fundi 从"农具"改为"土地的生产要素",其包括主体要素（即自然人）和客体要素（即各种生产工具）。唯如此,才能够完整、准确地理解萨宾在该句中所举之例为何既有主体又有客体。——译者

1. De rerum divisione et qualitate

si qua similia dici possunt. cogendi, quemadmodum torcularia corbes falcesque messoriae falces fenariae quali vindemiatorii exceptoriique, in quibus uvae comportantur. conservandi, quasi dolia, licet defossa non sint, et cuppae.

D. 33. 7. 8. 1   Ulpianus 20 ad sab.

Quibusdam in regionibus accedunt instrumento, si villa cultior est, veluti atrienses scoparii, si etiam virdiaria sint, topiarii, si fundus saltus pastionesque habet, greges pecorum pastores saltuarii.

D. 33. 7. 17. 1   Marcianus 7 inst.

Instrumento piscatorio contineri Aristo ait naucellas, quae piscium capiendorum causa comparatae sunt: sed et piscatores contineri verius est.

D. 8. 5. 20. 1   Scaevola 4 dig.

Plures ex municipibus, qui diversa praedia possidebant, saltum communem, ut ius compascendi haberent, mercati sunt idque etiam a successoribus eorum est observatum: sed nonnulli ex his, qui hoc ius habebant, praedia sua illa propria venum dederunt. quaero, an in venditione etiam ius illud secutum sit praedia, cum eius voluntatis venditores fuerint, ut et hoc alienarent. respondit id observandum, quod actum inter contrahentes esset: sed si voluntas contrahentium manifesta non sit, et hoc ius ad emptores transire. item quaero, an, cum pars illorum propriorum fundorum legato ad aliquem transmissa sit, aliquid iuris secum huius compascui traxerit. respondit, cum id quoque ius fundi, qui legatus esset, videretur, id quoque cessurum legatario.

1. 关于物的划分与特点

枝用的镰刀、叉子及其他类似的物。收割用的农具包括压榨机、篮子、收割谷物的镰刀、割草用的镰刀、采摘和装葡萄的筐子等工具。虽然木桶不像酒坛那样被放进地窖内,但它仍是贮藏用的农具。

D. 33, 7, 8, 1　乌尔比安:《萨宾评注》第 20 卷

在有些地区,如果庄园(villa)较大,那么家仆和打扫卫生的人也属于生产要素;如果有花园,园丁也是,如果土地上有树林、牧场、畜群,则放牧人及守林人也是。

D. 33, 7, 17, 1　马尔西安:《法学阶梯》第 7 卷

阿里斯托说,为捕鱼而准备的小船被包括在捕鱼的生产要素中,但除此外,捕鱼的人也是。

D. 8, 5, 20, 1　斯凯沃拉:《学说汇纂》第 4 卷

各自拥有不同土地的自治城市中的一些市民,共同购买了一片牧地以便共同享有放牧权,其继承人亦享有这一权利。但是,在享有此权利的人中,一些人出卖了他们自己的那份土地,请问,若出卖人想转让这一权利,那么在出卖时该权利是否随土地一起转让?回答是:缔约双方达成的协议应当予以遵守。但是,若缔约双方的意思不明确,该权利便被转让给受让人。我同样再问:如果他们自己那份土地的一部分因遗赠被转让给了他人,是否因此转让了该部分土地上的放牧权?回答是:由于放牧权被视为附着于被遗赠的土地,因此该权利将被转让给受遗赠人。

1. De rerum divisione et qualitate

1. 14   De fructibus
(D. 5. 3 ; D. 6. 1 ; D. 22. 1 ; D. 33. 2 ; D. 50. 16)

D. 50. 16. 77   Paulus 49 ad ed.

'Frugem' pro reditu appellari, non solum frumentis aut leguminibus, verum et ex vino, silvis caeduis, cretifodinis, lapidicinis capitur, Iulianus scribit. 'fruges' omnes esse, quibus homo vescatur, falsum esse: non enim carnem aut aves ferasve aut poma fruges dici. 'frumentum' autem id esse, quod arista se teneat, recte gallum definisse: lupinum vero et fabam fruges potius dici, quia non arista, sed siliqua continentur. quae Servius apud Alfenum in frumento contineri putat.

D. 22. 1. 28pr.   Gaius 2 rer. cott.

In pecudum fructu etiam fetus est sicut lac et pilus et lana: itaque agni et haedi et vituli statim pleno iure sunt bonae fidei possessoris et fructuarii.

D. 22. 1. 28. 1   Gaius 2 rer. cott.

Partus vero ancillae in fructu non est itaque ad dominum proprietatis pertinet: absurdum enim videbatur hominem in fructu esse, cum omnes fructus rerum natura hominum gratia comparaverit.

D. 22. 1. 26   Iulianus 6 ex Minicio

Venationem fructus fundi negavit esse, nisi fructus fundi ex venatione constet.

D. 33. 2. 42   Iavolenus 5 ex post. lab.

In fructu id esse intellegitur, quod ad usum hominis inductum est:

1. 关于物的划分与特点

1.14 孳息
（D. 5, 3；D. 6, 1；D. 22, 1；D. 33, 2；D. 50, 16）

D. 50, 16, 77　保罗:《告示评注》第 49 卷
尤里安[①]写道:"产品"（frugem）不仅包括小麦和蔬菜，而且包括葡萄酒、砍伐的树木及从白垩矿或采石场中获得的东西。并非人吃的所有东西都是'产品'，因为肉、鸟、野兽或水果不是产品。然而，他说：加鲁斯正确地定义道，生长在麦穗里的东西是小麦，羽扇豆和蚕豆被说成是豆子，因为它们不是生长在麦穗里，而是生长在豆荚中。阿尔芬努斯说，塞尔维乌斯则认为应当把豆类归入粮食内。

D. 22, 1, 28pr.　盖尤斯:《日常事务》第 2 卷
家畜产的幼仔，就像奶水、毛皮及绒毛一样，也被包括于其孳息（fructus）内。因此，善意占有人和用益权人对新生羔羊、小山羊及牛犊立刻享有完全的所有权。

D. 22, 1, 28, 1　盖尤斯:《日常事务》第 2 卷
女奴生的孩子不属于孳息且因此归属于所有权人。因为，当大自然安排全部物的孳息均为人类所用时，人却被包括在孳息内，这看起来显得荒谬。

D. 22, 1, 26　尤里安:《论米尼奇》第 6 卷
猎物（venatio）不是土地的孳息，除非土地的孳息就在于猎物。

D. 33, 2, 42　雅沃伦:《拉贝奥遗作摘录》第 5 卷
土地的孳息被认为包括了人可以使用的自土地产生的一切之

[①] 2 世纪法学家。——译者

1. De rerum divisione et qualitate

neque enim maturitas naturalis hic spectanda est, sed id tempus, quo magis colono dominove eum fructum tollere expedit. itaque cum olea immatura plus habeat reditus, quam si matura legatur, non potest videri, si immatura lecta est, in fructu non esse.

D. 5. 3. 29   Ulpianus 15 ad ed.

Mercedes plane a colonis acceptae loco sunt fructuum. operae quoque servorum in eadem erunt causa, qua sunt pensiones: item vecturae navium et iumentorum.

D. 50. 16. 121   Pomponius 6 ad q. muc

Usura pecuniae, quam percipimus, in fructu non est, quia non ex ipso corpore, sed ex alia causa est, id est nova obligatione.

D. 6. 1. 44   Gaius 29 ad ed. provinc.

Fructus pendentes pars fundi videntur.

1. 15   De rebus futuris et de rei spe
(D. 8. 2 ; D. 18. 1 ; D. 20. 1 / 4)

D. 18. 1. 8pr.   Pomponius 9 ad sab.

Nec emptio nec venditio sine re quae veneat potest intellegi. et tamen fructus et partus futuri recte ementur, ut, cum editus esset partus, iam tunc, cum contractum esset negotium, venditio facta intellegatur: sed si id egerit venditor, ne nascatur aut fiant, ex empto agi posse.

物。由于孳息的获取应当考虑的不是其自然成熟的时间而是对佃农（colonus）或者所有权人（dominus）最有利的时间，因此，如果橄榄在未成熟时比在成熟时被摘下具有更大的收益，那么不能认为它们在未成熟时被采摘便不是孳息。

D. 5, 3, 29　乌尔比安：《告示评注》第 15 卷

显然，[通过出租遗产中的土地]从佃农处收取的租金（merces）替代了[土地]的孳息。奴隶的劳作被认为等同于租金。船舶及驮兽的租金亦相同。

D. 50, 16, 121　彭波尼：《库伊特·穆齐评注》第 6 卷

我们所获得的金钱利息（usura pecuniae）不包括在孳息中，因为它不是出自物体本身（ex ipso corpore），而是出自别的原因，即出自新生之债（ex nova obligatione）。

D. 6, 1, 44　盖尤斯：《行省告示评注》第 29 卷

未采摘的果实被视为土地的一部分。

1.15　未来物与可期待物
（D. 8, 2；D. 18, 1；D. 20, 1/4）

D. 18, 1, 8pr.　彭波尼：《萨宾评注》第 9 卷

无被出卖之物便无买卖，这是可以被理解的。然而，尚未成熟的果实及尚未出生的分娩物[①]也完全可以被购买。一旦出生，出卖（venditio）便被视为自买卖契约订立时起发生。如果出卖人设法阻止出生或者阻止孳息的产生，则可以对其提起买卖之诉。

---

① 此指女奴生的孩子及动物生产的幼仔。——译者

1. De rerum divisione et qualitate

D. 20. 1. 15pr.   Gaius l. s. de form. hypoth.

Et quae nondum sunt, futura tamen sunt, hypothecae dari possunt, ut fructus pendentes, partus ancillae, fetus pecorum et ea quae nascuntur sint hypothecae obligata: idque servandum est, sive dominus fundi convenerit aut de usu fructu aut de his quae nascuntur sive is, qui usum fructum habet, sicut Iulianus scribit.

D. 20. 4. 11. 3   Gaius l. s. de form. hypoth.

Si de futura re convenerit, ut hypothecae sit, sicuti est de partu, hoc quaeritur, an ancilla conventionis tempore in bonis fuit debitoris: et in fructibus, si convenit ut sint pignori, aeque quaeritur, an fundus vel ius utendi fruendi conventionis tempore fuerit debitoris.

D. 8. 2. 23. 1   Pomponius 33 ad sab.

Futuro quoque aedificio, quod nondum est, vel imponi vel adquiri servitus potest.

D. 18. 1. 8. 1   Pomponius 9 ad sab.

Aliquando tamen et sine re venditio intellegitur, veluti cum quasi alea emitur, quod fit, cum captum piscium vel avium vel missilium emitur: emptio enim contrahitur etiam si nihil inciderit, quia spei emptio est: et quod missilium nomine eo casu captum est si evictum fuerit, nulla eo nomine ex empto obligatio contrahitur, quia id actum intellegitur.

1. 关于物的划分与特点

D. 20, 1, 15pr.　盖尤斯：《论抵押规则》单卷本

现在不存在而将来存在之物可以被抵押，例如，尚未采摘的果实、女奴生的孩子、家畜的幼仔以及其他可能产生之物。正像尤里安写的那样，无论土地所有权人抑或用益权人就该土地的用益权或者可能产生之物是否达成合意，均应当遵守上述规则。

D. 20, 4, 11, 3　盖尤斯：《论抵押规则》单卷本

如果商定在未来之物（res futura）上设定抵押，例如，在分娩物上设定抵押，那么需要考虑的问题是，在履约时，女奴是否是债务财产的一部分。如果商定在土地孳息上设定质押，同样需要考虑土地或者用益权在订约时是否属债务人。

D. 8, 2, 23, 1　彭波尼：《萨宾评注》第 33 卷

人们可以在一栋尚未建造的建筑物上设定或者取得役权。

D. 18, 1, 8, 1　彭波尼：《萨宾评注》第 9 卷

然而，有时无实物的出售也是可以理解的，比如取决于机会的风险购买。这种情况还发生在购买尚未捕获的鱼、尚未猎获的鸟或者在尚未抛撒钱币给民众的地方[①]，尽管什么都尚未发生，买卖仍有效，因为这是期望进行的购买。如果购买所涉抛撒给民众的钱币被追夺（evictio），出卖人对此不承担责任，因为这是双方合意的契约内容。

[①] 古罗马时代，君主或者皇帝在举办凯旋仪式过程中或者在节日集会上通常会向民众抛撒钱币。——译者

2. De adquirendo rerum dominio
(I. 2. 1. 11 – 48 ; I. 2. 6 – 7 ; D. 41)

2. 1 De occupatione
(D. 41. 1/2)

D. 41. 2. 1. 1　Paulus 54 ad ed.

Dominiumque rerum ex naturali possessione coepisse Nerva filius ait eiusque rei vestigium remanere in his, quae terra mari caeloque capiuntur: nam haec protinus eorum fiunt, qui primi possessionem eorum adprehenderint. item bello capta et insula in mari enata et gemmae lapilli margaritae in litoribus inventae eius fiunt, qui primus eorum possessionem nanctus est.

D. 41. 1. 1. 1　Gaius 2 rer. cott.

Omnia igitur animalia, quae terra mari caelo capiuntur, id est ferae bestiae et volucres pisces, capientium fiunt.

D. 41. 1. 3pr.　Gaius 2 rer. cott.

Quod enim nullius est, id ratione naturali occupanti conceditur.

D. 41. 1. 3. 1　Gaius 2 rer. cott.

Nec interest quod ad feras bestias et volucres, utrum in suo fundo quisque capiat an in alieno. plane qui in alienum fundum ingreditur

2. 物之所有权的取得

（I.2，1，11－48；I.2，6－7；D.41）

2.1 先占
（D.41，1/2）

D. 41, 2, 1, 1　保罗：《告示评注》第54卷

年青的内尔瓦[①]说，物之所有权始于对物的自然占有（naturalis possessio），可被自然占有之物包括在陆地上、海洋里或天空中获取之物。因为这些物立即归属首先占有它们的人。同样，在战争中获得之物、海上形成的岛屿以及在海滩上发现的玉石、宝石及珍珠，均归属首先占有它们的人。

D. 41, 1, 1, 1　盖尤斯：《日常事务》第2卷

因此，全部在陆地上、海洋里及天空中被捕获的野兽、鸟和鱼，均归属于猎获者。

D. 41, 1, 3pr.　盖尤斯：《日常事务》第2卷

不属于任何人之物，根据自然理性（ratio naturalis）归先占者所有。

D. 41, 1, 3, 1　盖尤斯：《日常事务》第2卷

一个是在自己的土地上还是在他人土地上猎获的野兽和鸟，这并不重要。当然，如果有某人想在他人土地上猎兽、捕鸟，则土地

[①] 这里指内尔瓦的儿子。——译者

2. De adquirendo rerum dominio

venandi aucupandive gratia, potest a domino, si is providerit, iure prohiberi ne ingrederetur.

2. 2 De rerum hostilium occupatione
(D. 41. 1 ; D. 48. 13 ; D. 49. 14)

D. 41. 1. 51. 1   Celsus 2 dig.

Et quae res hostiles apud nos sunt, non publicae, sed occupantium fiunt.

D. 49. 14. 31   Marcianus 4 inst.

Divus Commodus rescripsit obsidum bona sicut captivorum omnimodo in fiscum esse cogenda.

D. 48. 13. 15 (13)   Modestinus 2 de poen.

Is, qui praedam ab hostibus captam subripuit, lege peculatus tenetur et in quadruplum damnatur.

2. 3 De thesauris
(D. 41. 1)

D. 41. 1. 63pr.   Tryphoninus 7 disp.

Si is qui in aliena potestate est thensaurum invenerit, in persona eius cui adquirit hoc erit dicendum, ut, si in alieno agro invenerit, partem ei adquirat, si vero in parentis dominive loco invenerit, illius totus sit, si

2. 物之所有权的取得

所有权人可以合法地禁止他进入自己的土地。

2.2 敌人之物的占有
（D. 41, 1；D. 48, 13；D. 49, 14）

D. 41, 1, 51, 1　杰尔苏:《学说汇纂》第 2 卷
在我们领土上的敌人之物（res hostiles）并不变成公有物（res pubicae），而是归先占者所有。

D. 49, 14, 31　马尔西安:《法学阶梯》第 4 卷
科莫杜斯皇帝[①]批复道，人质的财产就像俘虏的财产一样，应绝对地被收归国库（fiscus）。

D. 48, 13, 15 (13)　莫德斯丁:《论刑罚》第 2 卷
盗窃从敌人那里缴获的战利品的人，应当按照侵吞财物的法律承担责任，并被判处四倍于被盗物价值的罚金。

2.3 埋藏物
（D. 41, 1）

D. 41, 1, 63pr.　特里芬尼:《争辩集》第 7 卷
如果他权人发现了埋藏物（thesaurus），要考虑该物由何人获得，就发现埋藏物的人而言，如果该物是在别人土地上发现的，他将有权得到一半，如果该物是他在其家父或者主人的土地上发现

[①] 亦称康茂德皇帝（M. Aurelius Commodes），180—192 年在位。——译者

2. De adquirendo rerum dominio

autem in alieno, pars.

D. 41. 1. 63. 1   Tryphoninus 7 disp.

Si communis servus in alieno invenerit, utrum pro dominii partibus an semper aequis adquiret? et simile est atque in hereditate vel legato vel quod ab aliis donatum servo traditur, quia et thensaurus donum fortunae creditur, scilicet ut pars, quae inventori cedit, ad socios, pro qua parte servi quisque dominus est, pertineat.

2. 4   De fructibus
(D. 6. 1 ; D. 22. 1 ; D. 41. 1 ; D. 47. 2)

D. 22. 1. 25pr.   Iulianus 7 dig.

Qui scit fundum sibi cum alio communem esse, fructus, quos ex eo perceperit invito vel ignorante socio, non maiore ex parte suos facit quam ex qua dominus praedii est: nec refert, ipse an socius an uterque eos severit, quia omnis fructus non iure seminis, sed iure soli percipitur: et quemadmodum, si totum fundum alienum quis sciens possideat, nulla ex parte fructus suos faciet, quoquo modo sati fuerint, ita qui communem fundum possidet, non faciet suos fructus pro ea parte, qua fundus ad socium eius pertinebit.

D. 22. 1. 25. 1   Iulianus 7 dig.

In alieno fundo, quem Titius bona fide mercatus fuerat, frumentum sevi: an Titius bonae fidei emptor perceptos fructus suos faciat? respondi, quod fructus qui ex fundo percipiuntur intellegi debet propius ea accedere, quae servi operis suis adquimnt, quoniam in percipiendis fructibus magis

的，则全部归属家父或者主人。

D. 41, 1, 63, 1　特里芬尼:《争辩集》第 7 卷

如果一个共有奴隶在他人土地上发现了埋藏物，那么该物是由共有人按共有份额获得，还是按均等份额获得？这同他人给予奴隶遗产、遗赠物及赠与物的情况相似，由于埋藏物也被视为天赐之物，因而对发现者有权得到的那部分，共有人按其对该奴隶享有所有权份额分享之。

2.4　孳息

（D. 6, 1；D. 22, 1；D. 41, 1；D. 47, 2）

D. 22, 1, 25pr.　尤里安:《学说汇纂》第 7 卷

一个人知道一块土地是由自己与另一个人共有，在未经该共有人同意或者未告知该共有人的情况下从共有土地上获取的孳息，他所得部分不得超过其作为土地所有权人所享有的份额。他或者是另一个共有人或者是他们共同播下的种子，这并不重要，因为获得各种孳息不是基于播种的权利而是基于土地所有权，就像故意占有他人整个土地的人，无论怎样播种均不能取得孳息的任何所有权一样，共有土地的一个权利人不能将属于其他共有人的土地孳息变成自己的财产。

D. 22, 1, 25, 1　尤里安:《学说汇纂》第 7 卷

我在提裘斯善意购买的土地上播种了小麦，那么在小麦收割后善意购买人提裘斯是否可以获得之？我的回答是：从土地上获取的孳息应当被理解为与奴隶通过其劳动获得之物相似。因为，在获取孳息时，人们关心的是对土地的权利而非对种子的权利。没有人怀

2. De adquirendo rerum dominio

corporis ius ex quo percipiuntur quam seminis, ex quo oriuntur aspicitur: et ideo nemo umquam dubitavit, quin, si in meo fundo frumentum tuum severim, segetes et quod ex messibus collectum fuerit meum fieret. Porro bonae fidei possessor in percipiendis fructibus id iuris habet, quod dominis praediorum tributum est. praeterea cum ad fructuarium pertineant fructus a quolibet sati, quanto magis hoc in bonae fidei possessoribus recipiendum est, qui plus iuris in percipiendis fructibus habent? cum fructuarii quidem non fiant, antequam ab eo percipiantur, ad bonae fidei autem possessorem pertineant, quoquo modo a solo separati fuerint, sicut eius qui vectigalem fundum habet fructus fiunt, simul atque solo separati sunt.

D. 41. 1. 6pr.   Florentinus 6 inst.

Item quae ex animalibus dominio nostro eodem iure subiectis nata sunt.

D. 6. 1. 5. 2   Ulpianus 16 ad ed.

Idem scribit, si equam meam equus tuus praegnatem fecerit, non esse tuum, sed meum, quod natum est.

D. 47. 2. 62. 8   Africanus 8 quaest.

Locavi tibi fundum, et (ut adsolet) convenit, uti fructus ob mercedem pignori mihi essent. si eos clam deportaveris, furti tecum agere posse aiebat, sed et si tu alii fructus pendentes vendideris et emptor eos deportaverit, consequens erit, ut in furtivam causam eos incidere dicamus. etenim fructus, quamdiu solo cohaereant, fundi esse et ideo colonum, quia voluntate domini eos percipere videatur, suos fructus facere. quod certe in proposito non aeque dicitur: qua enim ratione coloni fieri possint, cum emptor eos suo nomine cogat?

2. 物之所有权的取得

疑,如果我在我的土地上播种了你的小麦,收获物及出卖收获物的价金将是我的。当然,善意占有人在获取孳息时享有与土地所有权人一样的权利。此外,由于不管谁播种,孳息都属于用益权人,那么,这是否适用于在获取孳息方面享有更多权利的善意占有人?事实上,在用益权人自己收取之前,孳息不属于用益权人。用益权人只能对已收获的孳息享有所有权,而善意占有人就像已纳税之公地的占有人一样,可以对不管怎样与土地分离的孳息均享有所有权。

D. 41, 1, 6pr. 佛罗伦汀:《法学阶梯》第 6 卷

同样,根据万民法规定,归属于我们所有的动物产生的物,属于我们。

D. 6, 1, 5, 2 乌尔比安:《告示评注》第 16 卷

彭波尼写道:如果你的雄马使我的雌马受孕,后者产下的马不是你的,而是我的。

D. 47, 2, 62, 8 阿富里坎:《问题集》第 8 卷

我将一块土地出租给你,按照惯例,双方约定土地上的庄稼将作为交付租金(merces)的担保而质押给我。如果你秘密地拿走它们,我可以对你提起盗窃之诉。同样,如果你把未收割的庄稼出卖给他人,买受人拿走了它们,它们将被说成是盗窃物。由于孳息在附着于土地时是土地的一部分,因此佃农能将它们变成自己之物。因为,佃农被视为在按照土地所有权人的意志收取它们。人们对此持怀疑态度,因为,当买受人以他自己的名义收割庄稼时,它们何以能变成佃农的?

2. De adquirendo rerum dominio

2.5 De nova specie
(D. 17.2 ; D. 41.1/3)

D. 41. 1. 7. 7 Gaius 2 rer. cott.

Cum quis ex aliena materia speciem aliquam suo nomine fecerit, Nerva et Proculus putant hunc dominum esse qui fecerit, quia quod factum est, antea nullius fuerat. Sabinus et Cassius magis naturalem rationem efficere putant, ut qui materiae dominus fuerit, idem eius quoque, quod ex eadem materia factum sit, dominus esset, quia sine materia nulla species effici possit: veluti si ex auro vel argento vel aere vas aliquod fecero, vel ex tabulis tuis navem aut armarium aut subsellia fecero, vel ex lana tua vestimentum, vel ex vino et melle tuo mulsum, vel ex medicamentis tuis emplastrum aut collyrium, vel ex uvis aut olivis aut spicis tuis vinum vel oleum vel frumentum. est tamen etiam media sententia recte existimantium, si species ad materiam reverti possit, verius esse, quod et Sabinus et Cassius senserunt, si non possit reverti, verius esse, quod Nervae et Proculo placuit. ut ecce vas conflatum ad rudem massam auri vel argenti vel aeris reverti potest, vinum vero vel oleum vel frumentum ad uvas et olivas et spicas reverti non potest: ac ne mulsum quidem ad mei et vinum vel emplastrum aut collyria ad medicamenta reverti possunt. videntur tamen mihi recte quidam dixisse non debere dubitari, quin alienis spicis excussum frumentum eius sit, cuius et spicae fuerunt: cum enim grana, quae spicis.

2. 物之所有权的取得

2.5 加工
（D.17, 2；D.41, 1/3）

D.41, 1, 7, 7　盖尤斯：《日常事务》第2卷

当有人以自己的名义用他人材料加工出一个物时，内尔瓦和普罗库勒认为，加工者是加工物的所有权人，因为加工物以前不属于任何人。萨宾和卡修斯却认为，自然理性要求谁是材料的所有权人，谁就是加工物的所有权人，因为没有材料就不可能有加工物，如像我们以金、银、铜加工一个盆，以你的木板加工一条船、一个衣柜或一条凳子，以你的羊毛加工一件衣服，以你的葡萄酒、蜂蜜配制蜜酒，以你的药材加工药膏或眼药，或以你的葡萄、橄榄、麦穗加工葡萄酒、油或麦粒。然而，还有一种折中的观点认为，如果加工物能还原成原材料，那么萨宾和卡修斯[①]的观点较正确；如果不能还原成原材料，那么内尔瓦和普罗库勒的观点较正确。例如，已加工好的盆可以被还原成原来的金块、银块或铜块，已加工好的葡萄酒、油、麦粒却不能被还原成葡萄、橄榄和麦穗，蜜酒也不能被还原成蜂蜜或葡萄酒，药膏或眼药也不能被还原成药材。然而，有些人说，从他人麦穗中脱下的麦粒属于麦穗的所有权人。我认为此观点无疑是正确的，因为包含在麦穗中的麦粒已具有其完整的形状，脱下麦粒的人因不是在加工一件新的物，而只是使已经存在的麦粒暴露出来而已。

---

① 1世纪法学家。——译者

2. De adquirendo rerum dominio

D. 41. 3. 4. 20　Paulus 54 ad ed.

Si ex lana furtiva vestimentum feceris, verius est, ut substantiam spectemus, et ideo vestis furtiva erit.

D. 17. 2. 83　Paulus 1 manual.

Illud quaerendum est, arbor quae in confinio nata est, item lapis qui per utrumque fundum extenditur an, cum succisa arbor vel lapis exemptus eius sit cuius fundus, pro ea quoque parte singulorum esse debeat, pro qua parte in fundo fuerat? an qua ratione duabus massis duorum dominorum latis tota massa communis est, ita arbor hoc ipso, quo separatur a solo propriamque substantiam in unum corpus redactam accipit, multo magis pro indiviso communis fit, quam massa? sed naturali convenit rationi et postea tantam partem utrumque habere tam in lapide quam in arbore, quantam et in terra habebat.

2. 6　De confusione et commixtione
(D. 6. 1)

D. 6. 1. 5pr.　Ulpianus 16 ad ed.

Idem Pomponius scribit: si frumentum duorum non voluntate eorum confusum sit, competit singulis in rem actio in id, in quantum paret in illo acervo suum cuiusque esse: quod si voluntate eorum commixta sunt, tunc communicata videbuntur et erit communi dividundo actio.

D. 6. 1. 5. 1　Ulpianus 16 ad ed.

Idem scribit, si ex melle meo, vino tuo factum sit mulsum, quosdam existimasse id quoque communicari: sed puto verius, ut et ipse significat,

2. 物之所有权的取得

D. 41, 3, 4, 20　保罗：《告示评注》第 54 卷

如果你用盗窃的羊毛加工了一件衣服，那么更正确的观点是，鉴于原材料是盗窃之物，则这件衣服也是盗窃物。

D. 17, 2, 83　保罗：《教科书》第 1 卷

有一个问题是：如果一棵树生长在地界上或者一块石头位于两块土地上，那么在树被砍掉时，或者在石头被搬掉时，两块土地的所有权人是根据它们占据土地的面积按比例对之享有所有权，还是像属于两个所有权人的两块［金属］熔合在一起那样变成一个不可分割的共有物一样在它们从地上被砍掉或搬走后具有一个不可分割的物体的性质而被不分份额地共有？符合自然理性的［答案］是：两个所有权人对石头和树享有的份额与树或石头所占的土地面积一致。

2.6　混合与混杂

（D. 6, 1）

D. 6, 1, 5pr.　乌尔比安：《告示评注》第 16 卷

同一位彭波尼写道，如果两个人的麦子非依其意愿被混杂在一起，那么每个人都有权就其认为在混杂而成的那堆麦子中属于他的那部分提起对物之诉。如果混杂是依其意愿发生的，那么混杂的麦子将被视为共有物，且将产生共有物分割之诉。

D. 6, 1, 5, 1　乌尔比安：《告示评注》第 16 卷

同一位法学家还写道，如果用我的蜂蜜和你的葡萄酒配制成蜜酒，一些人认为它也变成了共有物，但我认为更符合实际的是，就

67

2. De adquirendo rerum dominio

eius potius esse qui fecit, quoniam suam speciem pristinam non continet. sed si plumbum cum argento mixtum sit, quia deduci possit, nec communicabitur nec communi dividundo agetur, quia separari potest: agetur autem in rem actio. sed si deduci, inquit, non possit, ut puta si aes et aurum mixtum fuerit, pro parte esse vindicandum: nec quaquam erit dicendum, quod in mulso dictum est, quia utraque materia etsi confusa manet tamen.

2. 7   De accessionibus
(D. 6. 1 ; D. 41. 1)

D. 6. 1. 23. 3   Paulus 21 ad ed.

Sed et id, quod in charta mea scribitur aut in tabula pingitur, statim meum fit: licet de pictura quidam contra senserint propter pretium picturae: sed necesse est ei rei cedi, quod sine illa esse non potest.

D. 6. 1. 23. 4   Paulus 21 ad ed.

In omnibus igitur istis, in quibus mea res per praevalentiam alienam rem trahit meamque efficit, si eam rem vindicem, per exceptionem doli mali cogar pretium eius quod accesserit dare.

D. 6. 1. 23. 5   Paulus 21 ad ed.

Item quaecumque aliis iuncta sive adiecta accessionis loco cedunt, ea quamdiu cohaerent dominus vindicare non potest, sed ad exhibendum agere potest, ut separentur et tunc vindicentur: scilicet excepto eo, quod Cassius de ferruminatione scribit. dicit enim, si statuae suae ferruminatione iunctum bracchium sit, unitate maioris partis consumi

2. 物之所有权的取得

像此人所指出的那样,它属于制作者,因为它不能被还原成原来的材料。但是,如果铅与银混合,那么由于它们可以被分开,故不变成共有物,不适用共有物分割之诉,而将适用对物之诉。然而,他说,如果不能被区分,例如,铜和金混合,便应就他自己的那部分提起返还之诉。针对蜜酒所说的规则在此不能被适用,因为虽然这两种物混合在一起,但它们仍保持着原有的性质。

2.7 添附
（D. 6, 1 ; D. 41, 1）

D. 6, 1, 23, 3　保罗:《告示评注》第 21 卷

但是,在我的纸上所写的字或者在我的木板上所绘的画,立即变成我的。对后一种情况,一些人因木板上的画有价值而有不同意见。但是,没有另一个物便不能存在之物,应当被该另一个物吸收。

D. 6, 1, 23, 4　保罗:《告示评注》第 21 卷

就我的物因其优越性质而吸收了他人之物致使它变成了我的物的情况而言,如果我请求返还该物,我将因欺诈抗辩而被迫支付添附于我的物上的这个物的价金。

D. 6, 1, 23, 5　保罗:《告示评注》第 21 卷

同样,一物连接或者增添于他物上为添附（accessio）,只要它们连接在一起,所有权人就不能请求返还,但可以提起出示之诉（actio ad exhibendum）,使之被分离,然后再请求返还。卡修斯就焊接所述则属例外。他说,如果一支雕像的胳膊通过焊接而同该雕像连接在一起,那么它被雕像的大部分构成的整体所吸收,它一旦

2. De adquirendo rerum dominio

et quod semel alienum factum sit, etiamsi inde abruptum sit, redire ad priorem dominum non posse. non idem in eo quod adplumbatum sit, quia ferruminatio per eandem materiam facit confusionem, plumbatura non idem efficit.

D. 41. 1. 9. 2   Gaius 2 rer. cott.

Sed non uti litterae chartis membranisve cedunt, ita solent picturae tabulis cedere, sed ex diverso placuit tabulas picturae cedere. utique tamen conveniens est domino tabularum adversus eum qui pinxerit, si is tabulas possidebat, utilem actionem dari, qua ita efficaciter experiri poterit, si picturae impensam exsolvat: alioquin nocebit ei doli mali exceptio: utique si bona fide possessor fuerit qui solverit. adversus dominum vero tabularum ei qui pinxerit rectam vindicationem competere dicimus, ut tamen pretium tabularum inferat: alioquin nocebit ei doli mali exceptio.

D. 41. 1. 26. 1   Paulus 14 ad sab.

Arbor radicitus eruta et in alio posita priusquam coaluerit, prioris domini est, ubi coaluit, agro cedit, et si rursus eruta sit non ad priorem dominum revertitur: nam credibile est alio terrae alimento aliam factam.

D. 41. 1. 9pr.   Gaius 2 rer. cott.

Qua ratione autem plantae quae terra coalescunt solo cedunt, eadem ratione frumenta quoque quae sata sunt solo cedere intelleguntur. ceterum sicut is, qui in alieno solo aedificavit, si ab eo dominus soli petat aedificium, defendi potest per exceptionem doli mali, ita eiusdem exceptionis auxilio tutus esse poterit, qui in alienum fundum sua impensa consevit.

D. 6. 1. 23. 7   Paulus 21 ad ed.

Item si quis ex alienis cementis in solo suo aedificaverit, domum

2. 物之所有权的取得

变成了他人之物，即使被取下，也不能归属于所有权人。被铅焊之物却与此不同，因为焊接产生相同性质的材料的混合，铅焊却不产生同样的效果。

D. 41, 1, 9, 2　盖尤斯：《日常事务》第 2 卷

但是，画通常不像文字添附于纸或者羊皮纸那样添附于木板，相反，占主流地位的观点认为，木板添附于画。不过，如果绘画的人占有木板，赋予木板所有权人以针对绘画人的扩用诉权是适当的。因为，假如他支付了绘画的费用，他可以请求返还木板，否则，将对他提出欺诈抗辩。当然，假定绘画人是善意占有人，我们认为，他只要支付了木板的价金，便有权对木板所有权人直接提起返还之诉；否则，后者将对他提出欺诈抗辩。

D. 41, 1, 26, 1　保罗：《萨宾评注》第 14 卷

如果一棵树被挖出而移植于他人土地上，那么它在生根于地上之前属于原所有权人，在生根于地上之后则添附于土地，若被重新挖出，便不再属于原所有权人。因为，人们认为，它从他人土地上吸取养料，因而变成了该人的所有物。

D. 41, 1, 9pr.　盖尤斯：《日常事务》第 2 卷

出于同样的理由，其根部定着于土地的植物属于土地的一部分，如插种的麦子被视为土地的一部分。正如在他人土地上建筑的人若被土地所有权人请求返还建筑物便可以提出欺诈抗辩一样，以自己的费用在他人土地上插种的人也可以提出同一抗辩。

D. 6, 1, 23, 7　保罗：《告示评注》第 21 卷

同样，如果一个人以他人的材料在自己的土地上建筑，他可以

2. De adquirendo rerum dominio

quidem vindicare poterit, cementa autem resoluta prior dominus vindicabit, etiam si post tempus usucapionis dissolutum sit aedificium, postquam a bonae fidei emptore possessum sit: nec enim singula cementa usucapiuntur, si domus per temporis spatium nostra fiat.

D. 41. 1. 7. 1　Gaius 2 rer. cott.

Praeterea quod per alluvionem agro nostro flumen adicit, iure gentium nobis adquiritur. per alluvionem autem id videtur adici, quod ita paulatim adicitur, ut intellegere non possimus, quantum quoquo momento temporis adiciatur.

D. 41. 1. 7. 2　Gaius 2 rer. cott.

Quod si vis fluminis partem aliquam ex tuo praedio detraxerit et meo praedio attulerit, palam est eam tuam permanere. plane si longiore tempore fundo meo haeserit arboresque, quas secum traxerit, in meum fundum radices egerint, ex eo tempore videtur meo fundo adquisita esse.

2. 8　De alveo derelicto et de insula in flumine nata
(D. 41. 1)

D. 41. 1. 29　Paulus 16 ad sab.

Inter eos, qui secundum unam ripam praedia habent, insula in flumine nata non pro indiviso communis fit, sed regionibus quoque divisis: quantum enim ante cuiusque eorum ripam est, tantum, veluti linea in directum per insulam transducta, quisque eorum in ea habebit certis regionibus.

请求确认房屋的所有权,然而,原材料的所有权人将有权请求返还从建筑物上拆下的材料,尽管建筑物是在被善意购买人占有并在取得时效期间经过后被拆除的。事实上,单个的材料不能被通过时效取得,但整个房屋将因取得时效期间的经过而变成我们的。

D. 41, 1, 7, 1　盖尤斯:《日常事务》第 2 卷

此外,河流的冲积地添附于我们的土地,根据万民法,它立即为我们取得。冲积地的添附被认为是逐渐的增添,以至于在发生增添时我们无法知道其体量和时间。

D. 41, 1, 7, 2　盖尤斯:《日常事务》第 2 卷

如果你的一部分土地被河水冲走而添附于我的土地,显然,那部分土地① 仍然是你的。当然,如果它添附于我的土地已很长时间,且长于其上的树的根长到了我的土地上,从那时起它便被视为我的土地的一部分。

2.8　河水不再流经的河床及河中产生的岛屿(D. 41, 1)

D. 41, 1, 29　保罗:《萨宾评注》第 16 卷

河中产生的岛屿为河沿岸的土地的所有权人所共有。它不是不分份额的共有物,而是按份共有物,因为在岛屿和与之相对应的每个人河岸边的土地之间要各划一条直线,每个人按划定的界线享有岛屿的所有权。

---

① 即"冲刷地"(avulsio)。——译者

2. De adquirendo rerum dominio

D. 41. 1. 30. 2   Pomponius 34 ad sab.

Tribus modis insula in flumine fit, uno, cum agrum, qui alvei non fuit, amnis circumfluit, altero, cum locum, qui alvei esset, siccum relinquit et circumfluere coepit, tertio, cum paulatim colluendo locum eminentem supra alveum fecit et eum alluendo auxit. duobus posterioribus modis privata insula fit eius, cuius ager propior fuerit, cum primum extitit: nam et natura fluminis haec est, ut cursu suo mutato alvei causam mutet. nec quicquam intersit, utrum de alvei dumtaxat solo mutato an de eo, quod superfusum solo et terrae sit, quaeratur, utrumque enim eiusdem generis est. primo autem illo modo causa proprietatis non mutatur.

D. 41. 1. 56pr.   Proculus 8 epist.

Insula est enata in flumine contra frontem agri mei, ita ut nihil excederet longitudo regionem praedii mei: postea aucta est paulatim et processit contra frontes et superioris vicini et inferioris: quaero, quod adcrevit utrum meum sit, quoniam meo adiunctum est, an eius iuris sit, cuius esset, si initio ea nata eius longitudinis fuisset. Proculus respondit: flumen istud, in quo insulam contra frontem agri tui enatam esse scripsisti ita, ut non excederet longitudinem agri tui, si alluvionis ius habet et insula initio propior fundo tuo fuit quam eius, qui trans flumen habebat, tota tua facta est, et quod postea ei insulae alluvione accessit, id tuum est, etiamsi ita accessit, ut procederet insula contra frontes vicinorum superioris atque inferioris, vel etiam ut propior esset fundo eius, qui trans flumen habet.

D. 41. 1. 56. 1   Proculus 8 epist.

Item quaero, si, cum propior ripae meae enata est insula et postea totum flumen fluere inter me et insulam coepit relicto suo alveo, quo

2. 物之所有权的取得

D. 41, 1, 30, 2　彭波尼:《萨宾评注》第34卷

河中岛屿的形成有三种方式:第一,当河水围绕非河床的土地流动时;第二,以前是河床的地方河水干涸,后来又有水围绕它流动;第三,河水中的物质逐渐沉淀,形成一个高出河床的地方,且冲积物使之增大。在后两种情况下,岛屿仅属于在岛屿最初出现时其土地距岛屿最近的人,因为河水的变化使河床发生了变化。是河床的变化还是河床与土地的变化并不重要,因为这两种情况是相同的。但就第一种情况而言,土地所有权的取得原因不变。

D. 41, 1, 56pr.　普罗库勒:《书信集》第8卷

在我的土地对面的河中产生了一个岛屿,其长度没有超过我的土地长度,后来它逐渐增大,并延伸到我上、下游邻居土地的对面。我的问题是:那些增加的部分因增添到了我的土地上应当属于我,还是若岛屿从产生时起就一直是目前这个长度而按法律规定它本应是的那样?普罗库勒回答说:如同你所写的,如果河中产生的岛屿未超过你的土地长度且产生的岛屿距你的土地比距河对岸的土地所有权人的土地近,那么整个岛屿将属于你。如果后来冲积地增添到岛屿上,使岛屿延伸到了上、下游邻居土地的对面,或者使它距河对岸的土地所有权人的土地更近,那么岛屿的增大部分仍是你的。

D. 41, 1, 56, 1　普罗库勒:《书信集》第8卷

我的另一个问题是:如果那个岛屿在产生时更靠近我的土地一侧的河岸,后来整个河水开始在我的土地与岛屿之间流淌,而不再

2. De adquirendo rerum dominio

maior amnis fluerat, numquid dubites, quin etiam insula mea maneat et nihilo minus eius soli, quod flumen reliquit, pars fiat mea? rogo, quid sentias scribas mihi. Proculus respondit: si, cum propior fundo tuo initio fuisset insula, flumen relicto alveo maiore, qui inter eam insulam fuerat et eum fundum vicini, qui trans flumen erat, fluere coepit inter eam insulam et fundum tuum, nihilo minus insula tua manet. set alveus, qui fuit inter eam insulam et fundum vicini, medius dividi debet, ita ut pars propior insulae tuae tua, pars autem propior agro vicini eius esse intellegatur. intellego, ut et cum ex altera parte insulae alveus fluminis exaruerit, desisse insulam esse, sed quo facilius res intellegeretur, agrum, qui insula fuerat, insulam appellant.

D. 41. 1. 12pr.   Callistratus 2 inst.

Lacus et stagna licet interdum crescant, interdum exarescant, suos tamen terminos retinent ideoque in his ius alluvionis non adgnoscitur.

2. 9   Ex lege
(D. 39. 4 ; C. 8. 4/10 ; C. 11. 43)

C. 8. 10. 4   Impp. Philippus A. et Philippus C. Victori

Si. ut proponis. socius aedificii ad refectionem eius sumptus conferre detractat. non necessarie extra ordinem tibi subveniri desideras. etenim si solus aedificaveris nec intra quattuor mensuum tempora cum centesimis nummus pro portione socii erogatus restitutus fuerit vel. quominus id fieret. per socium id stetisse constiterit. ius dominii pro solido vindicare vel obtinere iuxta placitum antiquitus poteris.

<*a. 245 pp. IIII k. April. Philippo A. et Titiano conss.* >

2. 物之所有权的取得

流经曾一直是主河道的河床,你会怀疑那个岛屿仍然是我的且河水不再流经的那部分土地也变成了我的吗?请将你的想法告诉我。普罗库勒回答说:如果岛屿最初离你的土地较近,后来河水不再流经岛屿与河对岸邻居土地之间的河床,而开始在岛屿与你的土地之间流淌,那么岛屿仍然属于你,但岛屿与邻居土地之间的那片河床应从中分为两半,靠近你的岛屿的那部分被视为你的,靠近邻居土地的那部分被视为他的。我认为,当岛屿另一边的河床干涸时,那个岛屿不再是岛屿,但是把过去一直是岛屿的那块土地仍称为"岛屿",这更容易为人所理解。

D. 41, 1, 12pr.　卡里斯特拉特:《法学阶梯》第 2 卷

虽然湖泊和水潭时而扩大时而缩小,但是它们仍保持在其界限内,因此,关于冲积地的规定不能适用于它们。

2.9　法定取得
（D. 39, 4；C. 8, 4/10；C. 11, 43）

C. 8, 10, 4　菲力普·奥古斯都皇帝和菲力普·恺撒皇帝致维托勒

如果像你提出的那样,你的建筑物的共有人拒绝支付重建建筑物的费用,那么你没有必要请求允许你提起特殊的市民法之诉。因为,如果只是你进行了建筑,在四个月内你的共有人未将其应负担的费用及费用的百分之四的利息付给你,且未支付这些费用是他的原因,那么你可以请求确认整个建筑物的所有权,即可以获得该建筑物。

（245 年,菲力普·奥古斯都和蒂兹亚诺执政）

2. De adquirendo rerum dominio

C. 8. 4. 7   Impp. Valentinianus, Theodosius et Arcadius AAA. ad Messianum comitem rerum privatarum

Si quis in tantam furoris pervenit audaciam, ut possessionem rerum apud fiscum vel apud homines quoslibet constitutarum ante eventum iudicialis arbitrii violenter invaserit, dominus quidem constitutus possessionem quam abstulit restituat possessori et dominium eiusdem rei amittat: sin vero alienarum rerum possessionem invasit, non solum eam possidentibus reddat, verum etiam aestimationem earundem rerum restituere compellatur.

D. XVII k. Iulianus Treviris Timasio et Promoto conss. <a. 389>

D. 39. 4. 11. 2   Paulus 5 sent.

Dominus navis si illicite aliquid in nave vel ipse vel vectores imposuerint, navis quoque fisco vindicatur: quod si absente domino id a magistro vel gubernatore aut proreta nautave aliquo id factum sit, ipsi quidem capite puniuntur commissis mercibus, navis autem domino restituitur.

C. 11. 43. 1pr.   Imp. Constantinus A. ad Maximilianum consularem aquarum

Possessores, per quorum fines formarum meatus transeunt, ab extraordinariis oneribus volumus esse immunes, ut eorum opera aquarum ductus sordibus oppleti mundentur, nec ad aliud superindictae rei onus isdem possessoribus attinendis, ne circa res alias occupati repurgium formarum facere non occurrAnt.

C. 11. 43. 1. 1   Imp. Constantinus A. ad Maximilianum consularem aquarum

Quod si neglexerint, amissione possessionum multabuntur: nam

2. 物之所有权的取得

C. 8, 4, 7　瓦伦丁尼安[①]、狄奥多西和阿卡丢斯皇帝致私人财产管理人默西亚努斯

如果一个人在判决前贸然以暴力侵占国库或者其他任何人占有之物，那么即使他是那些物的所有权人，他也应当将之返还占有人，并丧失所有权。然而，如果他侵犯了他人之物的占有，那么他不仅应当将之返还占有人，而且要偿付物之价金。

（389年，于特勒韦立斯，蒂玛西奥和普罗摩托执政）

D. 39, 4, 11, 2　保罗：《判决集》第5卷

如果船舶的所有权人或者乘客在船上非法地放置物品，则船将被没收。如果船长、船的总管、舵手或者船员趁船舶所有权人不在而将物品非法置于船上，他们将被判处死刑，船上的货物将被没收，而船将被返还给所有权人。

C. 11, 43, 1pr.　君士坦丁皇帝致前执政官马克西米利亚努斯

我们希望水渠经其地界的土地占有人被免除负担特别税，以便使他们清理被污物堵塞的水渠。这些占有人不应当承担其他负担，以便使他们很好地负责清理水渠。

C. 11, 43, 1, 1　君士坦丁皇帝致前执政官马克西米利亚努斯管水官

如果他们忽视了这一点，将被判决丧失其土地的所有权，这些

---

① 亦称瓦伦丁尼亚努斯。——译者

2. De adquirendo rerum dominio

fiscus eius praedium obtinebit, cuius neglegentia perniciem formae congesserit.

D. XV k. iun. Gallicano et Symmacho conss. <a. 330>

2. 10   Ex litis aestimatione
(D. 6. 1/2 ; D. 50. 17)

D. 6. 2. 7. 1   Ulpianus 16 ad ed.

Si lis fuerit aestimata, similis est venditioni: et ait Iulianus libro vicensimo secundo digestorum, si optulit reus aestimationem litis, Publicianam competere.

D. 6. 1. 46   Paulus 10 ad sab.

Eius rei, quae per in rem actionem petita tanti aestimata est, quanti in litem actor iuraverit, dominium statim ad possessorem pertinet: transegisse enim cum eo et decidisse videor eo pretio, quod ipse constituit.

D. 50. 17. 11   Pomponius 5 ad sab.

Id quod nostrum est sine facto nostro ad alium transferri non potest.

2. 11   De rerum traditione
(D. 22. 6 ; D. 24. 1 ; D. 41. 1/2 ; D. 47. 2 ; C. 2. 3 ; C. 8. 53)

C. 2. 3. 20   Impp. Diocl. et Maxim. AA. et cc. Martiali

Traditionibus et usucapionibus dominia rerum, non nudis pactis transferuntur.

2. 物之所有权的取得

土地将归国库所有。因为他们的粗心将有损于水渠。

（330年，加利卡努斯和西马库斯执政）

2.10 诉讼取得
（D.6, 1/2；D.50, 17）

D.6, 2, 7, 1　乌尔比安：《告示评注》第16卷

尤里安在《学说汇纂》第22卷说道，如果争议标的之估价额等于其出售的价额，而被告支付了争议标的之估价额，那么将适用善意占有之诉（actio Publiciana）。

D.6, 1, 46　保罗：《萨宾评注》第10卷

就通过对物之诉被请求返还的物而言，如果占有人支付了原告在诉讼中通过发誓确定的金钱数额，该物的所有权立即属于占有人。因为，我们认为占有人已同原告和解，并已同意原告确定的金钱数额。

D.50, 17, 11　彭波尼：《萨宾评注》第5卷

若无我们的行为，为我们所有之物便不能被转让给他人。

2.11 转让
（D.22, 6；D.24, 1；D.41, 1/2；D.47, 2；C.2, 3；C.8, 53）

C.2, 3, 20　戴克里先皇帝和马克西米安皇帝致马尔蒂亚勒

物之所有权通过交付和时效取得被转让，而非通过单纯的简约（nudum pactum）被转让。

2. De adquirendo rerum dominio

PP. k. Ian. AA. conss. <a. 293>

D. 41. 1. 43. 1   Gaius 7 ad ed. provinc.

Incorporales res traditionem et usucapionem non recipere manifestum est.

2. 11. 1   Animus tradendi

D. 41. 1. 9. 3   Gaius 2 rer. cott.

Hae quoque res, quae traditione nostrae fiunt, iure gentium nobis adquiruntur: nihil enim tam conveniens est naturali aequitati quam voluntatem domini volentis rem suam in alium transferre ratam haberi.

D. 41. 1. 35   Ulpianus 7 disp.

Si procurator meus vel tutor pupilli rem suam quasi meam vel pupilli alii tradiderint, non recessit ab eis dominium et nulla est alienatio, quia nemo errans rem suam amittit.

D. 22. 6. 9. 4   Paulus L. s. de iuris et facti ignorantia

Qui ignoravit dominum esse rei venditorem, plus in re est, quam in existimatione mentis: et ideo, tametsi existimet se non a domino emere, tamen, si a domino ei tradatur, dominus efficitur.

2. 11. 2   Modus tradendi

D. 41. 2. 33   Pomponius 32 ad sab.

Fundi venditor etiamsi mandaverit alicui, ut emptorem in vacuam possessionem induceret, priusquam id fieret, non recte emptor per se in

2. 物之所有权的取得

（293年，上述皇帝执政）

D. 41, 1, 43, 1　盖尤斯：《行省告示评注》第 7 卷

显然，无体物既不能被交付，也不能通过时效取得。

2.11.1　交付之意思

D. 41, 1, 9, 3　盖尤斯：《日常事务》第 2 卷

根据万民法，交付给我们的物为我们所有。因为，没有什么比尊重想将其物转让给另一个人的所有权人的意志（voluntas）更符合自然的公平（naturalis aequitas）。

D. 41, 1, 35　乌尔比安：《争辩集》第 7 卷

如果我的代理人或者未适婚人的监护人将他自己之物当成我的物或者未适婚人的物而交付给他人，那么他并未丧失物的所有权，且转让行为无效。因为，没有一个人会因其错误（error）而失去自己之物。

D. 22, 6, 9, 4　保罗：《论法律不知和事实不知》单卷本

如果一个人不知道物之出卖人就是所有权人，那么事实胜于意念（existimatio mentis）。因此，虽然他以为自己是从一个非所有权人处购买了该物，但若所有权人将物交付给他，则他便成为物之所有权人。

2.11.2　交付之方式

D. 41, 2, 33　彭波尼：《萨宾评注》第 32 卷

尽管土地出卖人（venditor）可能已委托他人将土地的单纯占有（vacua possessio）给予买受人（emptor），但是在此情况发生以

2. De adquirendo rerum dominio

possessionem veniet. item si amicus venditoris mortuo eo, priusquam id sciret, aut non prohibentibus heredibus id fecerit, recte possessio tradita erit. sed si id fecerit, cum sciret dominum mortuum aut cum sciret heredes id facere nolle, contra erit.

D. 41. 2. 51   Iavolenus 5 ex post. lab.

Quarundam rerum animo possessionem apisci nos ait Labeo: veluti si acervum lignorum emero et eum venditor tollere me iusserit, simul atque custodiam posuissem, traditus mihi videtur. Idem iuris esse vino vendito, cum universae amphorae vini simul essent. sed videamus, inquit, ne haec ipsa corporis traditio sit, quia nihil interest, utrum mihi an et cuilibet iusserim custodia tradatur. in eo puto hanc quaestionem consistere, an, etiamsi corpore acervus aut amphorae adprehensae non sunt, nihilo minus traditae videantur: nihil video interesse, utrum ipse acervum an mandato meo aliquis custodiat: utrubique animi quodam genere possessio erit aestimanda.

D. 18. 1. 74   Papinianus 1 def.

Clavibus traditis ita mercium in horreis conditarum possessio tradita videtur, si claves apud horrea traditae sint: quo facto confestim emptor dominium et possessionem adipiscitur, etsi non aperuerit horrea: quod si venditoris merces non fuerunt, usucapio confestim inchoabitur.

D. 46. 3. 79   Iavolenus 10 epist.

Pecuniam, quam mihi debes, aut aliam rem si in conspectu meo ponere te iubeam, efficitur, ut et tu statim libereris et mea esse incipiat: nam tum, quod a nullo corporaliter eius rei possessio detinetur, adquisita mihi et quodammodo manu longa tradita existimanda est.

2. 物之所有权的取得

前,买受人不能强行占有土地。如果在出卖人死亡时其朋友不知其死亡或者经其继承人同意而合法地受让了占有,便适用同样的规定。然而,如果他知道所有权人死亡或知道继承人不希望他这样做,则不适用上述规定。

D. 41, 2, 51　雅沃伦:《拉贝奥遗作摘录》第 5 卷

拉贝奥说:我们能够仅以占有之意思取得对物的占有,例如,我买了一堆木头,出卖人要我将它运走,一旦我保管着这些木头,它便被视为已交付给我。当很多葡萄酒集中在一起时,这一规则同样适用于葡萄酒的出卖。但是,我们知道这本身确实是一种实物交付(corporis traditio),因为由我保管还是由我指定的人保管并不重要。我认为此问题的关键在于:那堆木头或者那些酒罐本身并未被运走,而它们却被视为已交付。是我本人保管那堆木头还是我指定的人保管那堆木头皆无任何区别,因为在这两种情况下占有都应当存在占有之意思。

D. 18, 1, 74　帕比尼安:《定义集》第 1 卷

只要仓库的钥匙在仓库附近被交付,在钥匙被交付时仓库中的货物的占有即被视为已交付。买受人立刻取得所有权和占有,尽管他尚未打开仓库,如果货物不是出卖人的,取得时效(usucapio)立即起算。

D. 46, 3, 79　雅沃伦:《书信集》第 10 卷

如果我要求你把欠我的钱或者其他物放在我能看见的地方,结果便是:你立即被解除债务,而物则变成我的。因为,在此情况下没有其他人对该物进行事实上的占有,故应当认为它已被我取得,且已被通过长手(manu longa)交付。

2. De adquirendo rerum dominio

D. 41. 2. 18. 2   Celsus 23 dig.

Si venditorem quod emerim deponere in mea domo iusserim, possidere me certum est, quamquam id nemo dum attigerit: aut si vicinum mihi fundum mercato venditor in mea turre demonstret vacuamque se possessionem tradere dicat, non minus possidere coepi, quam si pedem finibus intulissem.

D. 41. 2. 1. 21   Paulus 54 ad ed.

Si iusserim venditorem procuratori rem tradere, cum ea in praesentia sit, videri mihi traditam Priscus ait, idemque esse, si nummos debitorem iusserim alii dare. non est enim corpore et tactu necesse adprehendere possessionem, sed etiam oculis et affectu argumento esse eas res, quae propter magnitudinem ponderis moveri non possunt, ut columnas, nam pro traditis eas haberi, si in re praesenti consenserint: et vina tradita videri, cum claves cellae vinariae emptori traditae fuerint.

D. 41. 1. 9. 5   Gaius l. 2 rer. cott.

Interdum etiam sine traditione nuda voluntas domini sufficit ad rem transferendam, veluti si rem, quam commodavi aut locavi tibi aut apud te deposui, vendidero tibi: licet enim ex ea causa tibi eam non tradiderim, eo tamen, quod patior eam ex causa emptionis apud te esse, tuam efficio.

C. 8. 53. 1   Impp. Severus et Antoninus AA. Lucio

Emptionum mancipiorum instrumentis donatis et tarditis et ipsorum mancipiorum traditionem factam intellegis: et ideo potes adversus donatorem in rem actionem exercere.

PP. V k. Iulianus Faustino et Rufino conss. <a. 210>

C. 8. 53. 28   Impp. Honorius et Theodosius AA. Monaxio pp.

Quisquis rem aliquam donando vel in dotem dando vel vendendo usum

2. 物之所有权的取得

D. 41, 2, 18, 2　杰尔苏:《学说汇纂》第 23 卷

如果我要求出卖人将我购买之物放在我家里,显然我已占有它,尽管还无人接触过它。如果我购买了一块邻地,出卖人在我的塔楼上将它指给我看,并说将单纯占有转让给我,那么我便像已进入地界一样,马上可以占有它。

D. 41, 2, 1, 21　保罗:《告示评注》第 54 卷

普里斯库说,如果我要求出卖人将在场的物交付给我的代理人 (procurator),它便被视为已交付给我。如果我要求债务人将钱交付给第三人,此规则同样适用。因为,没有必要取得对物的事实上的占有。就太重而不能移动之物而言,比如柱子,只要人们在物的现场通过查看及表明占有之意思,便可以取得对它们的占有。因为若双方都同意在物的现场进行交付,便视为已交付。同样,酒窖的钥匙被交给买受人,葡萄酒即被视为已交付。

D. 41, 1, 9, 5　盖尤斯:《日常事务》第 2 卷

有时候,虽未交付而仅有交付的意愿,对所有权的转让而言即足矣,例如,我把已经借给你的物或出租给你的物或寄存在你那里的物卖给你。虽然,由于那些契约的存在使得我并未实施交付,但是,由于我同意出于买卖原因该物归属于你,则现在该物即变成你所有。

C. 8, 53, 1　塞维鲁皇帝和安东尼皇帝致鲁丘斯

在购买奴隶的文书被赠与且交付以后,你知道,奴隶本身已被赠与和交付。因此,你可以对赠与人(donator)提起对物之诉。

(210 年,法乌斯蒂努斯和鲁菲努斯执政)

C. 8, 53, 28　奥诺流斯皇帝和狄奥多西皇帝致大区长官莫那克修斯

一个人在赠与某物且将其作为嫁资或者将其出卖时保留了其用

2. De adquirendo rerum dominio

fructum eius retinuerit, etiamsi stipulatus non fuerit, eam continuo tradidisse credatur, ne quid amplius requiratur, quo magis videatur facta traditio, sed omnimodo idem sit in his causis usum fructum retinere, quod tradere.

D. prid id. Mart. Constantinopoli Honorio A. XI et Constantio II conss. <a. 417>

D. 24. 1. 3. 12   Ulpianus 32 ad sab.

Sed si debitorem suum ei solvere iusserit, hic quaeritur, an nummi fiant eius debitorque liberetur. et Celsus libro quinto decimo digestorum scribit videndum esse, ne dici possit et debitorem liberatum et nummos factos mariti, non uxoris: nam et si donatio iure civili non impediretur, eum rei gestae ordinem futurum, ut pecunia ad te a debitore tuo, deinde a te ad mulierem perveniret: nam celeritate coniungendarum inter se actionum unam actionem occultari, ceterum debitorem creditori dare, creditorem uxori. nec novum aut mirum esse, quod per alium accipias, te accipere: nam et si is, qui creditoris tui se procuratorem esse simulaverit, a debitore tuo iubente te pecuniam acceperit, et furti actionem te habere constat et ipsam pecuniam tuam esse.

D. 47. 2. 44pr.   Pomponius 19 ad sab.

Si iussu debitoris ab alio falsus procurator creditoris accepit, debitori iste tenetur furti et nummi debitoris erunt.

2. 11. 3   Causa tradendi

D. 41. 1. 31pr.   Paulus 31 ad ed.

Numquam nuda traditio transfert dominium, sed ita, si venditio aut

益权，那么，即使未订立要式口约，也被推定为立即进行了交付，该人不得请求返还，以便维持已为之交付。

（417年，于君士坦丁堡，奥诺流斯第11次和君士坦丁第2次执政）

D. 24, 1, 3, 12　　乌尔比安：《萨宾评注》第32卷

但是，如果丈夫命令债务人（debitor）向妻子付款，产生的问题是：那些钱是否会变成她的，债务人是否会被解除债务？杰尔苏在其《学说汇纂》第15卷写道：应注意，不能说债务人已被解除债务而那些钱是丈夫的而非妻子的。因为，如果该赠与不为市民法所禁止的话，其结果可能是，那笔钱由你的债务人交付给你，然后再由你交付给你妻子。在这两种行为之间相隔时间很短，因此，一个行为被掩盖起来。但是，债务人要向债权人（creditor）交付，后者再向其妻交付。你通过他人接受某物并非奇闻怪事，因此，如果一个人冒充你的代理人并根据你的指示从你的债务人处接受了钱，人们知道，你有权提起盗窃之诉，而这笔钱将属于你。

D. 47, 2, 44pr.　　彭波尼：《萨宾评注》第19卷

如果债权人的一个假代理人（falsus procurator）根据债务人的指示从第三人处接受了交付的钱物，他便被视为在盗窃债务人的财产，那些钱属于债务人。

2.11.3　交付之原因

D. 41, 1, 31 pr.　　保罗：《告示评注》第31卷

单纯交付（nuda traditio）永远不会使所有权移转，但是，若先

2. De adquirendo rerum dominio

aliqua iusta causa praecesserit, propter quam traditio sequeretur.

D. 41. 1. 36   Iulianus 13 dig.

Cum in corpus quidem quod traditur consentiamus, in causis vero dissentiamus, non animadverto, cur inefficax sit traditio, veluti si ego credam me ex testamento tibi obligatum esse, ut fundum tradam, tu existimes ex stipulatu tibi eum deberi. nam et si pecuniam numeratam tibi tradam donandi gratia, tu eam quasi creditam accipias, constat proprietatem ad te transire nec impedimento esse, quod circa causam dandi atque accipiendi dissenserimus.

D. 47. 2. 43pr.   Ulpianus 41 ad sab.

Falsus creditor (hoc est is, qui se simulat creditorem) si quid acceperit, furtum facit nec nummi eius fient.

D. 41. 1. 20pr.   Ulpianus 29 ad sab.

Traditio nihil amplius transferre debet vel potest ad eum qui accipit, quam est apud eum qui tradit. si igitur quis dominium in fundo habuit, id tradendo transfert, si non habuit, ad eum qui accipit nihil transfert.

D. 41. 1. 20. 1   Ulpianus 29 ad sab.

Quotiens autem dominium transfertur, ad eum qui accipit tale transfertur, quale fuit apud eum qui tradit: si servus fuit fundus, cum servitutibus transit, si liber, uti fuit: et si forte servitutes debebantur fundo qui traditus est, cum iure servitutium debitarum transfertur. si quis igitur fundum dixerit liberum, cum traderet, eum qui servus sit, nihil iuri servitutis fundi detrahit, verumtamen obligat se debebitque praestare quod dixit.

有出卖或者其他正当原因（iusta causa）而后据此为交付，则会使所有权移转。

D. 41, 1, 36　尤里安：《学说汇纂》第 13 卷

当双方同意物的交付而对交付的原因有异议时，我认为交付无效是没有道理的。譬如，我认为，根据遗嘱，我有义务将一块土地交付给你，而你却认为它是根据要式口约被交付给你的。再例如，我将一笔现金赠给你，而你却将之作为贷款接受。虽然我们对交付和接受交付的原因有异议，但这并不妨碍我将所有权移转给你。

D. 47, 2, 43pr.　乌尔比安：《萨宾评注》第 41 卷

如果一个假债权人（即假装是债权人的人）接受了交付的任何钱财，则他构成了盗窃，那些钱不能变成他的。

D. 41, 1, 20pr.　乌尔比安：《萨宾评注》第 29 卷

交付（traditio）只应当或者只能使属于转让人的权利被移转给受让人。因此，如果一个人对一块土地享有所有权，他便因交付而移转了所有权；如果他无所有权，便未将任何东西移转给受让人。

D. 41, 1, 20, 1　乌尔比安：《萨宾评注》第 29 卷

所有权在被转让时要像处于转让人手中时的状态一样被移转给受让人。如果土地是供役地，在其转让时要与供役负担一起被移转；如果该土地上没有负担，该土地要在无负担的状态下被移转。如果土地是需役地，在其转让时要同地役权一起被移转。因此，若一个人在转让有供役负担的土地时却说该土地无负担，那么他非但不能消除该土地上的役权，反而要对其所说的承担赔偿责任。

2. De adquirendo rerum dominio

2. 11. 4   Per aliam personam

D. 41. 1. 20. 2   Ulpianus 29 ad sab.

Si ego et Titius rem emerimus eaque Titio et quasi meo procuratori tradita sit, puto mihi quoque quaesitum dominium, quia placet per liberam personam omnium rerum possessionem quaeri posse et per hanc dominium.

D. 41. 1. 43. 2   Gaius 7 ad ed. provinc.

Cum servus, in quo alterius usus fructus est, hominem emit et ei traditus sit, antequam pretium solvat, in pendenti est, cui proprietatem adquisierit: et cum ex peculio, quod ad fructuarium pertinet, solverit, intellegitur fructuarii homo fuisse: cum vero ex eo peculio, quod proprietarium sequitur, solverit, proprietarii ex post facto fuisse videtur.

D. 41. 1. 23pr.   Ulpianus 43 ad sab.

Qui bona fide alicui servit, sive servus alienus est sive homo liber est, quidquid ex re eius cui servit adquirit, ei adquirit, cui bona fide servit, sed et si quid ex operis suis adquisierit, simili modo ei adquirit: nam et operae quodammodo ex re eius cui servit habentur, quia iure operas ei exhibere debet, cui bona fide servit.

2. 物之所有权的取得

2.11.4 通过中间人取得

D. 41, 1, 20, 2　乌尔比安:《萨宾评注》第29卷

如果我和提裘斯购买了一物,此物被交付给视为我的代理人的提裘斯,那么我认为我亦取得了所有权,因为人们承认,通过自由人不仅可取得任何物的占有,也可取得所有权。

D. 41, 1, 43, 2　盖尤斯:《行省告示评注》第7卷

一个处于他人用益权下的奴隶购买了另一个奴隶,且被买奴隶已被交付,而在交付价金前,他为谁取得了所有权的问题是悬而未决的。当他以属于用益权人所有的特有产交付价金时,被买奴隶被认为归用益权人所有。当他以所有权人所有的特有产交付价金时,被买奴隶则当然属于所有权人。

D. 41, 1, 23pr.　乌尔比安:《萨宾评注》第43卷

当一个人(该人或是他人的奴隶或是自由人)善意地为他人服务时,他以接受其服务的人之物取得的物是为接受其善意服务的人取得的。因此,如果他以其劳动取得的物,他同样是为接受其服务的人取得的。因为,其劳动被认为是接受其服务之人的物的一部分,根据法律规定,他应当向接受其善意服务的人提供劳动。

2. De adquirendo rerum dominio

2. 12 De usucapione
(D. 41. 2/3/4/6/8/9 ; D. 48. 11 ; D. 50. 16 ; C. 7. 31)

D. 41. 3. 4pr. Paulus 54 ad ed.

Sequitur de usucapione dicere. et hoc ordine eundum est, ut videamus, quis potest usucapere et quas res et quanto tempore.

D. 41. 3. 1 Gaius 21 ad ed. provinc.

Bono publico usucapio introducta est, ne scilicet quarundam rerum diu et fere semper incerta dominia essent, cum sufficeret dominis ad inquirendas res suas statuti temporis spatium.

D. 41. 3. 3 Modestinus 5 pand.

Usucapio est adiectio dominii per continuationem possessionis temporis lege definiti.

D. 41. 3. 2 Paulus 54 ad ed.

Usurpatio est usucapionis interruptio: oratores autem usurpationem frequentem usum vocant.

2. 12. 1 Qui usucapere potest

D. 41. 3. 4. 1 Paulus 54 ad ed.

Usucapere potest scilicet pater familias. filius familias et maxime miles in castris adquisitum usucapiet.

2. 物之所有权的取得

2.12 时效取得
（D. 41, 2/3/4/6/8/9；D. 48, 11；D. 50, 16；C. 7, 31）

D. 41, 3, 4pr. 保罗：《告示评注》第 54 卷
我们接下来将讨论时效取得（usucapio）。讨论按下列顺序进行，即我们应当考虑谁能进行时效取得，哪些物可以被时效取得，以及时效取得需要的时间。

D. 41, 3, 1 盖尤斯：《行省告示评注》第 21 卷
取得时效的创设旨在为公共利益（bonum publicum）。以便使一些物的所有权不致长期地且几乎是永久地处于不确定状态，因为法律规定的取得时效期间对所有权人寻找其物是足够的。

D. 41, 3, 3 莫德斯丁：《学说汇纂》第 5 卷
时效取得是指通过在法定期间内的持续占有而获得所有权。

D. 41, 3, 2 保罗：《告示评注》第 54 卷
侵占时效（usurpatio）即取得时效的中断。辩护士们（oratores）也经常将使用 usus 称为 usurpatio。

2.12.1 能通过时效取得所有权的人

D. 41, 3, 4, 1 保罗：《告示评注》第 54 卷
显然，家父（pater familias）可以进行时效取得。服兵役的家子（filius familias）也可以对其在服役期间获得之物进行时效取得。

95

2. De adquirendo rerum dominio

D. 41. 3. 4. 2   Paulus 54 ad ed.

Pupillus si tutore auctore coeperit possidere, usucapit: si non tutore auctore possideat et animum possidendi habeat, dicemus posse eum usucapere.

2. 12. 2   Res habilis

D. 41. 3. 4. 6   Paulus 54 ad ed.

Quod autem dicit lex Atinia, ut res furtiva non usucapiatur, nisi in potestatem eius, cui subrepta est, revertatur, sic acceptum est, ut in domini potestatem debeat reverti, non in eius utique, cui subreptum est. igitur creditori subrepta et ei, cui commodata est, in potestatem domini redire debet.

D. 41. 3. 4. 19   Paulus 54 ad ed.

Lana ovium furtivarum si quidem apud furem detonsa est, usucapi non potest, si vero apud bonae fidei emptorem, contra: quoniam in fructu est, nec usucapi debet, sed statim emptoris fit. Idem in agnis dicendum, si consumpti sint, quod verum est.

D. 48. 11. 8pr.   Paulus 54 ad ed.

Quod contra legem repetundarum proconsuli vel praetori donatum est, non poterit usu capi.

D. 41. 2. 21. 1   Iavolenus 7 ex cass.

Quod ex naufragio expulsum est, usucapi non potest, quoniam non est in derelicto, sed in deperdito.

D. 41. 3. 10. 1   Ulpianus 16 ad ed.

Hoc iure utimur, ut servitutes per se nusquam longo tempore capi

2. 物之所有权的取得

D. 41, 3, 4, 2　保罗：《告示评注》第 54 卷

如果未达适婚年龄的被监护人经监护人同意开始占有某物，那么他可以进行时效取得。我们应当指出的是，如果他未经监护人同意而以占有之意思占有某物，他同样可以进行时效取得物。

2.12.2　不能通过时效取得的物

D. 41, 3, 4, 6　保罗：《告示评注》第 54 卷

《阿蒂尼亚法》规定：盗窃物只有回到失去其物的人的支配下才能被时效取得。这被解释为应当回到所有权人的支配下，而非回到物从其处被偷走的那个人的支配下。因此，从债权人及借用人处被盗走之物，只有回到所有权人的支配下才能被时效取得。

D. 41, 3, 4, 19　保罗：《告示评注》第 54 卷

盗窃之羊的毛，若为盗贼剪下，不能被时效取得，若被善意购买人剪下，情况则相反。因为，剪下的羊毛属于孳息，不应当被时效取得，而立刻归属于买受人所有。就羔羊而言，如果它们已被消费掉（consumpti），应当适用同一规则。这一观点是正确的。

D. 48, 11, 8pr.　保罗：《告示评注》第 54 卷

任何违反《关于贿赂的尤流斯法》而赠与给行省总督或者裁判官的物，均不能被时效取得。

D. 41, 2, 21, 1　雅沃伦：《论卡修斯》第 7 卷

因船舶遇难而被抛掉之物不能被时效取得，因为它不是抛弃物而是遗失物。

D. 41, 3, 10, 1　乌尔比安：《告示评注》第 16 卷

我们遵循的规则是，地役权本身绝不可能被时效取得，但是它

2. De adquirendo rerum dominio

possint, cum aedificiis possint.

D. 41. 3. 4. 26 (27)   Paulus 54 ad ed.

Si viam habeam per tuum fundum et tu me ab ea vi expuleris, per longum tempus non utendo amittam viam, quia nec possideri intellegitur ius incorporale, nec de via quis, id est mero iure, detruditur.

D. 41. 3. 4. 28 (29)   Paulus 54 ad ed.

Libertatem servitutium usucapi posse verius est, quia eam usucapionem sustulit lex Scribonia, quae servitutem constituebat, non etiam eam, quae libertatem praestat sublata servitute. itaque si, cum tibi servitutem deberem, ne mihi puta liceret altius aedificare, et per statutum tempus altius aedificatum habuero, sublata erit servitus.

2. 12. 3   Tempus

C. 7. 31. 1pr.   Imp. Iustiniauns A. Iohanni pp.

Cum nostri animi vigilantia ex iure quiritum nomen et substantiam sustulerit et communes exceptiones in omni loco valeant, id est decem vel viginti vel triginta annorum vel si quae sunt aliae maioris aevi continentes prolixitatem, satis inutile est usucapionem in italicis quidem solis rebus admittere, in provincialibus autem recludere. sed et si quis res alienas, italicas tamen, bona fide possidebat per biennium, miseri rerum domini excludebantur et nullus eis ad eas reservabatur regressus. quae et nescientibus dominis procedebant: quo nihil inhumanius erat, si homo absens et nesciens tam angusto tempore suis cadebat possessionibus.

C. 7. 31. 1. 1   Imp. Iustiniauns A. Iohanni pp.

Ideo per praesentem legem et in italicis solis rebus, quae

2. 物之所有权的取得

可以同建筑物一起被时效取得。

D. 41, 3, 4, 26 (27) 保罗：《告示评注》第 54 卷

如果我有一项通过你的土地的道路通行权，我在通过你的土地时被你暴力驱逐出来，我在很长时间内未再行使这个权利，那么我将丧失道路通行权，因为既不能认为人们可以占有一项抽象的权利，也不应当认为人们可以被从道路通行权，即一项纯粹的权利上，被剥夺了行使的可能。

D. 41, 3, 4, 28 (29) 保罗：《告示评注》第 54 卷

相反，更正确的观点是，地役权负担可以通过时效取得而解除，因为《关于役权时效取得的斯克里波纽斯法》废除了地役权设立的时效取得，但是未废除地役权解除的时效取得。因此，如果我对你有一项地役权负担，例如，我不能加高我的建筑物，但是我加高了它并且法定的［导致役权消灭的时效］期限届满，地役权消灭。

2.12.3　期间

C. 7, 31, 1pr. 优士丁尼皇帝致大区长官乔万尼

在我们经过慎重考虑废除了"根据市民法"（ex iure quiritum）这样的称呼和规定之后，10 年、20 年、30 年或者更长时效期间将适用于一切地方。只许对意大利本土之物适用时效取得而不许对各行省之物适用时效取得是无效的。然而，若有人善意占有他人的意大利土地满两年，不知情的可怜的所有权人便失去其物而无追索权，那么这是极不人道的，因为一个不在而又不知情的人经过如此短的时间便丧失了物之所有权。

C. 7, 31, 1, 1 优士丁尼皇帝致大区长官乔万尼

因此，通过此谕令，我们规定还要改革有关意大利本土之不动

2. De adquirendo rerum dominio

immobiles sunt vel esse intelleguntur, sicut annalem exceptionem, ita et usucapionem transformandam esse censemus, ut tantummodo et hic decem vel viginti annorum vel triginta et aliarum exceptionum tempora currant, huiusmodi angustiis penitus semotis.

D. XV k. Nov. Constantinopoli post consulatum Lampadii et Orestis vv. cc. <a. 531>

D. 41. 3. 31. 5   Paulus 32 ad sab.

Vacuum tempus, quod ante aditam hereditatem vel post aditam intercessit, ad usucapionem heredi procedit.

2. 12. 4   Possessio

D. 41. 2. 5   Paulus 63 ad ed.

Si ex stipulatione tibi Stichum debeam et non tradam eum, tu autem nanctus fueris possessionem, praedo es: aeque si vendidero nec tradidero rem, si non voluntate mea nanctus sis possessionem, non pro emptore possides, sed praedo es.

2. 12. 5   Bona fides

D. 50. 16. 109   Modestinus 5 pand.

'Bonae fidei emptor' esse videtur, qui ignoravit eam rem alienam esse, aut putavit eum qui vendidit ius vendendi habere, puta procuratorem aut tutorem esse.

D. 41. 3. 32. 1   Pomponius 32 ad sab.

Si quis id, quod possidet, non putat sibi per leges licere usucapere,

产的取得时效,就像改革1年的取得时效一样,以便对这些物也适用10年、20年、30年或者更长的时效期间。

(531年,于君士坦丁堡,兰巴蒂和奥莱斯蒂斯执政)

D. 41, 3, 31, 5　保罗:《萨宾评注》第32卷

接受遗产之前或者接受遗产之后经过的时间,要被计算在继承人的时效取得的期间内。

2.12.4　占有

D. 41, 2, 5　保罗:《告示评注》第63卷

如果根据要式口约,我应当向你交付奴隶斯提阔但没有交付,你却自行取得了对他的占有,那么你是一个抢夺者。同样,若我出卖一件物品而未交付,你未经我同意便取得了对它的占有,那么你不是作为买受人而是作为抢夺者占有了它。

2.12.5　善意

D. 50, 16, 109　莫德斯丁:《学说汇纂》第5卷

"善意购买人"被认为是不知此物为他人之物或者以为出卖人有权出卖此物的人,例如,认为出卖人是代理人或者监护人的人。

D. 41, 3, 32, 1　彭波尼:《萨宾评注》第32卷

如果一个人认为根据法律其不能通过时效取得其占有之物,

2. De adquirendo rerum dominio

dicendum est, etiamsi erret, non procedere tamen eius usucapionem, vel quia non bona fide videatur possidere vel quia in iure erranti non procedat usucapio.

D. 41. 3. 10pr. Ulpianus 16 ad ed.

Si aliena res bona fide empta sit, quaeritur, ut usucapio currat, utrum emptionis initium ut bonam fidem habeat exigimus, an traditionis, et optinuit Sabini et Cassii sententia traditionis initium spectandum.

2. 12. 6 Iusta causa

D. 41. 4. 2pr. Paulus 54 ad ed.

Pro emptore possidet, qui re vera emit, nec sufficit tantum in ea opinione esse eum, ut putet se pro emptore possidere, sed debet etiam subesse causa emptionis. si tamen existimans me debere tibi ignoranti tradam, usucapies. quare ergo et si putem me vendidisse et tradam, non capies usu? scilicet quia in ceteris contractibus sufficit traditionis tempus, sic denique si sciens stipuler rem alienam, usucapiam, si, cum traditur mihi, existimem illius esse: at in emptione et illud tempus inspicitur, quo contrahitur: igitur et bona fide emisse debet et possessionem bona fide adeptus esse.

D. 41. 4. 2. 6 Paulus 54 ad ed.

Cum Stichum emissem, dama per ignorantiam mihi pro eo traditus est. Priscus ait usu me eum non capturum, quia id, quod emptum non sit, pro emptore usucapi non potest: sed si fundus emptus sit et ampliores fines possessi sint, totum longo tempore capi, quoniam universitas eius possideatur, non singulae partes.

2. 物之所有权的取得

那么应当指出的是,虽然他的认识是错误的,但时效取得依然不能进行,或是因其占有未被认为是善意占有的人,或是因存在法律上的错误的人,均不能通过时效而取得。

D. 41, 3, 10pr. 乌尔比安:《告示评注》第16卷

如果一个人出于善意而购买了他人之物,便产生一个问题:适用时效取得时,我们是在购买开始时有善意还是在交付开始时有善意?占主流的是萨宾和卡修斯的观点,即应当在交付开始时有善意。

2.12.6 正当理由

D. 41, 4, 2pr. 保罗:《告示评注》第54卷

有人作为真正购买某物的买受人而占有物,他仅认为自己已作为买受人而占有物是不够的,还应当有购买的原因(causa)。然而,如果我以为我是债务人而将物交付给不知情的你,则你可以通过时效取得该物的所有权。那么,为什么我认为我已将该物卖给你并已将它交付给你,而你却不能通过时效取得它呢?这是因为关于时效取得在其他契约中只要有交付时间就够了,以至于如果我知道我在为一件他人之物订立要式口约,那么只要在交付时我认为它属于交付人,我即可通过时效取得它。然而,在买卖中还需要注意订立契约的时间,因此一个人应当善意地购买并善意地取得占有。

D. 41, 4, 2, 6 保罗:《告示评注》第54卷

如果我购买的是奴隶斯提库斯,在我不知情的情况下交付给我的却是奴隶达玛。普里斯库认为,我不能通过时效取得之,因为购买人不能通过时效取得其未购买之物。但是,若一块土地被购买,且被占有的部分大于被购买的部分,那么整块土地便可因长期占有而被时效取得,因为被占有的是整块土地而非其若干单独的部分。

2. De adquirendo rerum dominio

D. 41. 6. 1pr.   Paulus 54 ad ed.

Pro donato is usucapit, cui donationis causa res tradita est: nec sufficit opinari, sed et donatum esse oportet.

D. 41. 8. 2   Paulus 54 ad ed.

Si possideam aliquam rem, quam putabam mihi legatam, cum non esset, pro legato non usucapiam :

D. 41. 9. 1pr.   Ulpianus 31 ad sab.

Titulus est usucapionis et quidem iustissimus, qui appellatur pro dote, ut, qui in dotem rem accipiat, usucapere possit spatio sollemni, quo solent, qui pro emptore usucapiunt.

D. 41. 8. 7   Iavolenus 7 ex cass.

Nemo potest legatorum nomine usucapere nisi is, cum quo testamenti factio est, quia ea possessio ex iure testamenti proficiscitur.

D. 41. 4. 11   Africanus 7 quaest.

Quod volgo traditum est eum, qui existimat se quid emisse nec emerit, non posse pro emptore usucapere, hactenus verum esse ait, si nullam iustam causam eius erroris emptor habeat: nam si forte servus vel procurator, cui emendam rem mandasset, persuaserit ei se emisse atque ita tradiderit, magis esse, ut usucapio sequatur.

2. 物之所有权的取得

D. 41, 6, 1pr.　保罗:《告示评注》第 54 卷

如果某物因赠与而被交付给一个人,则该人可因赠与而对物实行时效取得。但是,仅[主观上]认为物是赠与他的尚不够,还应当有赠与的事实。

D. 41, 8, 2　保罗:《告示评注》第 54 卷

如果我占有一个物并始终认为该物是遗赠给我的,但是实际上它并未遗赠给我,那么我不能因遗赠而对它实行时效取得。

D. 41, 9, 1pr.　乌尔比安:《萨宾评注》第 31 卷

一个极为正当的时效取得的理由被称为以嫁资名义。将一个物作为嫁资接受的人就像买受人一样,在与买受人相同的时效取得期间届满后,可以通过时效取得该物的所有权。

D. 41, 8, 7　雅沃伦:《论卡修斯》第 7 卷

只有具有遗嘱能力(testamenti factio)[①]的人,才能因遗赠而实行时效取得,因为这种占有源于有关遗嘱的法律规定(ius testamenti)。

D. 41, 4, 11　阿富里坎:《问题集》第 7 卷

通常认为,自以为已购买一个物而实际上并未购买该物的人,不能作为买受人对物实行时效取得,但是,这仅在买受人的认识错误、缺乏正当理由的情况下,这一观点是正确的。因此,若他所指派的奴隶或者委托的代理人使他相信自己已购买了该物并已将该物交付,那么可以适用时效取得。

---

① 遗嘱能力包括主动遗嘱能力和被动遗嘱能力。前者指立遗嘱的能力,后者指根据遗嘱接受遗产或者遗赠的能力。此处指被动遗嘱能力。——译者

2. De adquirendo rerum dominio

2. 13 De rebus quae alienari non possunt
(D. 2. 14 ; C. 4. 40/54 ; C. 11. 56)

C. 4. 40. 3   Impp. Arcadius et Honorius AA. ad senatum et pop

Quia nonnunquam in diversis litoribus distrahi publici canonis frumenta dicuntur, vendentes et ementes sciant capitali poenae se esse subdendos et in fraudem publicam commercia contracta damnari.

D. XVII k. Mart. Caesario et Attico conss. <a. 397>

C. 11. 56. 1   Impp. Leo et Anthemius AA. Nicostrato pp.

In illis, quae metrocomiae communi vocabulo nuncupantur, hoc adiciendum necessario nostra putavit humanitas, ut nulli extraneo illic quoquo modo possidendi licentia tribuatur: sed si quis ex isdem vicanis loca sui iuris alienare voluerit, non licere ei nisi ad habitatorem adscriptum eidem metrocomiae per qualemcumque contractum terrarum suarum dominium possessionemque transferre: sciente persona extranea, quod, si contra vetitum se huic negotio immiscere vel illic possidere temptaverit, quicumque contractus initus fuerit, carebit effectu et contractu soluto, si quid praestitum est, hoc tantum reddetur.

D. k. Sept. Anthemio a. II cons. <a. 468 >

D. 2. 14. 61   Pomponius 9 ad sab.

Nemo paciscendo efficere potest, ne sibi locum suum dedicare liceat aut ne sibi in suo sepelire mortuum liceat aut ne vicino invito praedium alienet.

2. 物之所有权的取得

2.13 不能转让的物
（D. 2, 14；C. 4, 40/54；C. 11, 56）

C. 4, 40, 3　阿卡丢斯和奥诺流斯皇帝致元老院和人民

听闻在沿海各地有人假冒国家定价出售麦子，则出卖及购买麦子的人应当知道他们将被判处死刑，因为冒犯国家权力进行交易将受到制裁。

（397 年，恺撒和阿提克执政）

C. 11, 56, 1　列奥皇帝和安特缪斯皇帝致大区长官尼柯斯特拉图斯

对被通称为都市的土地，我们决定还需要做出补充规定：外人（extraneus）无权以任何方式占有它。如果一个自由民想转让其享有权利的土地，那么除非他将之转让给此地的在册居民，否则通过任何一种契约转让其土地所有权和占有都是非法的。外人应当知道，如果他故意违反这一禁令而完成上述交易或者占有该土地，那么缔结的契约是无效的，契约应当被解除，且只返还其交付的价金。

（468 年，安特缪斯皇帝第 2 次执政）

D. 2, 14, 61　彭波尼：《萨宾评注》第 9 卷

任何人均不得订立如下简约：不许他捐献其土地［给神］，不许他将已故者埋葬于其土地上，或者不许他未经邻居同意而转让其土地。

2. De adquirendo rerum dominio

C. 4. 54. 9pr.   Imp. Iustinuanus A. Iohanni pp.

Si quis ita paciscatur in venditionis vel alienationis contractu, ut novo domino nullo modo liceat in loco vendito vel alio modo sibi concesso monumentum extruere vel alio modo humani iuris eum eximere, sancimus, licet hoc apud veteres dubitabatur, tale pactum ex nostra lege esse fovendum et immutilatum permanere

C. 4. 54. 9. 1   Imp. Iustinuanus A. Iohanni pp.

Forsitan enim multum eius intererat, ne ei vicinus non solum quem nollet adgregetur, sed et pro quo specialiter interdictum est. cum etenim venditor vel aliter alienator non alia lege suum ius transferre passus est nisi tali fretus conventione, quomodo ferendum est aliquam captionem ex varia pati eum interpretatione?

D. XV k. Nov. Constantinopoli post consulatum Lampadii et Orestis vv. cc. <a. 531>

2. 物之所有权的取得

C. 4, 54, 9pr.　优士丁尼皇帝致大区长官乔万尼

如果有人在一个出售或者转让契约中载明"新的土地所有权人不得在出卖或者转让给他的土地上加高某一建筑物,或者根据人法不得以其他方式拆除它",那么我们规定,虽然古代法学家对此简约一直持怀疑态度,但它应当被我们的法律不加修改地吸收。

C. 4, 54, 9, 1　优士丁尼皇帝致大区长官乔万尼

作为买受人的邻居不仅不能实现不希望他做的事情,而且不能从事禁止他做的事情,这对出卖人或许很重要。因此,假定出卖人或者其他转让人并未转让其所有权,若不借助于此协议,我为什么应当容忍他将因不同解释而遭受某种损害呢?

(531年,于君士坦丁堡,兰巴蒂和奥莱斯蒂斯执政)

3. Quemadmodum dominium amittitur

3. 1 De rei derelictione
(D. 6. 1 ; D. 41. 1/7 ; D. 47. 2 ; C. 7. 32)

D. 47. 2. 43. 11 Ulpianus 41 ad sab.

Si iactum ex nave factum alius tulerit, an furti teneatur? quaestio in eo est, an pro derelicto habitum sit. et si quidem derelinquentis animo iactavit, quod plerumque credendum est, cum sciat periturum, qui invenit suum fecit nec furti tenetur. si vero non hoc animo, sed hoc, ut, si salvum fuerit, haberet: ei qui invenit auferendum est, et si scit hoc qui invenit et animo furandi tenet, furti tenetur. enimvero si hoc animo, ut salvum faceret domino, furti non tenetur. quod si putans simpliciter iactatum, furti similiter non tenetur.

C. 7. 32. 4 Impp. Diocl. et Maxim. AA. Nepotianae

Licet possessio nudo animo adquiri non possit, tamen solo animo retineri potest. si igitur desertam praediorum possessionem non derelinquendi adfectione transacto tempore non coluisti, sed ex metus necessitate culturam eorum distulisti, praeiudicium tibi ex transmissi temporis iniuria generari non potest.

PP. k. Aug. ipsis IIII et III AA. conss. <a. 290>

3. 所有权的丧失

3.1 物的抛弃
（D. 6, 1；D. 41, 1/7；D. 47, 2；C. 7, 32）

D. 47, 2, 43, 11　乌尔比安：《萨宾评注》第 41 卷

如果有人拾得从船上抛掉之物，产生的问题是：他是否被视为在盗窃？这取决于抛物者是否想抛弃此物。假如抛物者以抛弃之意思抛掉它，通常认为，拾得物的人不是在盗窃，而是变成了该物的所有权人。但是，要是抛物者非以抛弃之意思而是以拥有之意思抛掉它，拾得者应当返还该物，并且倘若他知道此物是他人之物而以盗窃之意思拿走它，便被认为在盗窃，若他以替物之所有权人保管物之意思拿走它，则不被认为在盗窃。

C. 7, 32, 4　戴克里先皇帝和马克西米安皇帝致内波迪雅内

尽管占有不能仅靠心素[①]且还需要对物的实际持有而取得，但是占有可以因为心素而保留。如果你在一个确定时间里没有耕作你所占有的荒地，其原因不是为了抛弃这些土地，是你因为缺乏必要的安全而推迟了耕作，那么，即使该确定期间届满，但是因为缺乏正当理由而不会对你造成不利。

（290 年，奥古斯都执政）

[①] 占有心素亦称为占有意思。——译者

3. Quemadmodum dominium amittitur

D. 41. 7. 2. 1   Paulus 54 ad ed.

Sed Proculus non desinere eam rem domini esse, nisi ab alio possessa fuerit: Iulianus desinere quidem omittentis esse, non fieri autem alterius, nisi possessa fuerit, et recte.

D. 41. 7. 1   Ulpianus 12 ad ed.

Si res pro derelicto habita sit, statim nostra esse desinit et occupantis statim fit, quia isdem modis res desinunt esse nostrae, quibus adquiruntur.

D. 47. 2. 43. 5   Ulpianus 41 ad sab.

Quod si dominus id dereliquit, furtum non fit eius, etiamsi ego furandi animum habuero: nec enim furtum fit, nisi sit cui fiat: in proposito autem nulli fit, quippe cum placeat Sabini et Cassii sententia existimantium statim nostram esse desinere rem, quam derelinquimus.

D. 6. 1. 67   Scaevola 1 resp.

A tutore pupilli domum mercatus ad eius refectionem fabrum induxit: is pecuniam invenit: quaeritur ad quem pertineat. respondi, si non thensauri fuerunt, sed pecunia forte perdita vel per errorem ab eo ad quem pertinebat non ablata, nihilo minus eius eam esse, cuius fuerat.

D. 47. 2. 43. 9   Ulpianus 41 ad sab.

Quid ergo, si ehuretra quae dicunt petat? nec hic videtur furtum facere, etsi non probe petat aliquid.

D. 41. 1. 9. 8   Gaius 2 rer. cott.

Alia causa est earum rerum, quae in tempestate maris levandae navis causa eiciuntur: hae enim dominorum permanent, quia non eo animo eiciuntur, quod quis eas habere non vult, sed quo magis cum ipsa nave periculum maris effugiat. qua de causa si quis eas fluctibus expulsas vel

3. 所有权的丧失

D. 41, 7, 2, 1　保罗：《告示评注》第 54 卷

普罗库勒认为：如果此物未被他人占有，则仍属于所有权人。尤里安却认为：它肯定不再属于抛弃它的人，但只有被他人占有，才成为他人之物。这一观点是正确的。

D. 41, 7, 1　乌尔比安：《告示评注》第 12 卷

如果一个物被作为抛弃物，它便不再是我们的，而立即成为占有人的。这样，我们失去了物的所有权，他人却取得了该物的所有权。

D. 47, 2, 43, 5　乌尔比安：《萨宾评注》第 41 卷

如果所有权人抛弃了某物，那么，即使我们以盗窃之意思拿走它，也不构成盗窃。因为，没有物之所有权人便不可能存在盗窃，而在上述情况下物不属于任何人。萨宾和卡修斯认为，某物一旦被我们抛弃，就不再是我们的。

D. 6, 1, 67　斯凯沃拉：《解答集》第 1 卷

从未适婚人的监护人处购买了一栋房屋的人，雇一工匠修理此房，工匠在房内发现了一笔钱，产生的问题是：这笔钱属于谁？回答是：如果发现的不是埋藏物而是一笔被遗失的或者被所有权人放错了地方的钱，那么它仍属于原所有权人。

D. 47, 2, 43, 9　乌尔比安：《萨宾评注》第 41 卷

如果拾得者要求遗失者支付一笔酬金，即付给一笔发现遗失物的酬金，结果会怎样呢？虽然其要求不正当，但他不被认为在盗窃。

D. 41, 1, 9, 8　盖尤斯：《日常事务》第 2 卷

因在海上遇到风暴，为减轻船只的负载而被抛掉之物的情况系另一种情况，这些物仍属于原所有权人，因为该人抛掉它们是为了使船只避免在海上遇到危险，而并无弃之不要之意思，因此，如果有人在海边或者在海上发现了它们，为获利而将之拿走，便

3. Quemadmodum dominium amittitur

etiam in ipso mari nanctus lucrandi animo abstulerit, furtum committit.

3.2 Quando alienatio revocata sit
(C. 8. 54)

C. 8. 54. 2   Impp. Diocl. et Maxim. AA. Aurelio Zenoni
Si praediorum proprietatem dono dedisti ita, ut post mortem eius qui accepit ad te rediret, donatio valet, cum etiam ad tempus certum vel incertum ea fieri potest, lege scilicet quae ei imposita est conservanda.
PP. V id. Mart. Maximo II et Aquilino conss. <a. 286>

C. 8. 54. 1   Impp. Valer. et Gallien. AA. Gamicae
Si doceas, ut adfirmas, nepti tuae ea lege a te esse donatum, ut certa tibi alimenta praeberet, vindicationem etiam hoc casu utilem eo. quod legi illa obtemperare noluerit, impetrare potes, id est actionem, qua dominium pristinum restituatur tibi.
PP. VI k. Dec. Tusco et Basso conss. < a. 258 >

3.3 Res a re publica distractae vel publicatae
(D. 8. 3 ; D. 21. 2)

D. 21. 2. 11pr.   Paulus 6 resp.
Lucius Titius praedia in Germania trans Renum emit et partem pretii intulit: cum in residuam quantitatem heres emptoris conveniretur,

3. 所有权的丧失

是在盗窃。

3.2 转让的撤销
（C. 8, 54）

C. 8, 54, 2　戴克里先皇帝和马克西米安皇帝致芝诺
如果你将你的物的所有权赠与他人而使之在接受赠与的人死亡之后再回到你手中，那么该赠与是有效的。同时，人们还可以进行定期或者不定期的赠与，但是应当遵守有关法律。
（286 年，阿奎利鲁斯和马克西姆斯第 2 次执政）

C. 8, 54, 1　瓦莱里亚努斯和加里埃努斯皇帝致卡米卡
如果像你所说的那样，你能证明一个物已根据协议由你赠给了你的侄女，而她应当给你特定的赡养费（alimentum），在此情况下，如果她未履行协议，你可因此提起扩用的返还所有物之诉，通过此诉讼，物之所有权（dominium）将被返还给你。
（258 年，图斯库斯和巴索执政）

3.3 由于共和国的需要或者没收的原因而出售的物
（D. 8, 3；D. 21, 2）

D. 21, 2, 11pr.　保罗：《解答集》第 6 卷
鲁丘斯·提裘斯购买了莱茵河对岸的日耳曼土地，并交付了部分价款，买受人的继承人在支付剩余价金时却提了异议，他认为，

115

3. Quemadmodum dominium amittitur

quaestionem rettulit dicens has possessiones ex praecepto principali partim distractas, partim veteranis in praemia adsignatas: quaero, an huius rei periculum ad venditorem pertinere possit. Paulus respondit futuros casus evictionis post contractam emptionem ad venditorem non pertinere et ideo secundum ea quae proponuntur pretium praediorum peti posse.

D. 8. 3. 23. 2   Paulus 15 ad sab.

Si fundus serviens vel is cui servitus debetur publicaretur, utroque casu durant servitutes, quia cum sua condicione quisque fundus publicaretur.

3. 所有权的丧失

根据皇帝敕令,这些土地只是被部分出卖,另一部分是奖励给退役军人的。我提出的问题是:这种情况产生的风险(periculum)是否会由出卖人承担?保罗[1]回答说,在签订买卖契约之后出卖人对发生追夺的各种未来的情况不负责任。根据上述情况,出卖人可以请求支付土地的全部价金。

D. 8, 3, 23, 2　保罗:《萨宾评注》第 15 卷

如果一块供役地或者需役地被没收,役权依然存在。因为,土地在被没收后,其所处的(供役地或者需役地)状态不变。

---

[1] 3 世纪法学家。——译者

4. De rei vindicatione

(I. 4. 6. 1 ; I. 4. 17. 2 ; D. 6. 1 ; C. 3. 32)

4. 1 Quid vindicari possit
(D. 6. 1)

D. 6. 1. 1. 1　Ulpianus 16 ad ed.

Quae specialis in rem actio locum habet in omnibus rebus mobilibus, tam animalibus quam his quae anima carent, et in his quae solo continentur.

D. 6. 1. 23. 1　Paulus 21 ad ed.

Loca sacra, item religiosa, quasi nostra in rem actione peti non possunt.

D. 6. 1. 1. 3　Ulpianus 16 ad ed.

Per hanc autem actionem non solum singulae res vindicabuntur, sed posse etiam gregem vindicari Pomponius libro lectionum vicensimo quinto scribit. idem et de armento et de equitio ceterisquem quae gregatim habentur, dicendum est. sed enim gregem sufficiet ipsum nostrum esse, licet singula capita nostra non sint: grex enim, non singula corpora vindicabuntur.

D. 6. 1. 56　Iulianus 78 dig.

Vindicatio non ut gregis, ita et peculii recepta est, sed res singulas

4. 物的返还

（I.4，6，1；I.4，17，2；D.6，1；C.3，32）

4.1 可返还的物
（D.6，1）

D.6,1,1,1　乌尔比安：《告示评注》第16卷

这种专门的对物之诉既适用于所有的动产，包括有生命之物，也包括无生命之物，同时又适用那些仅附着于土地的物。

D.6,1,23,1　保罗：《告示评注》第21卷

圣地同安魂之地一样，我们不能将之作为我们的所有物而提起对物之诉。

D.6,1,1,3　乌尔比安：《告示评注》第16卷

然而，通过这种诉讼不仅可以请求返还单一物，而且按照彭波尼在《各种片段引述》第25卷中所述，人们还可以请求返还一群羊。需指出的是，牛群、马群及其他畜群亦适用此规则。虽然单只的羊不是我们的，但只要同一群羊是我们的，即足矣。因为被请求返还的是羊群而非单只的羊。

D.6,1,56　尤里安：《学说汇纂》第78卷

如同不允许就整个畜群提起返还所有物之诉一样，对特有产不能提起返还所有物之诉，但是，接受特有产遗赠的一方可以就特有

4. De rei vindicatione

is, cui legatum peculium est, petet.

D. 6. 1. 3. 1   Ulpianus 16 ad ed.

Armamenta navis singula erunt vindicanda: scapha quoque separating vindicabitur.

D. 6. 1. 49pr.   Celsus 18 dig.

Solum partem esse aedium existimo nec alioquin subiacere uti mare navibus.

D. 6. 1. 49. 1   Celsus 18 dig.

Meum est, quod ex re mea superest, cuius vindicandi ius habeo.

D. 6. 1. 3. 2   Ulpianus 16 ad ed.

Pomponius scribit, si quid quod eiusdem naturae est ita confusum est atque commixtum, ut deduci et separari non possint, non totum sed pro parte esse vindicandum. ut puta meum et tuum argentum in massam redactum est: erit nobis commune, et unusquisque pro rata ponderis quod in massa habemus vindicabimus, etsi incertum sit, quantum quisque ponderis in massa habet.

D. 6. 1. 5pr.   Ulpianus 16 ad ed.

Idem Pomponius scribit: si frumentum duorum non voluntate eorum confusum sit, competit singulis in rem actio in id, in quantum paret in illo acervo suum cuiusque esse: quod si voluntate eorum commixta sunt, tunc communicata videbuntur et erit communi dividundo actio.

D. 6. 1. 76. 1   Gaius 7 ad ed. provinc.

Incertae partis vindicatio datur, si iusta causa interveniat. Iusta autem causa esse potest, si forte legi Falcidiae locus sit in testamento, propter incertam detractionem ex legatis, quae vix apud iudicem examinatur: iustam enim habet ignorantiam legatarius, cui homo legatus

4. 物的返还

产中单独的物提起返还所有物之诉。

D. 6, 1, 3, 1 乌尔比安:《告示评注》第16卷

船上的设备应当被单独地请求返还,船上的小艇也将被独立请求返还。

D. 6, 1, 49pr. 杰尔苏:《学说汇纂》第18卷

我认为,地基是建筑物的一部分,因为它不是以大海处于船下的方式而处于建筑物之下。

D. 6, 1, 49, 1 杰尔苏:《学说汇纂》第18卷

从我所有的物中剩下之物是我的,我有权请求返还。

D. 6, 1, 3, 2 乌尔比安:《告示评注》第16卷

彭波尼写道,如果具有同样性质的物相互融合或混合以致不能区分和分割,那么不得就整个物而只能就物的一部分提起返还之诉,比如我的银子同你的银子熔成了一块银子,它将为我们共有。我们每个人均按照各自银子的重量被授予请求返还的诉权,即使在我们无法确知各份重量的情况下也如此。

D. 6, 1, 5pr. 乌尔比安:《告示评注》第16卷

同一位彭波尼写道,如果两个人的麦子非依其意愿被混杂在一起,那么每个人都有权就其认为在混杂而成的那堆麦子中属于他的那部分提起对物之诉。如果混杂是依其意愿发生的,那么混杂的麦子将被视为共有物,且将产生共有物分割之诉。

D. 6, 1, 76, 1 盖尤斯:《行省告示评注》第7卷

若有正当理由,则允许就物的未确定部分提起返还之诉。例如,若在执行遗嘱时需要扣除遗赠部分,且该部分要经法官确定,此时要适用《法尔其丢斯法》,则该理由就是正当的。因此,接受被遗赠奴隶的受遗赠人,在不知道自己应当请求返还的部分的数量

4. De rei vindicatione

est, quotam partem vindicare debeat: itaque talis dabitur actio. eadem et de ceteris rebus intellegemus.

D. 6. 1. 76pr.   Gaius 7 ad ed. provinc.

Quae de tota re vindicanda dicta sunt, eadem et de parte intellegenda sunt, officioque iudicis continetur pro modo partis ea quoque restitui iubere, quae simul cum ipsa parte restitui debent.

4. 2   De actore
(D. 6. 1)

D. 6. 1. 23pr.   Paulus 21 ad ed.

In rem actio competit ei, qui aut iure gentium aut iure civili dominium adquisiit.

4. 3   Onus probandi
(D. 6. 1 ; C. 4. 19)

C. 4. 19. 2   Imp. Ant. A. Auluzano

Possessiones, quas ad te pertinere dicis, more iudiciorum persequere. nec enim possessori incumbit necessitas probandi eas ad se pertinere, cum te in probatione cessante dominium apud eum remaneat.

PP. XV k. Dec. Laeto et Cereale conss. <a. 215>

D. 6. 1. 24   Gaius 7 ad ed. provinc.

Is qui destinavit rem petere animadvertere debet, an aliquo

4. 物的返还

时有正当理由的,他有权提起返还之诉。这一规则亦同样适用于其他情况。

D. 6, 1, 76pr.　盖尤斯:《行省告示评注》第 7 卷

我们就请求返还整个物所说的那些规则,应当被理解为同样适用于请求返还物的一部分。法官的职责在于命令被部分返还之物的孳息也要被返还。

4.2　诉讼
（D. 6, 1）

D. 6, 1, 23pr.　保罗:《告示评注》第 21 卷

依万民法或者市民法取得物之所有权的人,有权提起对物之诉。

4.3　举证责任
（D. 6, 1；C. 4, 19）

C. 4, 19, 2　安东尼皇帝致阿乌鲁扎诺

你主张［被他人］占有之物归你所有,你可以提起对物之诉,因为占有人没有责任证明占有之物归他所有。因此,如果你不能证明物之所有权属于你,所有权便属于他。

（215 年,勒托和切勒阿莱执政）

D. 6, 1, 24　盖尤斯:《行省告示评注》第 7 卷

决定请求返还某物的人,应当考虑是否可通过一个令状取得对

4. De rei vindicatione

interdicto possit nancisci possessionem, quia longe commodius est ipsum possidere et adversarium ad onera petitoris compellere quam alio possidente petere.

4. 4 De reo, de possessione eius et si dolo desiit possidere (D. 4. 3 ; D. 6. 1 ; D. 50. 17)

D. 6. 1. 9   Ulpianus 16 ad ed.

Officium autem iudicis in hac actione in hoc erit, ut iudex inspiciat, an reus possideat: nec ad rem pertinebit, ex qua causa possideat: ubi enim probavi rem meam esse, necesse habebit possessor restituere, qui non obiecit aliquam exceptionem. quidam tamen, ut Pegasus, eam solam possessionem putaverunt hanc actionem complecti, quae locum habet in interdicto uti possidetis vel utrubi. denique ait ab eo, apud quem deposita est vel commodata vel qui conduxerit aut qui legatorum servandorum causa vel dotis ventrisve nomine in possessione esset vel cui damni infecti nomine non cavebatur, quia hi omnes non possident, vindicari non posse. puto autem ab omnibus, qui tenent et habent restituendi facultatem, peti posse.

D. 6. 1. 36pr.   Gaius 7 ad ed. provinc.

Qui petitorio iudicio utitur, ne frustra experiatur, requirere debet, an is, cum quo instituat actionem, possessor sit vel dolo desiit possidere.

D. 6. 1. 27. 3   Paulus 21 ad ed.

Sed et is, qui ante litem contestatam dolo desiit rem possidere, tenetur in rem actione: idque ex senatus consulto [iuventiano] colligi

4. 物的返还

该物的占有,因为通过令状占有并让对方承担原告的负担远比对占有物的对方提起诉讼容易。

4.4 被告、占有人或者故意停止占有之人（D. 4, 3；D. 6, 1；D. 50, 17）

D. 6, 1, 9　乌尔比安:《告示评注》第 16 卷

在这种诉讼中,法官的职责是查明被告是否是占有物。占有的原因是什么无关紧要,因为一旦我证明此物是我的,占有人就应当把它归还我,除非他提出抗辩（exceptio）。然而有些人,如贝加苏,认为这种诉讼只是同保护不动产占有令状（interdictum uti possidetis）或者保护动产占有令状（interdictum utruhi）所涉及的占有相关。所以他说,人们不能向物的保管人、借用人、承租人、因保管作为嫁资的遗赠物及给予胎儿的遗赠物或者因未获得潜在损害担保而持有物的人请求返还,因为他们都未占有物。我认为,人们可以向持有物并有能力返还的人请求返还。

D. 6, 1, 36pr.　盖尤斯:《行省告示评注》第 7 卷

提起返还之诉的人,为避免徒劳,应当查清被他起诉的相对方是否是占有人或者占有人是否以欺诈方式停止占有。

D. 6, 1, 27, 3　保罗:《告示评注》第 21 卷

在争讼期前以欺诈方式停止对物的占有的人要被提起对物之诉。这可以从元老院的一个决议推断出来。正像我们所说的那样,

4. De rei vindicatione

potest, quo cautum est, ut diximus, ut dolus praeteritus in hereditatis petitionem veniat: cum enim in hereditatis petitione, quae et ipsa in rem est, dolus praeteritus fertur, non est absurdum per consequentias et in speciali in rem actione dolum praeteritum deduci.

D. 6. 1. 27pr.   Paulus 21 ad ed.

Sin autem cum a Titio petere vellem, aliquis dixerit se possidere et ideo liti se optulit, et hoc ipsum in re agenda testatione probavero, omnimodo condemnandus est.

D. 4. 3. 39   Gaius 27 ad ed. provinc.

Si te Titio optuleris de ea re quam non possidebas in hoc ut alius usucapiat, et iudicatum solvi satisdederis: quamvis absolutus sis, de dolo malo tamen teneberis: et ita Sabino placet.

D. 6. 1. 25   Ulpianus 70 ad ed.

Is qui se optulit rei defensioni sine causa, cum non possideret nec dolo fecisset, quo minus possideret: si actor ignoret, non est absolvendus, ut Marcellus ait: quae sententia vera est. sed hoc post litem contestatam: ceterum ante iudicium acceptum non decipit actorem qui se negat possidere, cum vere non possideret: nec videtur se liti optulisse qui discessit.

D. 6. 1. 7   Paulus 11 ad ed.

Si is, qui optulit se fundi vindicationi, damnatus est, nihilo minus a possessore recte petitur, sicut pedius ait.

4. 物的返还

元老院的决议规定,在遗产继承之诉(hereditatis petitio)中,过去的欺诈(dolus)应予考虑。实际上,遗产继承之诉本身就是一种对物之诉。如果在该诉讼中过去的欺诈是一个应当考虑的因素,那么在就任何一个特定物提起的对物之诉中,过去的欺诈是一个应当考虑的因素,这不无道理。

D. 6, 1, 27pr. 保罗:《告示评注》第21卷

但是,如果当我对提裘斯提起返还某物之诉时第三人说他占有该物并作为占有人参加诉讼,那么在诉讼中当我以证据证明该第三人提供的情况是虚假时,不管怎样,他应被判决承担责任。

D. 4, 3, 39 盖尤斯:《行省告示评注》第27卷

如果提裘斯就你未占有之物提起诉讼,你为了让他人能通过时效取得该物而应诉,且已对判决的执行提供了担保,那么尽管你被免于承担责任,但你仍将对欺诈负责。萨宾赞同此观点。

D. 6, 1, 25 乌尔比安:《告示评注》第70卷

正如马尔切勒[1]所说,一个人既未占有某物,又未以欺诈方式停止对某物的占有,无正当理由而作为物的占有人参加诉讼,若原告不知道这些事实,便不应免除其责任。此观点是正确的。上述规定适用于争讼期之后,因为在案件受理前,未占有物而否认其占有的一方并未欺骗原告;中途退出诉讼的人,不能认为其参与了诉讼。

D. 6, 1, 7 保罗:《告示评注》第11卷

如果一个人未占有土地而作为占有人参加土地返还之诉,他将被判决承担责任。正如佩丢斯[2]所说,尽管如此,返还土地之诉还可以对实际占有人提起。

---

[1] 2世纪法学家。——译者
[2] 1世纪法学家。——译者

4. De rei vindicatione

D. 50. 17. 156pr.   Ulpianus 70 ad ed.
Invitus nemo rem cogitur defendere.

D. 6. 1. 80   Furius Anthianus 1 ad ed.
In rem actionem pati non compellimur, quia licet alicui dicere se non possidere, ita ut, si possit adversarius convincere rem ab adversario possideri, transferat ad se possessionem per iudicem, licet suam esse non adprobaverit.

D. 6. 1. 27. 1   Paulus 21 ad ed.
Possidere autem aliquis debet utique et litis contestatae tempore et quo res iudicatur. quod si litis contestationis tempore possedit, cum autem res iudicatur sine dolo malo amisit possessionem, absolvendus est possessor. item si litis contestatae temporis non possedit, quo autem iudicatur possidet, probanda est Proculi sententia, ut omnimodo condemnetur: ergo et fructuum nomine ex quo coepit possidere damnabitur.

D. 50. 17. 131   Paulus 22 ad ed.
Qui dolo desierit possidere, pro possidente damnatur, quia pro possessione dolus est.

4. 5   Restituere
(D. 3. 22 ; D. 6. 1 ; D. 50. 16 ; C. 3. 32 ; C. 4. 9)

D. 50. 16. 35   Paulus 17 ad ed.
'Restituere' autem is intellegitur, qui simul et causam actori reddit, quam is habiturus esset, si statim iudicii accepti tempore res ei reddita fuisset, id est et usucapionis causam et fructuum.

4. 物的返还

D. 50, 17, 156pr.　乌尔比安:《告示评注》第 70 卷

不得迫使任何人违背其意志为某事辩护。

D. 6, 1, 80　弗流斯·安提亚努斯:《告示评注》第 1 卷

在对物之诉中我们并非被迫应诉,因为任何人都可以声明他未占有物,因此,如果一方能够证明物被相对方占有,他可通过法官(iudex)将物之占有移转于他,尽管他未证明此物是他的。

D. 6, 1, 27, 1　保罗:《告示评注》第 21 卷

一个人在争讼期和审判时都应当占有物。如果占有人在争讼期占有物,在审判时失去对物的占有而无欺诈,那么他应当被免于承担责任。同样,若他在争讼期未占有物而在审判时占有物,普罗库勒的观点便应被采纳,即他完全应被判决承担返还责任。因此,他还将被判决返还其自占有时起所获得的孳息。

D. 50, 17, 131　保罗:《告示评注》第 22 卷

以欺诈方式停止占有的人将像占有人一样被判决承担返还责任,因为以欺诈方式停止占有与占有无异。

4.5　返还

(D. 3, 22;D. 6, 1;D. 50, 16;C. 3, 32;C. 4, 9)

D. 50, 16, 35　保罗:《告示评注》第 17 卷

然而,如果一个人在争讼期就将争议之物返还原告,同时将物按取得时的法律状况包括取得的孳息返还给原告,他便被视为进行了完全返还。

4. De rei vindicatione

D. 50. 16. 246. 1   Pomponius 16 epist.

Restituit non tantum, qui solum corpus, sed etiam qui omnem rem condicionemque reddita causa praestet: et tota restitutio iuris est interpretatio.

4. 5. 1   Fructus et omnis res quae accedit

D. 6. 1. 15. 1   Ulpianus 16 ad ed.

Si quis rem ex necessitate distraxit, fortassis huic officio iudicis succurretur. ut pretium dumtaxat debeat restituere. nam et si fructus perceptos distraxit, ne corrumpantur, aeque non amplius quam pretium praestabit.

D. 6. 1. 15. 2   Ulpianus 16 ad ed.

Item si forte ager fuit qui petitus est et militibus adsignatus est modico honoris gratia possessori dato, an hoc restituere debeat? et puto praestaturum.

C. 4. 9. 3   Impp. Diocl. et Maxim. AA. et CC. Galatiae

Mala fide possidens de proprietate victus extantibus fructibus vindicatione, consumptis vero condictione conventus horum restitutioni parere compellitur.

S. VI id. Febr. CC. conss. <a. 294>

C. 3. 32. 22   Impp. Diocl. et Maxim. AA. et cc. Diodoto

Certum est mala fide possessores omnes fructus solere cum ipsa re praestare, bona fide vero extantes, post litis autem contestationem universos.

D. III k. Nov. CC. conss. <a. 294>

4. 物的返还

D. 50, 16, 246, 1　彭波尼:《书信集》第16卷

返还之人不仅要返还实体物,而且要返还完整的物及其全部的添附物;是否全部返还取决于法律的解释。

4.5.1　孳息和各种添附物

D. 6, 1, 15, 1　乌尔比安:《告示评注》第16卷

如果一个人出于无奈而出卖了他人之物,那么通过法官的判决或许可以获得救济,即他只返还物之价金;如果他出卖了获取的孳息,便应返还孳息的价金。

D. 6, 1, 15, 2　乌尔比安:《告示评注》第16卷

同样,如果有人通过诉讼,要求返还最初以奖赏的名义付少量的钱而交付给服兵役者包括退役者的土地,那么被要求者是否应当返还这片土地? 我认为,应当进行返还。

C. 4, 9, 3　戴克里先皇帝和马克西米安皇帝致卡拉茨娅

丧失所有权的恶意占有人,在被提起返还之诉之后应当返还现存的孳息及已消费掉的孳息。

(294年,上述皇帝执政)

C. 3, 32, 22　戴克里先皇帝和马克西米安皇帝致迪奥多托

毫无疑问,恶意占有人通常应当返还同一物所产生的全部孳息,而善意占有人只需返还现存的孳息及在争讼期后产生的全部孳息。

(294年,上述皇帝执政)

4. De rei vindicatione

D. 6. 1. 20 Gaius 7 ad ed. provinc.

Praeterea restituere debet possessor et quae post acceptum iudicium per eum non ex re sua adquisivit: in quo hereditates quoque legataque, quae per eum servum obvenerunt, continentur. nec enim sufficit corpus ipsum restitui, sed opus est, ut et causa rei restituatur, id est ut omne habeat petitor, quod habiturus foret, si eo tempore, quo iudicium accipiebatur, restitutus illi homo fuisset. itaque partus ancillae restitui debet, quamvis postea editus sit, quam matrem eius, post acceptum scilicet iudicium, possessor usuceperit: quo casu etiam de partu, sicut de matre, et traditio et cautio de dolo necessaria est.

D. 6. 1. 33 Paulus 21 ad ed.

Fructus non modo percepti, sed et qui percipi honeste potuerunt aestimandi sunt: et ideo si dolo aut culpa possessoris res petita perierit, veriorem putat Pomponius Trebatii opinionem putantis eo usque fructuum rationem habendam, quo usque haberetur, si non perisset, id est ad rei iudicandae tempus: quod et Iuliano placet. hac ratione si nudae proprietatis dominus petierit et inter moras usus fructus amissus sit, ex eo tempore, quo ad proprietatem usus fructus reversus est, ratio fructuum habetur.

D. 6. 1. 62pr. Papinianus 6 quaest.

Si navis a malae fidei possessore petatur, et fructus aestimandi sunt, ut in taberna et area quae locari solent. quod non est ei contrarium, quod de pecunia deposita, quam heres non attingit, usuras praestare non cogitur: nam etsi maxime vectura sicut usura non natura pervenit, sed iure percipitur, tamen ideo vectura desiderari potest, quoniam periculum navis possessor petitori praestare non debet, cum pecunia periculo dantis faeneretur.

4. 物的返还

D. 6, 1, 20　盖尤斯：《行省告示评注》第 7 卷

此外，占有人应当返还在争讼期后通过奴隶获得的并非属于他的那些物，包括通过占有的奴隶获得的遗产及遗赠物。不仅物本身要被返还，而且由该物产生的利益，即在奴隶于争讼期被返还的情况下原告本应享有的一切物，亦要被返还。因此，女奴所生之子应当被返还，尽管他是在占有人于争讼期后以通过时效取得其母所有权后出生的。在此情况下，女奴之子就像其奴隶母亲一样应当被返还，且应当有欺诈担保（cautio de dolo）。

D. 6, 1, 33　保罗：《告示评注》第 21 卷

人们不仅应当计算既得孳息，而且还应当计算实际上可得的孳息。因此，彭波尼认为，特雷巴丘斯的观点较正确。特雷巴丘斯认为，如果被请求返还之物因占有人的故意或过失而灭失，那么应给予原告的孳息为直到判决时若该物不灭失原告本应得到的孳息。尤里安也赞同此观点。按此原则，如果空虚所有权人提出返还请求，同时被告又丧失了用益权，那么给予原告的孳息从用益权回归所有权时起计算。

D. 6, 1, 62pr.　帕比尼安：《问题集》第 6 卷

如果一艘船从一个恶意占有人处被请求返还，那么其孳息应当被估价，就像通常被出租的商店及场地一样。这同继承人未接触被保管的金钱则不必支付利息的规定并不冲突。由于租金就像利息一样不是自然生产的，而是根据法律关系取得的，所以船舶的租金可以被请求交付。因占有人不必向原告承担船舶的风险责任，因此在金钱被贷出时，贷出方要承担风险责任。

133

4. De rei vindicatione

D. 6. 1. 62. 1   Papinianus 6 quaest.

Generaliter autem cum de fructibus aestimandis quaeritur, constat animadverti debere, non an malae fidei possessor fruitus sit, sed an petitor frui potuerit, si ei possidere licuisset. quam sententiam Iulianus quoque probat.

D. 6. 1. 34pr.   Iulianus 7 dig.

Idem est et si per alluvionem pars fundo accesserit.

4. 5. 2   Sumptus

D. 6. 1. 27. 5   Paulus 21 ad ed.

In rem petitam si possessor ante litem contestatam sumptus fecit, per doli mali exceptionem ratio eorum haberi debet, si perseveret actor petere rem suam non redditis sumptibus. idem est etiam, si noxali iudicio servum defendit et damnatus praestitit pecuniam, aut in area quae fuit petitoris per errorem insulam aedificavit: nisi tamen paratus sit petitor pati tollere eum aedificium. quod et in area uxori donata per iudicem, qui de dote cognoscit, faciendum dixerunt. sed si puerum meum, cum possideres, erudisses, non idem observandum Proculus existimat, quia neque carere servo meo debeam nec potest remedium idem adhiberi, quod in area diximus :

D. 6. 1. 48   Papinianus 2 resp.

Sumptus in praedium, quod alienum esse apparuit, a bona fide possessore facti neque ab eo qui praedium donavit neque a domino peti possunt, verum exceptione doli posita per officium iudicis aequitatis ratione servantur, scilicet si fructuum ante litem contestatam perceptorum

4. 物的返还

D. 6, 1, 62, 1　帕比尼安：《问题集》第 6 卷

通常，当提出孳息的计算问题时，人们知道，应当考虑的不是恶意占有人获得的孳息，而是原告（petitor）如能占有物本来可以获得的孳息。尤里安也赞同此观点。

D. 6, 1, 34pr.　尤里安：《学说汇纂》第 7 卷

如果冲积地与土地连接在一起，适用同一规则。

4.5.2　费用

D. 6, 1, 27, 5　保罗：《告示评注》第 21 卷

在争讼期前，如果占有人负担了被请求返还之物的费用，原告不偿付此费用而要求返还其物，占有人便可通过欺诈抗辩请求返还由他负担的费用；倘若占有人参加损害之诉为奴隶辩护，判决后他便应付赔偿金；若他错误地在属于原告所有的土地上建造楼房，那么只要原告不同意其拆掉建筑之物，便适用同样的规则。有些人认为，这一规则也应适用于有关法官确定作为嫁资的土地归为妻子所有的情况。然而，普罗库勒认为，如果你教育已为你占有的我的奴隶，该规则不应被遵守，因为你不能剥夺我的奴隶。因此，我们所说的有关土地的补救措施在此不能适用。

D. 6, 1, 48　帕比尼安：《解答集》第 2 卷

善意占有人支付了后来发现是属于他人所有的土地的费用，他既不能向赠与他土地的人，也不能向土地所有权人请求返还该费用。但是，如果他支付的费用超过了争讼期前他所接收的孳息，那么他可以提出欺诈抗辩，由法官按公平（aequitas）原则处理，从

135

4. De rei vindicatione

summam excedant: etenim admissa compensatione superfluum sumptum meliore praedio facto dominus restituere cogitur.

D. 6. 1. 38   Celsus 3 dig.

In fundo alieno, quem imprudens emeras, aedificasti aut conseruisti, deinde evincitur: bonus iudex varie ex personis causisque constituet. finge et dominum eadem facturum fuisse: reddat impensam, ut fundum recipiat, usque eo dumtaxat, quo pretiosior factus est, et si plus pretio fundi accessit, solum quod impensum est. finge pauperem, qui, si reddere id cogatur, laribus sepulchris avitis carendum habeat: sufficit tibi permitti tollere ex his rebus quae possis, dum ita ne deterior sit fundus, quam si initio non foret aedificatum. constituimus vero, ut, si paratus est dominus tantum dare, quantum habiturus est possessor his rebus ablatis, fiat ei potestas: neque malitiis indulgendum est, si tectorium puta, quod induxeris, picturasque corradere velis, nihil laturus nisi ut officias. finge eam personam esse domini, quae receptum fundum mox venditura sit: nisi reddit, quantum prima parte reddi oportere diximus, eo deducto tu condemnandus es.

C. 3. 32. 5. 1   Imp. Gordianus A. Herasiano

Eius autem quod impendit rationem haberi non posse merito rescriptum est, cum malae fidei possessores eius quod in rem alienam impendunt, non eorum negotium gerentes quorum res est, nullam habeant repetitionem, nisi necessarios sumptus fecerint: sin autem utiles, licentia eis permittitur sine laesione prioris status rei eos auferre.

PP. II id. Fedr. Gordiano A. et Aviola conss. <a. 239>

4. 物的返还

而获得保护。因允许抵销（compensatio），该所有权人应当偿付超过改良土地所得孳息的费用。

D. 6, 1, 38　杰尔苏：《学说汇纂》第 3 卷

你在不知情的情况下从非所有权人处购买了土地并在其上建筑或者植树，后来土地被所有权人收回。一个好的法官将根据不同的人和情况做出判决。假如所有权人本来要做你所做的事，为收回土地他应当偿付你的费用，但其数额仅限于土地的增值部分；如果土地的增值部分超过了你花费的费用，他只支付你所花费的费用。假若所有权人是一个穷人，若迫使他偿付那笔费用将使之丧失其家庭的神像及祖先的坟墓，那么只允许你拆走你能拆走的那些物，只要这样做不会使土地的状况比建筑前的状况更糟。我们认为，如果所有权人准备支付占有人将拆走的那些物的价金，他有权这么做。占有人不得恶意拆走那些物，比如，你想拆走你建造的房顶或者拿走画无别的目的，只是为了造成损害。如果所有人一收回土地就将它出卖，如果他未支付前述的他应当支付的费用，便应当从判决由你负担的费用中减去这笔费用。

C. 3, 32, 5, 1　高尔迪安皇帝致埃拉西亚努斯

有人曾正确地批复道，恶意占有人不能像他人事务的管理人那样请求偿付花费于他人之物上的费用，除非它们是必需费用（necessarius sumptus）。然而，若是有益的费用（utilis sumptus），则允许扣除它们，只要这样做不会改变物原来的状态。

（239 年，高尔迪安皇帝和阿威沃拉执政）

4. De rei vindicatione

4. 5. 3 Si res deterior facta sit

D. 6. 1. 13 Ulpianus 16 ad ed.

Non solum autem rem restitui, verum et si deterior res sit facta, rationem iudex habere debebit: finge enim debilitatum hominem vel verberatum vel vulneratum restitui: utique ratio per iudicem habebitur, quanto deterior sit factus. quamquam et legis aquiliae actione conveniri possessor possit: unde quaeritur an non alias iudex aestimare damnum debeat, quam si remittatur actio legis aquiliae. et Labeo putat cavere petitorem oportere lege aquilia non acturum, quae sententia vera est.

D. 6. 1. 36. 1 Gaius 7 ad ed. provinc.

Qui in rem convenitur, etiam culpae nomine condemnatur. culpae autem reus est possessor, qui per insidiosa loca servum misit, si is periit, et qui servum a se petitum in harena esse concessit, et is mortuus sit: sed et qui fugitivum a se petitum non custodit, si is fugit, et qui navem a se petitam adverso tempore navigatum misit, si ea naufragio perempta est.

D. 6. 1. 17pr. Ulpianus 16 ad ed.

Iulianus libro sexto digestorum scribit, si hominem, qui Maevii erat, emero a Titio, deinde cum eum Maevius a me peteret, eundem vendidero eumque emptor occiderit, aequum esse me pretium Maevio restituere.

D. 6. 1. 15. 3 Ulpianus 16 ad ed.

Si servus petitus vel animal aliud demortuum sit sine dolo malo et culpa possessoris, pretium non esse praestandum plerique aiunt: sed est verius, si forte distracturus erat petitor si accepisset, moram passo debere

4. 物的返还

4.5.3 物是否遭受损害

D. 6, 1, 13　乌尔比安：《告示评注》第 16 卷
法官不仅要考虑物被归还，而且还要考虑物是否遭受了损害。假如被归还的是一个被折磨得虚弱了的、受过拷打的或者受了伤的奴隶，法官将考虑其价值的减少，尽管占有人还可能被提起阿奎利亚法之诉（legis Aquiliae actio）。由此产生的问题是：是否只有放弃阿奎利亚法之诉法官才应对这一损失并予以估价？拉贝奥认为，原告应当担保他将不根据阿奎利亚法提起诉讼。此观点是正确的。

D. 6, 1, 36, 1　盖尤斯：《行省告示评注》第 7 卷
被提起对物之诉的人将因其过失（culpa）而被判决承担责任。如果占有人将一个被请求返还的奴隶派往危险的地方，该奴隶死了；或者允许被请求返还的奴隶在露天剧场角斗，该奴隶被杀死了；或者未看守被请求返还的逃亡奴隶，该奴隶逃跑了；或者正当天气不好的时候派被请求返还的船出海，该船在海难中沉没了，[上述情况均是]他有过错。

D. 6, 1, 17pr.　乌尔比安：《告示评注》第 16 卷
尤里安在《学说汇纂》第 6 卷中写道：如果我从提裘斯那里买了一个属于迈威乌斯的人，随后，在麦维尤通过诉讼向我提出返还要求时，我已经卖掉了这个人且买主已经将其杀死，那么，公平的做法是我要把因卖此人而获得的价金返还给迈威乌斯。

D. 6, 1, 15, 3　乌尔比安：《告示评注》第 16 卷
如果被请求返还的奴隶或者其他动物非因占有人的故意及过失而死亡，很多法学家认为，他不应当偿付价金。但[更正确的观点]是，倘若原告得到了它，便会卖掉它，因此被告应当对交付迟

4. De rei vindicatione

praestari: nam si ei restituisset, distraxisset et pretium esset lucratus.

D. 6. 1. 10   Paulus 21 ad ed.

Si res mobilis petita sit, ubi restitui debeat, scilicet si praesens non sit? et non malum est, si bonae fidei possessor sit is cum quo agitur, aut ibi restitui ubi res sit: aut ubi agitur: sed sumptibus petitoris, qui extra cibaria in iter vel navigationem faciendi sunt.

D. 6. 1. 12   Paulus 21 ad ed.

Si vero malae fidei sit possessor, qui in alio loco eam rem nactus sit, idem statui debet: si vero ab eo loco, ubi lis contestata est, eam substractam alio transtulerit, illic restituere debet, unde subtraxit, sumptibus suis.

4. 5. 4   Manu militari

D. 6. 1. 68   Ulpianus 51 ad ed.

Qui restituere iussus iudici non paret contendens non posse restituere, si quidem habeat rem, manu militari officio iudicis ab eo possessio transfertur et fructuum dumtaxat omnisque causae nomine condemnatio fit. si vero non potest restituere, si quidem dolo fecit quo minus possit, is, quantum adversarius in litem sine ulla taxatione in infinitum iuraverit, damnandus est. si vero nec potest restituere nec dolo fecit quo minus possit, non pluris quam quanti res est, id est quanti adversarii interfuit, condemnandus est. haec sententia generalis est et ad omnia, sive interdicta, sive actiones in rem sive in personam sunt, ex quibus arbitratu iudicis quid restituitur, locum habet.

延（mora）负责。因为，如果他返还了它，原告本来可以卖掉它而赚回价金。

D. 6, 1, 10　保罗：《告示评注》第 21 卷

如果就一件动产提起返还之诉，它却不在现场，那么它应当在何处被返还？假如被告是一个善意占有人，该物可以在物之所在地或者诉讼进行地被返还，但在此情况下，除食物外，有关陆上或者水上的必需费用应由原告负担。这是一条不坏的规则。

D. 6, 1, 12　保罗：《告示评注》第 21 卷

如果被告是在另一个地方取得物的恶意占有人，应适用同样的规则。但如果他将物从诉讼进行地搬运至别的地方，他应当以自己的费用将之运回原地。

4.5.4　强制剥夺

D. 6, 1, 68　乌尔比安：《告示评注》第 51 卷

被责令返还财物的一方拒不服从法官命令，并坚持认为他不能返还，如果他占有该物，那么法官将根据职权强制剥夺其占有，并将判决他返还被占有物所生的孳息和一切利益。若不能返还是其故意设法造成的，判决他赔偿的数额应当是对方宣誓确定的数额，此数额无最高额的限制；如果不能返还并非其故意所致，判决他赔偿的数额便不得超过物的价值额，即对方的利益额。这是一个一般原则，它适用于法官责令返还财物的一切令状、对物之诉和对人之诉。

4. De rei vindicatione

4. 5. 5   Res sine dolo amissa

D. 6. 1. 63   Papinianus 12 quaest.

Si culpa, non fraude quis possessionem amiserit, quoniam pati debet aestimationem, audiendus erit a iudice, si desideret, ut adversarius actione sua cedat: cum tamen praetor auxilium quandoque laturus sit quolibet alio possidente, nulla captione adficietur. ipso quoque, qui litis aestimationem perceperit, possidente debet adiuvari: nec facile audiendus erit ille, si velit postea pecuniam, quam ex sententia iudicis periculo iudicati recepit, restituere.

D. 6. 1. 58pr.   Paulus 3 epit. Alf. dig.

A quo servus petebatur et eiusdem servi nomine cum eo furti agebatur, quaerebat, si utroque iudicio condemnatus esset, quid se facere oporteret. si prius servus ab eo evictus esset, respondit, non oportere iudicem cogere, ut eum traderet, nisi ei satisdatum esset, quod pro eo homine iudicium accepisset, si quid ob eam rem datum esset, id recte praestari. sed si prius de furto iudicium factum esset et hominem noxae dedisset, deinde de ipso homine secundum petitorem iudicium factum esset, non debere ob eam rem iudicem, quod hominem non traderet, litem aestimare, quoniam nihil eius culpa neque dolo contigisset, quo minus hominem traderet.

4. 物的返还

4.5.5 因诈欺而丧失的物

D. 6, 1, 63　帕比尼安:《问题集》第 12 卷

如果一个人因其过失而非因其欺诈丧失了占有,那么由于他应当偿付丧失了占有之物的估价金(aestimatio),因而若他请求对方把诉权转让给他,其请求应当得到法官的同意。因裁判官将随时向他提供帮助,故不论谁占有物,他都不会遭受损失。当接受补偿的价金的人占有物时他应当得到帮助,若前者后来想退还其冒着案件终决的危险而依法官判决接受的价金,其要求不应被接受。

D. 6, 1, 58pr.　保罗:《阿尔芬努斯学说汇纂摘要》第 3 卷

被提起返还奴隶之诉同时因该奴隶盗窃而被起诉的人问:如果他在这两个诉讼中都被判决承担责任,他该怎么办?我的回答是:假如第一个诉讼是返还奴隶之诉,法官不能迫使他交出奴隶,除非法官向他保证若根据另一个诉讼的判决,他因交付赔偿金,而将被免于承担该赔偿责任。然而,如果第一个诉讼是盗窃之诉,他已对该奴隶实行损害投偿,而另一个原告仍就同一个奴隶提起返还之诉,那么法官不能因被告未返还奴隶而判其交付一笔赔偿金,因为就未返还奴隶而言,被告既无故意又无过失。

5. De ceteris in rem actionibus
(D. 7. 6 ; D. 8. 5)

D. 7. 6. 5pr.   Ulpianus 17 ad ed.

Uti frui ius sibi esse solus potest intendere, qui habet usum fructum, dominus autem fundi non potest, quia qui habet proprietatem, utendi fruendi ius separatum non habet: nec enim potest ei suus fundus servire: de suo enim, non de alieno iure quemque agere oportet. quamquam enim actio negativa domino competat adversus fructuarium, magis tamen de suo iure agere videtur quam alieno, cum invito se negat ius esse utendi fructuario vel sibi ius esse prohibendi. quod si forte qui agit dominus proprietatis non sit, quamvis fructuarius ius utendi non habet, vincet tamen iure, quo possessores sunt potiores, licet nullum ius habeAnt.

D. 8. 5. 8. 5   Ulpianus 17 ad ed.

Aristo Cerellio Vitali respondit non putare se ex taberna casiaria fumum in superiora aedificia iure immitti posse, nisi ei rei servitutem talem admittit. Idemque ait: et ex superiore in inferiora non aquam, non quid aliud immitti licet: in suo enim alii hactenus facere licet, quatenus nihil in alienum immittat, fumi autem sicut aquae esse immissionem: posse igitur superiorem cum inferiore agere ius illi non esse id ita facere. Alfenum denique scribere ait posse ita agi ius illi non esse in suo lapidem caedere, ut in meum fundum fragmenta cadant. dicit igitur Aristo eum,

5. 他物权之诉
（D.7,6；D.8,5）

D.7,6,5pr. 乌尔比安：《告示评注》第17卷

只有享有用益权的人才能提起用益权之诉。土地所有权人不能提起该诉讼，因为享有所有权的人并非单独享有物之用益权。事实上，一个人的土地不能成为对他自己有利的役权的客体。每个人都应当根据他自己的权利而非他人的权利提起诉讼。所有权人实际上可以对用益权人提起排除妨碍之诉（actio negatoria）。当他认为用益权人无权违背其意志使用物或者认为他有权限制他时，他被视为在根据他自己的权利而非他人的权利提起诉讼。若发生提起诉讼的人非物之所有权人的情况，那么尽管用益权人无用益权，但根据占有人即使无任何权利也将受到优待的法律规定，他仍将胜诉。

D.8,5,8,5 乌尔比安：《告示评注》第17卷

阿里斯托回答切雷流斯·韦达里斯说：只要上面的建筑物有排烟役权负担，奶酪作坊的烟就可以被合法地排往位于其上的建筑物。他还认为，将水或者别的物从高地排放到低地上并非合法，因为一个人只许在他自己的财产上从事活动，而不能将某物排放到他人财产上。排烟就像排水一样，因而高地的所有权人可以对低地的所有权人提起诉讼，主张后者无权排烟。最后他说，阿尔芬努斯写道，人们可以提起诉讼主张一个人无权在其土地劈石而将碎石掉到我的土地上。因此，阿里斯托认为，向敏图纳家租了一个奶酪作坊

5. De ceteris in rem actionibus

qui tabernam casiariam a Minturnensibus conduxit, a superiore prohiberi posse fumum immittere, sed Minturnenses ei ex conducto teneri: agique sic posse dicit cum eo, qui eum fumum immittat, ius ei non esse fumum immittere. ergo per contrarium agi poterit ius esse fumum immittere: quod et ipsum videtur Aristo probare. sed et interdictum uti possidetis poterit locum habere, si quis prohibeatur, qualiter velit, suo uti.

D. 8. 5. 8. 6 Ulpianus 17 ad ed.

Apud Pomponium dubitatur libro quadragensimo primo lectionum, an quis possit ita agere licere fumum non gravem, puta ex foco, in suo facere aut non licere. et ait magis non posse agi, sicut agi non potest ius esse in suo ignem facere aut sedere aut lavare.

5. 他物权之诉

的人可能被位于其上的人阻止排烟,但是敏图纳家应基于租赁之诉向他承担责任。他说,人们可以对排烟之人提起诉讼,主张他无权排烟;反之,人们也可以提起有权排烟之诉。阿里斯托也赞同此观点。然而,如果一个人按其愿望使用他自己的财产而受到妨碍,他可使用保护不动产占有令状(interdictum uti possidetis)。

D. 8, 5, 8, 6　乌尔比安:《告示评注》第 17 卷

彭波尼在《各种片段引述》第 41 卷提出一个问题,即一个人是否可以提起诉讼以主张他有权在自己的土地上制造非大量的烟,如因生火而产生的烟?他认为,占统治地位的观点认为,不能提起该诉讼,就像一个人不能提起诉讼以主张他有权在自己的土地上升火、坐或者洗刷一样。

6. Finium regundorum
(D. 10. 1)

D. 10. 1. 1　Paulus 23 ad ed.

Finium regundorum actio in personam est, licet pro vindicatione rei est.

D. 10. 1. 4. 10　Paulus 23 ad ed.

Hoc iudicium locum habet in confinio praediorum rusticorum: nam in confinio praediorum urbanorum displicuit, neque enim confines hi, sed magis vicini dicuntur et ea communibus parietibus plerumque disterminantur. et ideo et si in agris aedificia iuncta sint, locus huic actioni non erit: et in urbe hortorum latitudo contingere potest, ut etiam finium regundorum agi possit.

D. 10. 1. 4. 8　Paulus 23 ad ed.

Non solum autem inter duos fundos, verum etiam inter tres pluresve fundos accipi iudicium finium regundorum potest: ut puta singuli plurium fundorum confines sunt, trium forte vel quattuor.

D. 10. 1. 4. 9　Paulus 23 ad ed.

Finium regundorum actio et in agris vectigalibus et inter eos qui usum fructum habent vel fructuarium et dominum proprietatis vicini fundi et inter eos qui iure pignoris possident competere potest.

D. 10. 1. 8. 1　Ulpianus 6 opin.

Ad officium de finibus cognoscentis pertinet mensores mittere et

6. 调整地界之诉
（D.10,1）

D.10,1,1　保罗：《告示评注》第23卷
调整地界之诉（finium regundorum actio）是对人之诉，尽管其目的是要求归还物。

D.10,1,4,10　保罗：《告示评注》第23卷
这种诉讼用于调整乡村土地的地界，而非用于调整城市土地的地界，因为在城市，人们常谈及的不是土地的邻接而是房地产的相邻，且城市的土地一般被共有的墙分开。因此，虽然在农村，房屋邻接在一起，但不能适用该诉讼；在城市为拓宽花园而调整地界也可提起该诉讼。

D.10,1,4,8　保罗：《告示评注》第23卷
此外，调整地界之诉不仅可用于调整两块土地之间的地界，而且还可以用于调整三块或者更多块土地之间的地界，比如，有很多块土地，也许是三块或者四块，共有一条地界。

D.10,1,4,9　保罗：《告示评注》第23卷
调整地界之诉还可以适用于税地（ager vectigalis），并可在享有土地用益权的人之间、用益权人与邻地所有权人之间以及根据质权而占有土地的人之间适用。

D.10,1,8,1　乌尔比安：《意见集》第6卷
被指定参与调整地界之诉的法官的职责是：委派土地测量员，

6. Finium regundorum

per eos dirimere ipsam finium quaestionem, ut aequum est, si ita res exigit, oculisque suis subiectis locis.

D. 10. 1. 2. 1   Ulpianus 19 ad ed.

Iudici finium regundorum permittitur, ut, ubi non possit dirimere fines, adiudicatione controversiam dirimat: et si forte amovendae veteris obscuritatis gratia per aliam regionem fines dirigere iudex velit, potest hoc facere per adiudicationem et condemnationem.

D. 10. 1. 3   Gaius 7 ad ed. provinc.

Quo casu opus est, ut ex alterutrius praedio alii adiudicandum sit, quo nomine is cui adiudicatur in vicem pro eo quod ei adiudicatur certa pecunia condemnandus est.

D. 10. 1. 4. 1   Paulus 23 ad ed.

In iudicio finium regundorum etiam eius ratio fit quod interest. quid enim si quis aliquam utilitatem ex eo loco percepit, quem vicini esse appareat? non inique damnatio eo nomine fiet. sed et si mensor ab altero solo conductus sit, condemnatio erit facienda eius, qui non conduxit, in partem mercedis.

D. 10. 1. 4. 2   Paulus 23 ad ed.

Post litem autem contestatam etiam fructus venient in hoc iudicio: nam et culpa et dolus exinde praestantur: sed ante iudicium percepti non omnimodo hoc in iudicium venient: aut enim bona fide percepit, et lucrari eum oportet, si eos consumpsit, aut mala fide, et condici oportet.

D. 10. 1. 8pr.   Ulpianus 6 opin.

Si irruptione fluminis fines agri confudit inundatio ideoque usurpandi quibusdam loca, in quibus ius non habent, occasionem praestat, praeses provinciae alieno eos abstinere et domino suum restitui terminosque per mensorem declarari iubet.

6. 调整地界之诉

并通过他们公正地解决地界争端；如果情况需要，法官应当亲自测量。

D. 10, 1, 2, 1　乌尔比安：《告示评注》第 19 卷

被任命调整地界的法官无法识别地界时，他可以通过解决争端（controversia）的裁定（adiudicatio）来确定地界。若为消除旧地界的模糊不清，法官出于划分新地界的考虑，可通过裁决和承担财产责任的判决为之。

D. 10, 1, 3　盖尤斯：《行省告示评注》第 7 卷

在该情况下，两人中一人土地的一部分可以判给另一个人。鉴于此，根据判决获得土地的人，同时应当被判决支付一笔特定数额的金钱，以作为对判给他的土地的补偿。

D. 10, 1, 4, 1　保罗：《告示评注》第 23 卷

在调整地界之诉中，还要考虑到与土地有关的利益。既然如此，如果一个人后来被发现是从邻居土地上获取了利益，该怎么办？他因此被判决承担返还责任并非不公平，但若土地测量员仅受一方邀请，未邀请他的另一方应当被判决支付一笔酬金。

D. 10, 1, 4, 2　保罗：《告示评注》第 23 卷

在争讼期之后，孳息也将被包括在此诉讼内，因为从那时起，一个人取得孳息被视为有故意或者过失。但在诉讼前获得的孳息不能被包括在此诉讼内。因为，若一个人善意取得它们，孳息属于取得者，他有权使用它们；若恶意取得它们，孳息需通过请求给付的对人之诉（condictio）被请求返还。

D. 10, 1, 8pr.　乌尔比安：《意见集》第 6 卷

如果河岸决口，河水泛滥模糊了地界，致使一些人乘机侵占了他们无权享有的土地，那么行省长官将命令每个人不得染指别人的土地，要将自己侵占的土地返还所有权人，并通过土地测量员明确土地的界线。

151

7. De operis novi nunciatione et de remissionibus

7. 1 Opus novum
(D. 39. 1)

D. 39. 1. 1pr.   Ulpianus 52 ad ed.

Hoc edicto promittitur, ut, sive iure sive iniuria opus fieret, per nuntiationem inhiberetur, deinde remitteretur prohibitio hactenus, quatenus prohibendi ius is qui nuntiasset non haberet.

D. 39. 1. 1. 1   Ulpianus 52 ad ed.

Hoc autem edictum remediumque operis novi nuntiationis adversus futura opera inductum est, non adversus praeterita, hoc est adversus ea quae nondum facta sunt, ne fiant: nam si quid operis fuerit factum, quod fieri non debuit, cessat edictum de operis novi nuntiatione et erit transeundum ad interdictum 'quod vi aut clam factum erit ut restituatur', et 'quod in loco sacro religiosove' et 'quod in flumine publico ripave publica factum erit' : nam his interdictis restituetur, si quid illicite factum est.

D. 39. 1. 1. 11   Ulpianus 52 ad ed.

Opus novum facere videtur, qui aut aedificando aut detrahendo aliquid pristinam faciem operis mutat.

7. 新施工警告与撤销

7.1 新施工
（D. 39, 1）

D. 39, 1, 1pr. 乌尔比安:《告示评注》第 52 卷

以此告示保证：如果一项施工不管是被合法地进行还是被非法地进行都为警告所禁止，那么禁止将在发出警告的人无权禁止的范围内被取消。

D. 39, 1, 1, 1 乌尔比安:《告示评注》第 52 卷

此告示和由新施工警告（operis novi nuntiatio）构成的补救措施针对的是未来的施工而非已完成的施工，即尚未进行而不希望进行的施工。因此，如果有些不应进行的施工已被进行，便不适用关于新施工警告的告示，而应求助于"暴力或者欺瞒令状""将在圣地或者安魂之地进行的施工恢复原状的令状"及"将在公共河流上或者其岸上进行的施工恢复原状的令状"。因为，通过这些令状非法进行的施工将被恢复原状。

D. 39, 1, 1, 11 乌尔比安:《告示评注》第 52 卷

某人通过建造或者拆除某一部分的方式，改变了建筑物的原有结构，被认为是在从事新施工。

7. De operis novi nunciatione et de remissionibus

D. 39. 1. 1. 12　Ulpianus 52 ad ed.

Hoc autem edictum non omnia opera complectitur, sed ea sola, quae solo coniuncta sunt, quorum aedificatio vel demolitio videtur opus novum continere. idcirco placuit, si quis messem faciat, arborem succidat, vineam putet, quamquam opus faciat, tamen ad hoc edictum non pertinere, quia ad ea opera, quae in solo fiunt, pertinet hoc edictum.

D. 39. 1. 1. 13　Ulpianus 52 ad ed.

Si quis aedificium vetus fulciat, an opus novum nuntiare ei possumus, videamus. et magis est, ne possimus: hic enim non opus novum facit, sed veteri sustinendo remedium adhibet.

7.2　Actor
（D. 39. 1）

D. 39. 1. 1. 16　Ulpianus 52 ad ed.

Nuntiatio fit aut iuris nostri conservandi causa aut damni depellendi aut publici iuris tuendi gratia.

D. 39. 1. 1. 17　Ulpianus 52 ad ed.

Nuntiamus autem, quia ius aliquid prohibendi habemus: vel ut damni infecti caveatur nobis ab eo, qui forte in publico vel in privato quid molitur: aut si quid contra leges edictave principum, quae ad modum aedificiorum facta sunt, fiet, vel in sacro vel in loco religioso, vel in publico ripave fluminis, quibus ex causis et interdicta proponuntur.

7. 新施工警告与撤销

D. 39, 1, 1, 12　乌尔比安:《告示评注》第 52 卷

这种告示并不包括所有的施工。只有建筑或者拆除定着于土地上之物的施工才被视为新施工。因此人们知道，如果一个人收割庄稼、砍伐树木或者修剪葡萄园，那么尽管他在从事一项工作，但该项工作不属于此告示的范围，因为该告示涉及的是在土地上进行的前述施工。

D. 39, 1, 1, 13　乌尔比安:《告示评注》第 52 卷

如果一个人在支撑一个古建筑物，让我们想想，我们是否可以向他发出一个新施工警告？比较正确的观点是，我们不能，因为此人不是在进行新的施工，而是在采用一种补救办法支撑那个建筑物。

7.2　原告
（D. 39, 1）

D. 39, 1, 1, 16　乌尔比安:《告示评注》第 52 卷

发出这种警告，或是为了保护我们的权利（ius），或是为防止损害（damnum）的发生，或是为了维护公众的权利（publicum ius）。

D. 39, 1, 1, 17　乌尔比安:《告示评注》第 52 卷

我们发出警告，或因我们享有某种禁止权（ius prohibendi），比如，为了从公开地或者秘密地从事一项施工的人那里获得潜在损害担保；或因一项施工的进行将违反为调整建筑而颁布的法律、皇帝的敕令；或因一项施工将在圣地、安魂之地、公共场所或者河岸上进行。在后一种情况下还可以发布令状。

7. De operis novi nunciatione et de remissionibus

D. 39. 1. 5. 11   Ulpianus 52 ad ed.

Si quis rivos vel cloacas velit reficere vel purgare, operis novi nuntiatio merito prohibetur, cum publicae salutis et securitatis intersit et cloacas et rivos purgari.

D. 39. 1. 5. 12   Ulpianus 52 ad ed.

Praeterea generaliter praetor cetera quoque opera excepit, quorum mora periculum aliquod allatura est: nam in his quoque contemnendam putavit operis novi nuntiationem. quis enim dubitat multo melius esse omitti operis novi nuntiationem, quam impediri operis necessarii urguentem extructionem? totiens autem haec pars locum habet, quotiens dilatio periculum allatura est.

D. 39. 1. 1. 19   Ulpianus 52 ad ed.

Iuris nostri conservandi aut damni depellendi causa opus novum nuntiare potest is ad quem res pertinet.

D. 43. 25. 1. 3   Ulpianus 71 ad ed.

Ius habet opus novum nuntiandi, qui aut dominium aut servitutem habet.

D. 39. 1. 3. 4   Ulpianus 52 ad ed.

Si in publico aliquid fiat, omnes cives opus novum nuntiare possunt :

D. 39. 1. 4   Paulus 48 ad ed.

Nam rei publicae interest quam plurimos ad defendendam suam causam admittere.

7. 新施工警告与撤销

D. 39, 1, 5, 11　乌尔比安：《告示评注》第 52 卷

如果有人想修理或者清理水管或者下水道，禁止向他发出新施工警告是完全正确的，因为清理水管和下水道涉及公众在健康和安全方面的利益。

D. 39, 1, 5, 12　乌尔比安：《告示评注》第 52 卷

此外，裁判官通常还将因施工迟延而产生某种危险的其他施工排除在外，因为他认为对这些施工不应适用新施工警告。实际上谁会怀疑禁止发出新施工警告比阻止进行迫切需要进行的施工好得多呢？然而，只有施工迟延会引起危险的，才适用此规定。

D. 39, 1, 1, 19　乌尔比安：《告示评注》第 52 卷

为了保护我们的权利或者为了防止损害，物之所有权人可以发出新施工警告。

D. 43, 25, 1, 3　乌尔比安：《告示评注》第 71 卷

享有所有权或者役权的人有权发出新施工警告。

D. 39, 1, 3, 4　乌尔比安：《告示评注》第 52 卷

若一施工在公共场所进行，每个市民皆可发出新施工警告。

D. 39, 1, 4　保罗：《告示评注》第 48 卷

因涉及公众利益，故允许尽可能多的人保护该利益。

7. De operis novi nunciatione et de remissionibus

D. 39. 1. 5. 3　Ulpianus 52 ad ed.

Nuntiari autem non utique domino oportet: sufficit enim in re praesenti nuntiari ei, qui in re praesenti fuerit, usque adeo, ut etiam fabris vel opificibus, qui eo loci operantur, opus novum nuntiari possit. et generaliter ei nuntiari opus novum potest, qui in re praesenti fuit domini operisve nomine, neque refert, quis sit iste vel cuius condicionis qui in re praesenti fuit: nam et si servo nuntietur vel mulieri vel puero vel puellae, tenet nuntiatio: sufficit enim in re praesenti operis novi nuntiationem factam sic, ut domino possit renuntiari.

7. 3　Adversarium
(D. 39. 1)

D. 39. 1. 1. 6　Ulpianus 52 ad ed.

In operis autem novi nuntiatione possessorem adversarium facimus.

7. 4　Modus nuntiandi
(D. 39. 1)

D. 39. 1. 1. 2　Ulpianus 52 ad ed.

Nuntiatio ex hoc edicto non habet necessariam praetoris aditionem: potest enim nuntiare quis et si eum non adierit.

D. 39. 1. 8. 2　Paulus 48 ad ed.

Si, cum possem te iure prohibere, nuntiavero tibi opus novum, non

7. 新施工警告与撤销

D. 39, 1, 5, 3　乌尔比安:《告示评注》第 52 卷

无需向所有权人发出警告,向在施工现场的人发出警告即可,甚至可以向在施工现场劳动的建筑者或者工匠发出新施工警告。通常可以向以主人名义或者以施工名义在施工现场的人发出新施工警告,此人的身份和地位并不重要,因为即使向一个奴隶、一个女人、一个未达适婚年龄的男孩或者女孩发出警告也是有效的,只要新施工警告在施工现场发布,便可以被传达给他们的主人。

7.3　相对方
（D. 39, 1）

D. 39, 1, 1, 6　乌尔比安:《告示评注》第 52 卷
然而,通过新施工警告,我们使对方处于占有人的地位。

7.4　警告的方式
（D. 39, 1）

D. 39, 1, 1, 2　乌尔比安:《告示评注》第 52 卷
根据此告示,发出新施工警告不必求助于裁判官,因为一个人即使不求助于裁判官,也可发出该警告。

D. 39, 1, 8, 2　保罗:《告示评注》第 48 卷
如果我可以合法地禁止你施工,我将向你发出新施工警告。你

7. De operis novi nunciatione et de remissionibus

alias aedificandi ius habebis, quam si satisdederis.

7. 5   Quod factum est, restituas
(D. 39. 1 ; D. 43. 25)

D. 39. 1. 20. 3   Ulpianus 71 ad ed.

Ait praetor : 'quod factum est, restituas.' quod factum est, iubet restitui, neque interest, iure factum sit an non: sive iure factum est sive non iure factum est, interdictum locum habebit.

D. 43. 25. 1. 2   Ulpianus 71 ad ed.

Et verba praetoris ostendunt remissionem ibi demum factam, ubi nuntiatio non tenet, et nuntiationem ibi demum voluisse praetorem tenere, ubi ius est nuntianti prohibere, ne se invito fiat. ceterum sive satisdatio interveniat sive non, remissio facta hoc tantum remittit, in quo non tenuit nuntiatio. plane si satisdatum est, exinde remissio facta est, non est necessaria remissio.

D. 39. 1. 1. 7   Ulpianus 52 ad ed.

Sed si is, cui opus novum nuntiatum est, ante remissionem aedificaverit, deinde coeperit agere ius sibi esse ita aedificatum habere, praetor actionem ei negare debet et interdictum in eum de opere restituendo reddere.

D. 39. 1. 20. 6   Ulpianus 71 ad ed.

Hoc interdictum perpetuo datur et heredi ceterisque successoribus competit.

7. 新施工警告与撤销

只有提供了担保,才有权进行建筑。

7.5 将已进行的施工恢复原状
（D.39,1；D.43,25）

D.39,1,20,3　乌尔比安:《告示评注》第71卷
裁判官说:"你应当将已进行的施工恢复原状。"他命令将已进行的施工恢复原状,该施工是否合法地进行并不重要。无论施工是合法地进行还是非法地进行,此令状皆适用。

D.43,25,1,2　乌尔比安:《告示评注》第71卷
裁判官的话表明:新施工警告一旦被撤销,便失去其效力；新施工警告在发出警告的人有权禁止违背其意志施工的场合有效。此外,不管施工者是否提供了担保（satisdatio）,新施工警告的撤销只导致其失效。显然,如果施工者已提供了担保,便无必要撤销新施工警告。

D.39,1,1,7　乌尔比安:《告示评注》第52卷
但是,若接到新施工警告的人在警告被撤销前进行建筑,后来为确认他有权保持其建筑之物提起诉讼,那么裁判官应驳回其起诉,并向他发出将施工恢复原状的令状。

D.39,1,20,6　乌尔比安:《告示评注》第71卷
此令状不因时间的经过而失去效力。继承人及其他接受遗产的人可使用此令状。

7. De operis novi nunciatione et de remissionibus

D. 39. 1. 22   Marcellus 15 dig.

Cui opus novum nuntiatum est, ante remissam nuntiationem opere facto decessit: debet heres eius patientiam destruendi operis adversario praestare: nam et in restituendo huiusmodi opere eius, qui contra edictum fecit, poena versatur, porro autem in poenam heres non succedit.

D. 39. 1. 23   Iavolenus 7 epist.

Is, cui opus novum nuntiatum erat, vendidit praedium: emptor aedificavit: emptorem an venditorem teneri putas, quod adversus edictum factum sit? respondit: cum operis novi nuntiatio facta est, si quid aedificatum est, emptor, id est dominus praediorum tenetur, quia nuntiatio operis non personae fit et is demum obligatus est, qui eum locum possidet, in quem opus novum nuntiatum est.

7. 新施工警告与撤销

D. 39, 1, 22　马尔切勒:《学说汇纂》第 15 卷

被发出新施工警告的人于施工后、警告被撤销前死亡,其继承人应当容忍对方拆除施工物,因为违反告示不进行施工的人应当承担的责任是将已进行的施工恢复原状,当然,其继承人不会继承该责任。

D. 39, 1, 23　雅沃伦:《书信集》第 7 卷

被发出新施工警告的人将土地出卖,买受人进行了建筑,你认为因违反告示进行施工而应当承担责任的是出卖人还是买受人?回答是:如果在新施工警告发出时已进行了建筑,那么买受人,即土地所有权人,应当承担责任。因为,发出新施工警告不是针对某人而是针对在土地上进行的施工。因此,占有施工土地的人最终将承担责任。

8. De damno infecto

8.1 Damnum nondum factum
(D. 39. 2 ; D. 43. 23)

D. 39. 2. 2 Gaius 28 ad ed. provinc.

Damnum infectum est damnum nondum factum, quod futurum veremur.

D. 39. 2. 7. 1 Ulpianus 53 ad ed.

Hoc edictum prospicit damno nondum facto, cum ceterae actiones ad damna, quae contigerunt, sarcienda pertineant, ut in legis aquiliae actione et aliis. de damno vero facto nihil edicto cavetur: cum enim animalia, quae noxam commiserunt, non ultra nos solent onerare, quam ut noxae ea dedamus, multo magis ea, quae anima carent, ultra nos non deberent onerare, praesertim cum res quidem animales, quae damnum dederint, ipsae extent, aedes autem, si ruina sua damnum dederunt, desierint extare.

D. 39. 2. 26 Ulpianus 81 ad ed.

Proculus ait, cum quis iure quid in suo faceret, quamvis promisisset promisisset damni infecti vicino, non tamen eum teneri ea stipulatione: veluti si iuxta mea aedificia habeas aedificia eaque iure tuo

8. 潜在损害

8.1 尚未发生的损害
（D. 39, 2；D. 43, 23）

D. 39, 2, 2　盖尤斯：《行省告示评注》第 28 卷

潜在损害（damnum infectum）是尚未发生而担心将来会发生的损害。

D. 39, 2, 7, 1　乌尔比安：《告示评注》第 53 卷

此告示涉及尚未发生的损害，而其他诉讼，如阿奎利亚法之诉及别的诉讼，涉及对已发生的损害的赔偿。在此告示中对已发生的损害未作规定，因为我们对动物致人损害承担的责任通常至多为损害投偿。特别是鉴于致人损害的动物本身继续存在，而因倒塌引起损害的房屋却不复存在的事实，我们对非动物引起的损害所承担的责任不应超过类似的限度。

D. 39, 2, 26　乌尔比安：《告示评注》第 81 卷

普罗库勒认为：当一个人合法地在他自己的土地上施工时，尽管他已向其邻居就潜在损害作出允诺，然而他不会受到这一要式口约（stipulatio）的约束。比如，你有一建筑物位于我的建筑物旁，

8. De damno infecto

altius tollas, aut si in vicino tuo agro cuniculo vel fossa aquam meam avoces: quamvis enim et hic aquam mihi abducas et illic luminibus officias, tamen ex ea stipulatione actionem mihi non competere, scilicet quia non debeat videri is damnum facere, qui eo veluti lucro, quo adhuc utebatur, prohibetur, multumque interesse, utrum damnum quis faciat, an lucro, quod adhuc faciebat, uti prohibeatur. mihi videtur vera esse Proculi sententia.

D. 39. 2. 19. 1   Gaius ad ed. pretoris urbanis de damno inf.

Sive aedium vitio sive operis, quod vel in aedibus vel in loco urbano aut rustico, privato publicove fiat, damni aliquid futurum sit, curat praetor, ut timenti damnum caveatur.

D. 39. 2. 24. 2   Ulpianus 81 ad ed.

Sed ut ne quid aedium loci operisve vitio damnum factum sit, stipulatio interponitur de eo sine satisdatione: quae non solum ad totas aedes, sed etiam ad partem aedium pertinet. vitium autem aedium et loci esse Labeo ait, quod accidens extrinsecus infirmiores eas facit: denique nemo dixit palustris loci vel harenosi nomine quasi vitiosi committi stipulationem, quia naturale vitium est: et ideo nec ea stipulatio interponitur neque interposita committetur.

D. 39. 2. 24. 9   Ulpianus 81 ad ed.

Item apud Vivianum relatum est, si ex agro vicini arbores vi tempestatis confractae in meum agrum deciderint eoque facto vitibus meis vel segetibus nocent vel aedificia demoliunt, stipulationem istam, in qua haec comprehenduntur 'si quid arborum locive vitio acciderit', non esse utilem, quia non arborum vitio, sed vi ventorum damnum mihi datum est. plane si vetustate arborum hoc fiebat, possumus dicere vitio

8. 潜在损害

你有权加高它；或者你通过你土地上的水渠将我的水引到你的土地上。在后一种情况下你减少了我的水，在前一情况下你阻挡了我的光线。然而，依此要式口约我却没有诉权，因为妨碍他人享受迄今为止一直享受的利益的人不被视为在致人损害。在致人损害与妨碍享受迄今为止一直享受的利益之间存在重大区别。我认为，普罗库勒的这一观点是正确的。

D. 39, 2, 19, 1　盖尤斯：《论内事裁判官告示》关于潜在损害一章

如果因为房屋的瑕疵（vitium）或者在房屋之上、在城市或者乡村的、公共的或者私人的土地上施工的瑕疵将引起损害的，裁判官将设法使担心遭受损害的人获得要式口约。

D. 39, 2, 24, 2　乌尔比安：《告示评注》第 81 卷

为防止因房屋、场地或者施工的瑕疵而发生损害而创立了无担保之要式口约（stipulatio sine satisdatione）。此要式口约不仅适用于整个房屋，而且适用于房屋的一部分。拉贝奥认为，房屋、土地的瑕疵是由外界引起的使房屋变得不太牢固的瑕疵。从未有人认为可将沼泽地或者沙质地作为有瑕疵的地方而订立一个要式口约，因为这种瑕疵是自然瑕疵（naturale vitium），因而不能订立那种要式口约，即使订立了，也是无效。

D. 39, 2, 24, 9　乌尔比安：《告示评注》第 81 卷

韦维亚努斯同样写道：如果树从邻居土地上被暴风刮倒在我的土地上并因此给我的葡萄树或者庄稼造成了损害或者毁坏了我的建筑物，那么我不能适用其内容为"因树或者场地的瑕疵而引起损害"的要式口约，因为我的损害非因树的瑕疵引起的，而是风力所致。但是，若损害是因树的枯老而发生的，我们便可以说损害是由

8. De damno infecto

arborum damnum mihi dari.

D. 43. 23. 1. 14   Ulpianus 71 ad ed.

Sed et damni infecti cautionem pollicetur, si quid operis vitio factum est: nam sicuti reficere cloacas et purgare permittendum fuit, ita dicendum, ne damnum aedibus alienis detur.

8. 2   Cui competit stipulatio
(D. 39. 2)

D. 39. 2. 18pr.   Paulus 48 ad ed.

Damni infecti stipulatio competit non tantum ei, cuius in bonis res est, sed etiam cuius periculo res est.

D. 39. 2. 13. 3   Ulpianus 53 ad ed.

Qui damni infecti caveri sibi postulat, prius de calumnia iurare debet: quisquis igitur iuraverit de calumnia, admittitur ad stipulationem, et non inquiretur, utrum intersit eius an non, vicinas aedes habeat an non habeat. totum tamen hoc iurisdictioni praetoriae subiciendum, cui cavendum sit, cui non.

8. 3   Cui competit cautio
(D. 39. 2)

D. 39. 2. 9. 4   Ulpianus 53 ad ed.

Quaesitum est, si solum sit alterius, superficies alterius,

8. 潜在损害

树的瑕疵引起的。

D. 43, 23, 1, 14　乌尔比安:《告示评注》第71卷

但是，如果施工的瑕疵将导致损害发生的，那么他还应当允诺做出潜在损害之保证（damni infecti cautio），因为就像应当允许修理和清理下水道一样，为的是不给他人的房屋造成损害。

8.2　要求对潜在损害提供要式口约担保的主体（D. 39, 2）

D. 39, 2, 18pr.　保罗:《告示评注》第48卷

［要求做出］潜在损害之要式口约（damni infecti stipulatio）［的权利］不仅属于物之所有权人，而且属于承担损害风险的人。

D. 39, 2, 13, 3　乌尔比安:《告示评注》第53卷

要求向他提供潜在损害之要式口约的人，首先应当就虚假指控（calumnia）进行宣誓，做了这种宣誓的人才被允许获得该要式口约；他对邻居的房屋是否享有利益的问题将不被问及。然而，是否应当给予一个人要式口约，将由裁判官裁决。

8.3　缔结为潜在损害提供担保的要式口约的主体（D. 39, 2）

D. 39, 2, 9, 4　乌尔比安:《告示评注》第53卷

如果土地属于一个人而地上权属于另一个人，那么产生的问题是：是地上权人应当订立潜在损害之要式口约，还是所有权人应

8. De damno infecto

superficiarius utrum repromittere damni infecti an satisdare debeat. et Iulianus scribit, quotiens superficiaria insula vitiosa est, dominum et de soli et de aedificii vitio repromittere aut eum, ad quem superficies pertinet, de utroque satisdare: quod si uterque cesset, vicinum in possessionem mittendum.

D. 39. 2. 9. 5   Ulpianus 53 ad ed.

Celsus certe scribit, si aedium tuarum usus fructus Titiae est, damni infecti aut dominum repromittere aut Titiam satisdare debere. quod si in possessionem missus fuerit is, cui damni infecti cavendum fuit, Titiam uti frui prohibebit. idem ait eum quoque fructuarium, qui non reficit, a domino uti frui prohibendum: ergo et si de damno infecto non cavet dominusque compulsus est repromittere, prohiberi debet frui.

D. 39. 2. 24. 1a   Ulpianus 81 ad ed.

Adicitur in hac stipulatione et heredum nomen vel successorum eorumque, ad quos ea res pertinet. successores autem non solum qui in universa bona succedunt, sed et hi, qui in rei tantum dominium successerint, his verbis continentur.

D. 39. 2. 32   Gaius 28 ad ed. provinc.

Si aedibus meis proximae sint aedes meae et tuae, quaeritur, an, si hae vitium mihi faciant, cavere mihi debeas pro damno propriarum mearum aedium, scilicet pro qua parte dominus existes. et hoc plerisque placet: sed movet me, quod ipse meas aedes reficere possim et impensas pro socio aut communi dividundo iudicio pro parte consequi. nam et si unas aedes communes tecum habui eaeque vitium faciant et circa refectionem earum cessare videaris, nostri praeceptores negant cavere te debere, quia ipse reficere possim recepturus pro parte, quod impenderim,

8. 潜在损害

当订立该要式口约？尤里安写道,当建筑在他人土地上的房屋有瑕疵时,所有权人应当就土地及建筑物的瑕疵订立潜在损害之要式口约,或者地上权人应当对这两种瑕疵订立该要式口约,如果双方均未订立该要式口约,则邻居应当被允许占有它们。

D. 39, 2, 9, 5　乌尔比安:《告示评注》第 53 卷

然而杰尔苏写道,如果你的房屋用益权属于蒂兹娅,那么对潜在损害或是所有权人应当订立要式口约或是蒂兹娅应当订立要式口约。但是,若潜在损害之要式口约应被提供给他的人被特准占有房屋,他便将禁止蒂兹娅行使用益权。他又说道,未修理房屋的用益权人将被所有权人禁止行使用益权。因此,如果用益权人未提供潜在损害之要式口约,所有权人便将被迫做出该要式口约,而前者应被禁止行使用益权。

D. 39, 2, 24, 1a　乌尔比安:《告示评注》第 81 卷

在这种要式口约中还要添上继承人、其他接受遗产的人以及物将属于他的人的名字。此外,在此要式口约中,接受遗产的人(successor)不仅包括继承全部财产的人,而且包括只继承某个物的所有权的人。

D. 39, 2, 32　盖尤斯:《行省告示评注》第 28 卷

如果你和我共有的房屋与我自己的房屋邻接,产生的问题是:假如这些房屋将给我造成损害,你是否应当就共有房屋中属于你的那部分向我提供一个关于我自己房屋的损害的要式口约？很多法学家认为,你应当这么做,但我面临的事实是:我可以修理我的房屋,并通过合伙之诉或者共有物分割之诉获得应由你负担的那部分房屋修理费。因为,如果我同你共有的一栋房屋引起损害而你被认为忽视了它的修理,我们导师否认你应当提供要式口约,因为我同样也可以修理它,而且通过合伙之诉或者共有物分割之诉我可以收

171

8. De damno infecto

iudicio societatis aut communi dividundo: ideo et interpositam cautionem minus utilem futuram, quia alia ratione damnum mihi posset sarciri. et est plane nostrorum praeceptorum haec sententia, ut credamus inutilem esse damni infecti stipulationem, quo casu damnum alia actione sarciri possit: quod et in superiore casu intellegendum est.

8. 4   Missio in possessionem
(D. 39. 2)

D. 39. 2. 15. 11   Ulpianus 53 ad ed.

Ex hoc edicto si non caveatur, mittitur in possessionem a praetore in eam partem, quae ruinosa esse videtur.

D. 39. 2. 15. 30   Ulpianus 53 ad ed.

Si quis damni infecti in possessionem missus sit, fulcire eum et reficere insulam debere sunt qui putent eamque culpam praestare exemplo eius, qui pignori accepit. sed alio iure utimur: cum enim ob hoc tantum missus sit, ut vice cautionis in possessione sit, nihil ei imputari, si non refecerit.

D. 39. 2. 15. 16   Ulpianus 53 ad ed.

Iulianus scribit eum, qui in possessionem damni infecti nomine mittitur, non prius incipere per longum tempus dominium capere, quam secundo decreto a praetore dominus constituatur.

D. 39. 2. 15. 21   Ulpianus 53 ad ed.

Non autem statim ubi misit praetor in possessionem, etiam possidere iubet, sed tunc demum, cum iusta causa videbitur (ergo

8. 潜在损害

回我花费的应当由你负担的修理费用。由于我可以通过其他途径获得损害的补偿,所以订立要式口约是无用的。我们导师的观点是正确的。我们认为,在损害可通过别的诉讼而获得补偿的情况下,订立潜在损害之要式口约是无用的。

8.4 特准占有
（D. 39, 2）

D. 39, 2, 15, 11　乌尔比安:《告示评注》第 53 卷

根据此告示,如果潜在损害之要式口约未被提供,要求提供该要式口约的人将被裁判官特准占有被认为是处于毁坏状态的那部分建筑物。

D. 39, 2, 15, 30　乌尔比安:《告示评注》第 53 卷

有人认为,若为防止潜在损害一个人被特准占有的［建筑物］,他应当支撑、修理该建筑物;他若不这样做,就应当像将物作为质物接受的人那样要对其过错负责。然而,我们适用另一法学原则。我们特准他占有仅仅是因为他未获得潜在损害之要式口约,因此若他未修理它,那么没有什么应当归责于他。

D. 39, 2, 15, 16　乌尔比安:《告示评注》第 53 卷

尤里安写道:因潜在损害而被特准占有的人,在被裁判官以第二道指令指定为所有权人之前,不能开始通过时效取得物之所有权。

D. 39, 2, 15, 21　乌尔比安:《告示评注》第 53 卷

裁判官特准占有,并非命令立即占有,而是命令在具有正当理由时才进行占有,因此,应当经过一段时间才能进行占有,比如,

8. De damno infecto

intervallum aliquod debebit intercedere), quod aut pro derelicto aedes longo silentio dominus videatur habuisse aut emisso in possessionem et aliquamdiu immorato nemo caveat.

8. 5 De damno facto ante quam caveretur
(D. 39. 2)

D. 39. 2. 7. 2   Ulpianus 53 ad ed.

Unde quaeritur, si ante, quam caveretur, aedes deciderunt neque dominus rudera velit egerere eaque derelinquat, an sit aliqua adversus eum actio. et Iulianus consultus, si prius, quam damni infecti stipulatio interponeretur, aedes vitiosae corruissent, quid facere deberet is, in cuius aedes rudera decidissent, ut damnum sarciretur, respondit, si dominus aedium, quae ruerunt, vellet tollere, non aliter permittendum, quam ut omnia, id est et quae inutilia essent, auferret, nec solum de futuro, sed et de praeterito damno cavere eum debere: quod si dominus aedium, quae deciderunt, nihil facit, interdictum reddendum ei, in cuius aedes rudera decidissent, per quod vicinus compelletur aut tollere aut totas aedes pro derelicto habere.

8. 潜在损害

所有权人长时间沉默表明他放弃了房屋，或者他未向被特准占有的人提供潜在损害之要式口约的状况已持续了一段时间。

8.5 无潜在损害要式口约时的救济
（D. 39, 2）

D. 39, 2, 7, 2　乌尔比安：《告示评注》第 53 卷

因此，产生了这样的问题：如果在潜在损害之要式口约被提供前房屋倒塌了，房屋所有权人不想清除瓦砾而抛弃它们，是否可以对他提起某种诉讼？尤里安曾被咨询道，假如在潜在损害之要式口约被提供以前房屋因本身的瑕疵而倒塌，那么瓦砾落在其房屋上的人为获得损害赔偿应该怎么办？他答道，若已倒塌房屋的所有权人想清除瓦砾，那么除非他全部清除它们及无用之物，否则不应被允许；他不仅应提供关于未来损害（futurus damnus）的要式口约，而且要对已发生的损害予以赔偿。如果倒塌房屋的所有权人什么都没做，此令状应被授予瓦砾落在其房屋上的人，据此令状其邻居将被迫清除瓦砾或者被迫放弃整个房屋。

9. De aqua et aquae pluviae arcendae

9. 1 Aqua pluvia
(D. 39. 3 ; D. 43. 23)

D. 39. 3. 1pr.   Ulpianus 53 ad ed.

Si cui aqua pluvia damnum dabit, actione aquae pluviae arcendae avertetur aqua. aquam pluviam dicimus, quae de caelo cadit atque imbre excrescit, sive per se haec aqua caelestis noceat, ut Tubero ait, sive cum alia mixta sit.

9. 1. 1   Opus manu factum

D. 39. 3. 1. 1   Ulpianus 53 ad ed.

Haec autem actio locum habet in damno nondum facto, opere tamen iam facto, hoc est de eo opere, ex quo damnum timetur: totiensque locum habet, quotiens manu facto opere agro aqua nocitura est, id est cum quis manu fecerit, quo aliter flueret, quam natura soleret, si forte immittendo eam aut maiorem fecerit aut citatiorem aut vehementiorem aut si comprimendo redundare effecit. quod si natura aqua noceret, ea actione non continentur.

9. 水及雨水的排放

9.1 雨水
（D. 39, 3；D. 43, 23）

D. 39, 3, 1pr.　乌尔比安：《告示评注》第 53 卷

如果雨水将引起损害，那么它将被通过排放雨水之诉（actio aquae pluviae arcendae）而排放。我们将雨水定义为从天空掉下并因暴雨而增大之水。正如杜贝罗[1]所说，这种来自天空之水或是单独引起损害，或是同别的水结合在一起引起损害。

9.1.1 施工

D. 39, 3, 1, 1　乌尔比安：《告示评注》第 53 卷

此诉讼适用于损害尚未发生而施工已进行的情况，即适用于人们担心引起损害的施工。当水因施工而可能给田地造成损害时，即当一个人让水按非自然方式流动时，适用该诉讼。例如，通过将水放入而使水流变得比通常大、急、猛，或者通过阻止水流而引起水的泛滥。但是，如果水自然地引起损害，则不适用该诉讼。

---

[1] 公元前 1 世纪法学家。——译者

9. De aqua et aquae pluviae arcendae

D. 39. 3. 1. 10   Ulpianus 53 ad ed.

Idem aiunt, si aqua naturaliter decurrat, aquae pluviae arcendae actionem cessare: quod si opere facto aqua aut in superiorem partem repellitur aut in inferiorem derivatur, aquae pluviae arcendae actionem competere.

D. 39. 3. 1. 11   Ulpianus 53 ad ed.

Idem aiunt aquam pluviam in suo retinere vel superficientem ex vicini in suum derivare, dum opus in alieno non fiat, omnibus ius esse (prodesse enim sibi unusquisque, dum alii non nocet, non prohibetur) nec quemquam hoc nomine teneri.

D. 39. 3. 1. 12   Ulpianus 53 ad ed.

Denique Marcellus scribit cum eo, qui in suo fodiens vicini fontem avertit, nihil posse agi, nec de dolo actionem: et sane non debet habere, si non animo vicino nocendi, sed suum agrum meliorem faciendi id fecit.

D. 39. 3. 1. 21   Ulpianus 53 ad ed.

Sicut autem opus factum, ut aqua pluvia mihi noceat, in hanc actionem venit, ita per contrarium quaeritur, an posset aquae pluviae arcendae agi, si vicinus opus fecerit, ne aqua, quae alioquin decurrens agro meo proderat, huic prosit. Ofilius igitur et Labeo putant agi non posse, etiamsi intersit mea ad me aquam pervenire: hanc enim actionem locum habere, si aqua pluvia noceat, non si non prosit.

9. 1. 2   Opus manu factum colendi causa

D. 39. 3. 1. 3   Ulpianus 53 ad ed.

De eo opere, quod agri colendi causa aratro factum sit, Quintus

9. 水及雨水的排放

D. 39, 3, 1, 10　乌尔比安:《告示评注》第 53 卷

同一些法学家认为,如果水自然地流下,不适用排放雨水之诉;倘若通过已进行的施工,水被排回高地或者被引入低地,将适用排放雨水之诉。

D. 39, 3, 1, 11　乌尔比安:《告示评注》第 53 卷

同一些法学家认为:只要未在他人土地上施工,每个人都有权阻止雨水流入其土地或者阻止将邻地里流出的水引入其土地,因为并不禁止每个人进行自力救济。只要未给他人造成损害,他便不必为此承担责任。

D. 39, 3, 1, 12　乌尔比安:《告示评注》第 53 卷

最后,马尔切勒写道:不能对因在他自己土地上挖掘而改变了邻人水供应的人采取任何措施。如果他那样做并非想给邻人造成损害而是想改良自己的土地,那么邻人确实不应当提起欺诈之诉。

D. 39, 3, 1, 21　乌尔比安:《告示评注》第 53 卷

假如结果使雨水给我造成了损害的施工被包括在此诉讼内,便产生了一个相反的问题:如果我的邻居进行了一项施工,阻止以前流入我地里而对我有利的水流入我的土地,我是否可以提起排放雨水之诉? 奥菲流斯和拉贝奥认为,即使水流入我的地里对我有利,我也不能提起该诉讼,因为,此诉讼适用于雨水引起损害的情况,而不适用于雨水未带来利益的情况。

9.1.2　因耕作需要而进行的施工

D. 39, 3, 1, 3　乌尔比安:《告示评注》第 52 卷

库伊特·穆齐说,这一诉讼不适用于为耕种土地而以犁进行的

9. De aqua et aquae pluviae arcendae

Mucius ait non competere hanc actionem. Trebatius autem non quod agri, sed quod frumenti dumtaxat quaerendi causa aratro factum solum excepit.

D. 39. 3. 1. 6   Ulpianus 53 ad ed.

Sed apud Servii auditores relatum est, si quis salicta posuerit et ob hoc aqua restagnaret, aquae pluviae arcendae agi posse, si ea aqua vicino noceret.

D. 39. 3. 1. 7   Ulpianus 53 ad ed.

Labeo etiam scribit ea, quaecumque frugum fructuumque recipiendorum causa fiunt, extra hanc esse causam neque referre, quorum fructuum percipiendorum causa id opus fiat.

D. 39. 3. 1. 8   Ulpianus 53 ad ed.

Item Sabinus Cassius opus manu factum in hanc actionem venire aiunt, nisi si quid agri colendi causa fiat.

D. 39. 3. 2pr.   Paulus 49 ad ed.

In summa tria sunt, per quae inferior locus superiori servit, lex, natura loci, vetustas: quae semper pro lege habetur, minuendarum scilicet litium causa.

D. 39. 3. 2. 1   Paulus 49 ad ed.

Apud Labeonem proponitur fossa vetus esse agrorum siccandorum causa nec memoriam extare, quando facta est: hanc inferior vicinus non purgabat: sic fiebat, ut ex restagnatione eius aqua fundo nostro noceret. dicit igitur Labeo aquae pluviae arcendae cum inferiore agi posse, ut aut ipse purgaret aut te pateretur in pristinum statum eam redigere.

9. 水及雨水的排放

劳作。然而，特雷巴丘斯仅将为播种麦子而以犁进行的劳作排除于该诉讼之外。

D. 39, 3, 1, 6　乌尔比安:《告示评注》第 53 卷

塞尔维乌斯教导其弟子，如果一个人种植了若干柳树，水因此而滞流，且滞流之水给邻人造成了损害，那么他可能被提起排放雨水之诉。

D. 39, 3, 1, 7　乌尔比安:《告示评注》第 53 卷

拉贝奥也写道：为收割庄稼或者采集果实而进行的整个活动都被排除于该诉讼之外。至于从事该活动是为了获取哪种果实并不重要。

D. 39, 3, 1, 8　乌尔比安:《告示评注》第 53 卷

萨宾和卡修斯同样说道：如果从事某一施工不是为了耕种土地，该施工便将被包括在此诉讼内。

D. 39, 3, 2pr.　保罗:《告示评注》第 49 卷

总之，使低地成为高地之供役地的方式有三种：法律的规定、土地的自然位置及长期形成的习惯。为了减少争议，最后一种方式始终被认为具有法律效力。

D. 39, 3, 2, 1　保罗:《告示评注》第 49 卷

拉贝奥指出了这样一种情况：有一个坑是很久以前为排放地里的水而建造的，但无建造的时间记录，占有我们下边土地的邻人一直未清理它，因此常发生水漫出而给我们的土地造成损害的情况。拉贝奥说，不管怎样，你可以对低地的所有权人提起排放雨水之诉，以便使他清理它或者使他允许你将之恢复原状。

9. De aqua et aquae pluviae arcendae

9. 1. 3 Opus manu factum publica auctoritate

D. 39. 3. 2. 3 Paulus 49 ad ed.

Cassius autem scribit, si qua opera aquae mittendae causa publica auctoritate facta sint, in aquae pluviae arcendae actionem non venire in eademque causa esse ea, quorum memoriam vetustas excedit.

9. 2 Cui competit actio
（D. 39. 3）

D. 39. 3. 6. 4 Ulpianus 53 ad ed.

Si quis prius, quam aquae pluviae arcendae agat, dominium ad alium transtulerit fundi, desinit habere aquae pluviae arcendae actionem eaque ad eum transibit, cuius ager esse coepit: cum enim damnum futurum contineat, ad eum qui dominus erit incipiet actio pertinere, quamvis, cum alterius dominium esset, opus a vicino factum sit.

9. 3 Restitutio et damnum
（D. 39. 3 ; D. 43. 23）

D. 39. 3. 6. 5 Ulpianus 53 ad ed.

Aquae pluviae arcendae actionem sciendum est non in rem, sed personalem esse.

9. 水及雨水的排放

9.1.3 依官方命令进行的施工

D. 39, 3, 2, 3　保罗:《告示评注》第 49 卷

卡修斯写道，若一项排放雨水的施工是根据官方命令进行的，不适用排放雨水之诉；没有施工的时间记录的过去进行的施工将适用该诉。

9.2　诉讼主体
（D. 39, 3）

D. 39, 3, 6, 4　乌尔比安:《告示评注》第 53 卷

如果一个人在提起排放雨水之诉之前已将土地的所有权转让给另一个人，他便不再享有排放雨水之诉权，这一诉权将被转让给土地的新的所有权人。因为，该诉权涉及未来的损害，因此它将属于土地的新的所有权人，尽管当所有权属于原所有权人时邻居已进行了施工。

9.3　恢复原状及损害
（D. 39, 3；D. 43, 23）

D. 39, 3, 6, 5　乌尔比安:《告示评注》第 53 卷

人们应当知道，排放雨水之诉不是对物之诉，而是对人之诉。

9. De aqua et aquae pluviae arcendae

D. 39. 3. 6. 6   Ulpianus 53 ad ed.

Officium autem iudicis hoc erit, ut, si quidem a vicino opus factum sit, eum iubeat restituere damnumque sarcire, si quid post litem contestatam contigit: quod si ante litem contestatam damnum contigit, tantum opus restituere debebit, damnum non sarciet.

D. 39. 3. 6. 7   Ulpianus 53 ad ed.

Celsus scribit, si quid ipse feci, quo tibi aqua pluvia noceat, mea impensa tollere me cogendum, si quid alius qui ad me non pertinet, sufficere, ut patiar te tollere. sed si servus meus fecerit, aut is cui heres sum hoc fecit, servum quidem noxae dedere debeo: quod autem is cui heres sum fecit, perinde est, atque si ipse fecissem.

D. 39. 3. 4. 2   Ulpianus 53. ad ed.

Idem Iulianus scribit aquae pluviae arcendae actionem non nisi cum domino esse idcircoque, si colonus ignorante domino opus fecerit, dominum fundi nihil amplius quam patientiam praestare debere, colonum autem interdicto quod vi aut clam impensam quoque restituendi operis et damnum, si quod ex eo datum fuerit, praestare cogendum. si tamen dominus desideret caveri sibi damni infecti ab eo, ex cuius praedio nocet, aequissimum erit caveri oportere.

D. 39. 3. 3pr.   Ulpianus 53 ad ed.

Apud Trebatium relatum est eum, in cuius fundo aqua oritur, fullonicas circa fontem instituisse et ex his aquam in fundum vicini immittere coepisse: ait ergo non teneri eum aquae pluviae arcendae actione. si tamen aquam conrivat vel si spurcam quis immittat, posse eum impediri plerisque placuit.

9. 水及雨水的排放

D. 39, 3, 6, 6　乌尔比安:《告示评注》第 53 卷

法官的职责是：如果邻居进行了施工，便命令他将之恢复原状，并赔偿在争讼期后发生的损害。因为，若在争讼期前发生了损害，那么他只应当将施工物恢复原状而不负赔偿责任。

D. 39, 3, 6, 7　乌尔比安:《告示评注》第 53 卷

杰尔苏写道：如果我建造了一个物，结果雨水给你造成了损害，我应当被强制以我自己的费用除去该建筑物；但若是同我没有关系的人进行建筑，我容许你除去建筑物就够了。然而，如果我的奴隶或者我是其继承人建造了它，那么，就奴隶而言，我应当对他实行损害投偿，就我是其继承人而言，他进行的建筑如同我自己进行的建筑。

D. 39, 3, 4, 2　乌尔比安:《告示评注》第 53 卷

尤里安写道：排放雨水之诉只能对所有权人提起。因此，如果佃农在未通知土地所有权人的情况下进行一项施工，后者应当容忍他人除去施工物，而佃农将按暴力或者欺瞒令状承担将施工物恢复原状的费用及因施工而引起的损害。然而，假如因除去施工物而可能遭受损害的所有权人要求土地所有权人提供潜在损害之要式口约，那么向其提供该要式口约是非常公正的。

D. 39, 3, 3pr.　乌尔比安:《告示评注》第 53 卷

特雷巴丘斯写道：一个人的土地上冒出了泉水，他在泉水周围建造了一些染坊，并开始把水从染坊排向邻居的土地。他认为，该人不能被提起排放雨水之诉。然而，很多人认为，如果一个人将染坊的水排入水渠或者向水渠内排放污水，便可通过该诉讼阻止他那样做。

9. De aqua et aquae pluviae arcendae

D. 43. 23. 1pr.   Ulpianus 71 ad ed.

Praetor ait : 'quo minus illi cloacam quae ex aedibus eius in tuas pertinet, qua de agitur, purgare reficere liceat, vim fieri veto. damni infecti, quod operis vitio factum sit, caveri iubebo. '

D. 43. 23. 1. 2   Ulpianus 71 ad ed.

Curavit autem praetor per haec interdicta, ut cloacae et purgentur et reficiantur, quorum utrumque et ad salubritatem civitatium et ad tutelam pertinet: nam et caelum pestilens et ruinas minantur immunditiae cloacarum, si non reficiantur.

D. 43. 23. 1. 3   Ulpianus 71 ad ed.

Hoc autem interdictum propositum est de cloacis privatis: publicae enim cloacae publicam curam merentur.

D. 43. 23. 1. 7   Ulpianus 71 ad ed.

Quia autem cloacarum refectio et purgatio ad publicam utilitatem spectare videtur, idcirco placuit non esse in interdicto addendum 'quod non vi non clam non precario ab illo usus', ut, etiamsi quis talem usum habuerit, tamen non prohibeatur volens cloacam reficere vel purgare.

D. 43. 23. 2   Venuleius l. 1 interd.

Quamquam de reficienda cloaca, non etiam de nova facienda hoc interdicto comprehendatur, tamen aeque interdicendum Labeo ait, ne facienti cloacam vis fiat, quia eadem utilitas sit: praetorem enim sic interdixisse, ne vis fieret, quo minus cloacam in publico facere liceret: idque Ofilio et Trebatio placuisse. ipse dicendum ait, ut ne factam cloacam purgare et restituere permittendum sit per interdictum, novam vero facere is demum concedere debeat, cui viarum publicarum cura sit.

9. 水及雨水的排放

D. 43, 23, 1pr. 乌尔比安:《告示评注》第 71 卷

裁判官作出判定:"在邻居家的下水道经过你家的情况下,不允许以暴力阻止他对下水道进行清理或者修复。对于因下水道修复可能产生的损失要求提供担保的主张,我将给予支持。"

D. 43, 23, 1, 2 乌尔比安:《告示评注》第 71 卷

裁判官通过这些令状关注着下水道的清理和维修。这有益于城市卫生和人们的安全。因为,如果对下水道不实施维护,则它将因污染空气和存在崩塌危险而构成威胁。

D. 43, 23, 1, 3 乌尔比安:《告示评注》第 71 卷

这个令状系针对私人的下水道发出的。公共下水道则由政府负责维护。

D. 43, 23, 1, 7 乌尔比安:《告示评注》第 71 卷

其后,因为下水道的维修与清理被认为是涉及公共利益的事情,故在令状的正文中不增加如下内容被认为是适宜的,即"不得加害地,或秘密地,或以非稳定状态使用下水道",这样,尽管取得下水道使用权的人以非正常方式利用了下水道,但是,如果他愿意进行维修和清理,则不得妨碍之。

D. 43, 23, 2 威努勒:《令状评注》第 1 卷

尽管这个令状涉及了下水道的维护而无修建新的下水道的内容,但是,拉贝奥认为,同样适用于妨碍修建新的私人下水道的损害令状,因为其益处是相同的。裁判官仅对以损害方式实施修建的行为给予禁止,即新的私人下水道不得建于公共区域内。奥菲流斯和特雷巴丘斯也赞同拉贝奥的解释。此外,这些学者认为还应当说明,在这个令状的基础上,当修建一个新的下水道仅是为使公共生活获得保障时,应当允许对已建成的(包括在公共区域内的)下水道进行清理和修复。

187

10. Quod vi aut clam

10.1 Interdictum restitutorium
(D. 43. 24)

D. 43. 24. 1pr.   Ulpianus 71 ad ed.

Hoc interdictum restitutorium est et per hoc occursum est calliditati eorum, qui vi aut clam quaedam moliuntur: iubentur enim ea restituere.

D. 43. 24. 1. 2   Ulpianus 71 ad ed.

Et parvi refert, utrum ius habuerit faciendi, an non: sive enim ius habuit sive non, tamen tenetur interdicto, propter quod vi aut clam fecit: tueri enim ius suum debuit, non iniuriam comminisci.

10.2 Quae in solo fiunt
(D. 43. 24)

D. 43. 24. 1. 4   Ulpianus 71 ad ed.

Hoc interdictum ad ea sola opera pertinet, quaecumque in solo vi aut clam fiunt.

D. 43. 24. 7. 5   Ulpianus 71 ad ed.

Notavimus supra, quod, quamvis verba interdicti late pateant,

10. 以暴力或者秘密方式进行的施工

10.1 恢复原状令状
（D. 43, 24）

D. 43, 24, 1pr. 乌尔比安：《告示评注》第 71 卷
裁判官说：当他人有权对你使用这一令状时，你要将以暴力或者秘密方式进行的施工及与此有关的施工恢复原状。

D. 43, 24, 1, 2 乌尔比安：《告示评注》第 71 卷
一个人是否有权施工并不重要，因为他以暴力或者秘密方式进行了施工，在这两种情况下他都要依此令状承担责任。他应当保护其权利，而不应当致其损害。

10.2 在地上进行的施工
（D. 43, 24）

D. 43, 24, 1, 4 乌尔比安：《告示评注》第 71 卷
此令状只适用于以暴力或者秘密方式在土地上进行的施工。
D. 43, 24, 7, 5 乌尔比安：《告示评注》第 71 卷
在上面我们已经指出，尽管该令状的用语广为使用，但它仅适

10. Quod vi aut clam

tamen ad ea sola opera pertinere interdictum placere, quaecumque fiant in solo. eum enim, qui fructum tangit, non teneri interdicto quod vi aut clam: nullum enim opus in solo facit. at qui arbores succidit, utique tenebitur, et qui harundinem et qui salictum: terrae enim et quodammodo solo ipsi corrumpendo manus infert. Idem et in vineis succisis. ceterum qui fructum aufert, furti debet conveniri. Itaque si quid operis in solo fiat, interdictum locum habet. in solo fieri accipimus et si quid circa arbores fiat, non si quid circa fructum arborum.

D. 43. 24. 11pr.   Ulpianus 71 ad ed.

Is qui in puteum vicini aliquid effuderit, ut hoc facto aquam corrumperet, ait Labeo interdicto quod vi aut clam eum teneri: portio enim agri videtur aqua viva, quemadmodum si quid operis in aqua fecisset.

D. 43. 24. 22. 3   Venuleius l. 2 interd.

Si stercus per fundum meum tuleris, cum id te facere vetuissem, quamquam nihil damni feceris mihi nec fundi mei mutaveris, tamen teneri te quod vi aut clam Trebatius ait. Labeo contra, etiam is, qui dumtaxat iter per fundum meum fecerit aut avem egerit venatusve fuerit sine ullo opere, hoc interdicto teneatur.

10. 3   Vi aut clam
(D. 43. 24 ; D. 50. 17)

D. 50. 17. 73. 2   Quintus Mucius Sc. libro singulari. horwn

Vi factum id videtur esse, qua de re quis cum prohibetur, fecit: clam, quod quisque, cum controversiam haberet habiturumve se

10. 以暴力或者秘密方式进行的施工

用于在地上进行的施工。因此,摘取果实的人不会按暴力或者欺瞒令状承担责任,因为他未在地上从事某种施工。但是,砍伐树木的人肯定要承担责任,就像砍伐芦竹和柳树将承担责任一样,因为从一定意义上讲,他使用了暴力并损坏了土地本身。砍伐葡萄树也适用同一规则。然而,拿走果实的人应当被提起盗窃之诉。因而,在土地上进行的一项施工将使用该令状。我们认为,若进行的一项施工涉及树木,便是在地上进行的施工;若涉及树之果实,则不是在地上进行的施工。

D. 43, 24, 11pr.　乌尔比安:《告示评注》第 71 卷

将某物倒入邻居井中而污染了井水的人,拉贝奥认为,要根据暴力或者欺瞒令状承担责任。因为,新鲜水被视为土地的一部分。倒入井中就像在水中进行一项施工一样。

D. 43, 24, 22, 3　威努勒:《令状评注》第 2 卷

如果你经过我的土地运送肥料,我将禁止你这样做。虽然你未给我造成任何损害,未改变我土地的地貌,但特雷巴丘斯认为,你要按暴力或者欺瞒令状承担责任。拉贝奥却反对说,仅仅经过我的土地或在那里捕鸟、狩猎而未进行施工的人,不按此令状承担责任。

10.3　暴力或者秘密施工
（D. 43, 24；D. 50, 17）

D. 50, 17, 73, 2　库伊特·穆齐、斯凯沃拉:《定义集》单卷本

一个人从事了禁止他从事的施工,被认为是以暴力方式进行了施工;一个人在遭到反对或者认为必将遭到反对时所进行的施工,

10. Quod vi aut clam

putaret, fecit.

D. 43. 24. 1. 5   Ulpianus 71 ad ed.

Quid sit vi factum vel clam factum, videamus. vi factum videri Quintus Mucius scripsit, si quis contra quam prohiberetur fecerit: et mihi videtur plena esse Quinti Mucii definitio.

D. 43. 24. 3pr.   Ulpianus 71 ad ed.

Prohibere autem non utique per semet ipsum necesse est, sed et si quis per servum suum vel procuratorem prohibuerit, recte videtur prohibuisse. Idem etiam si mercennarius meus prohibuerit. nec quem moveat, quod per liberam personam actio adquiri non solet: nam prohibitio haec demonstrat vi te facere, quid mirum, cum et si clam tu me feceris, habeam actionem? ergo facto magis tuo delinquentis quam alieno adquiritur mihi actio.

D. 43. 24. 3. 7   Ulpianus 71 ad ed.

Clam facere videri Cassius scribit eum, qui celavit adversarium neque ei denuntiavit, si modo timuit eius controversiam aut debuit timere.

10. 4   Exceptiones quod vi aut clam, quod necessitatis causa, quod colendi causa

(D. 43. 24)

D. 43. 24. 7. 3   Ulpianus 71 ad ed.

Bellissime apud Iulianum quaeritur, an haec exceptio noceat in hoc interdicto 'quod non tu vi aut clam feceris' ? ut puta utor adversus te

10. 以暴力或者秘密方式进行的施工

被视为秘密进行的施工。

D. 43, 24, 1, 5 乌尔比安:《告示评注》第71卷

让我们看看什么是以暴力或者秘密地进行的施工。库伊特·穆齐写道：如果一个人违反禁令进行施工，他所进行的施工便被视为以暴力进行的施工。我视为库伊特·穆齐的定义是恰当的。

D. 43, 24, 3pr. 乌尔比安:《告示评注》第71卷

当然，一个人无需亲自发出禁令，即使他通过其奴隶或者代理人发出禁令，也完全可以认为他已发出禁令。假如我的雇员发出了禁令，适用同一规则。诉权通常不是通过一个自由人获得的，这对一个人并不重要，因为这一禁令表明你正以暴力进行施工。虽然你背着我进行施工，但我仍享有诉权，这有什么奇怪的呢？因此，我取得诉权是基于你违法的事实而非别的事实。

D. 43, 24, 3, 7 乌尔比安:《告示评注》第71卷

卡修斯写道：如果一个人因担心或者应担心对方反对而瞒着对方进行施工，或者不通知对方便进行施工，那么他被认为是在秘密地施工。

10.4 有正当理由的暴力或者秘密施工除外

（D. 43, 24）

D. 43, 24, 7, 3 乌尔比安:《告示评注》第71卷

尤里安正好提出了这样一个问题：根据此令状，是否可以提出"你未以暴力或者秘密施工"的抗辩（exceptio）？例如，我对你

10. Quod vi aut clam

interdicto quod vi aut clam, an possis obicere mihi eandem exceptionem: 'quod non tu vi aut clam fecisti'? et ait Iulianus aequissimum esse hanc exceptionem dare: nam si tu, inquit, aedificaveris vi aut clam, ego idem demolitus fuero vi aut clam et utaris adversus me interdicto, hanc exceptionem profuturam. quod non aliter procedere debet, nisi ex magna et satis necessaria causa: alioquin haec omnia officio iudicis celebrari oportet.

D. 43. 24. 7. 4   Ulpianus 71 ad ed.

Est et alia exceptio, de qua Celsus dubitat, an sit obicienda: ut puta si incendii arcendi causa vicini aedes intercidi et quod vi aut clam mecum agatur aut damni iniuria. Gallus enim dubitat, an excipi oporteret: 'quod incendii defendendi causa factum non sit'? Servius autem ait, si id magistratus fecisset, dandam esse, privato non esse idem concedendum: si tamen quid vi aut clam factum sit neque ignis usque eo pervenisset, simpli litem aestimandam: si pervenisset, absolvi eum oportere. Idem ait esse, si damni iniuria actum foret, quoniam nullam iniuriam aut damnum dare videtur aeque perituris aedibus. quod si nullo incendio id feceris, deinde postea incendium ortum fuerit, non idem erit dicendum, quia non ex post facto, sed ex praesenti statu, damnum factum sit nec ne, aestimari oportere Labeo ait.

D. 43. 24. 7. 7   Ulpianus 71 ad ed.

Plane si quid agri colendi causa factum sit, interdictum quod vi aut clam locum non habet, si melior causa facta sit agri, quamvis prohibitus quis vi vel clam fecerit.

10. 以暴力或者秘密方式进行的施工

使用暴力或者欺瞒令状,你可以对我使用"你未以暴力或者秘密施工"的抗辩? 尤里安说,准许提出此抗辩是完全正确的。他认为,因为如果你以暴力或者秘密方式进行建筑,我拆除了建筑物,你对我使用那一令状,那么该抗辩将于我有利。但是,只有具有很充分的理由,此抗辩才能被适用。通常,所有这些情况都应当由法官进行调查。

D. 43, 24, 7, 4　乌尔比安:《告示评注》第 71 卷

还有一种抗辩,杰尔苏怀疑是否应当予以反对,例如,为了阻止火势蔓延,我拆掉了邻居的房屋,结果我被提起暴力或者欺瞒之诉,或被提起非法损害之诉。加鲁斯怀疑是否应当提出"为了阻止火势蔓延而拆掉邻居房屋的抗辩"。塞尔维乌斯认为,如果地方行政长官命令拆掉邻居房屋,裁判官应将这一抗辩权授予他,但同一抗辩权不得给予私人。不过,如果任何以暴力或者秘密方式进行的拆除导致火灾没有蔓延,应当估算一个简单的损害赔偿金额,但是,如果该拆除确实阻却了火灾蔓延,相关当事人应当被免除责任。他认为,如果为防止后续的损害而进行了该拆除,结论将是一样的,因为两栋房屋都已被摧毁,看起来并未造成任何其他伤害或者损害。但是,如果你在没有火灾时这样做且在发生火灾后也这样做,同样的规则将不适用。因为正如拉贝奥所说,对损害赔偿的评估不是参照前一事件,而是根据财产的现状。

D. 43, 24, 7, 7.　乌尔比安:《告示评注》第 71 卷

显然,如果为了耕种土地而进行了一项施工,该施工使土地的耕种条件得到了改善,那么即使一个人违反禁令以暴力或者秘密方式施工,亦不适用暴力或者欺瞒令状。

10. Quod vi aut clam

10. 5 Cui competit interdictum
(D. 43. 24)

D. 43. 24. 11. 14   Ulpianus 71 ad ed.
Idem Iulianus scribit interdictum hoc non solum domino praedii, sed etiam his, quorum interest opus factum non esse, competere.

D. 43. 24. 16. 1   Paulus 67 ad ed.
Si quis vi aut clam arbores non frugiferas ceciderit, veluti cupressos, domino dumtaxat competit interdictum. sed si amoenitas quaedam ex huiusmodi arboribus praestetur, potest dici et fructuarii interesse propter voluptatem et gestationem et esse huic interdicto locum.

10. 6 Adversus possessorem
(D. 43. 24)

D. 43. 24. 5. 14   Ulpianus 70 ad ed.
Et hoc iure utimur, ut, sive ego fecissem sive fieri iussi, interdicto quod vi aut clam tenear.

D. 43. 24. 7pr.   Ulpianus 71 ad ed.
Si alius fecerit me invito, tenebor ad hoc, ut patientiam praestem.

D. 43. 24. 15pr.   Ulpianus 71 ad ed.
Semper adversus possessorem operis hoc interdictum competit,

10. 以暴力或者秘密方式进行的施工

10.5 令状使用的主体
（D. 43, 24）

D. 43, 24, 11, 14　乌尔比安：《告示评注》第 71 卷
尤里安写道，此令状不仅土地所有权人有权使用，而且享有施工不进行的利益的人也有权使用。

D. 43, 24, 16, 1　保罗：《告示评注》第 67 卷
如果一个人以暴力或者秘密方式砍掉了不结果实之树，如柏树，那么只有树之所有权人有权使用该令状。但倘若这些树能给人们提供一种惬意的环境，便可以说用益权人也有权享有它们提供的令人愉快的、可供娱乐的环境，因此他也有权使用此令状。

10.6 对抗物的占有人
（D. 43, 24）

D. 43, 24, 5, 14　乌尔比安：《告示评注》第 70 卷
我们遵循下列法学原则：不管是我进行了施工，还是我命令他人进行施工，我都应当按暴力或者欺瞒令状承担责任。

D. 43, 24, 7pr.　乌尔比安：《告示评注》第 71 卷
如果一个人违背我的意志进行施工，我应当容忍他人除去施工物。

D. 43, 24, 15pr.　乌尔比安：《告示评注》第 71 卷
此令状总是用于对抗施工物的占有人。因此，如果一个人未经

10. Quod vi aut clam

idcircoque, si quilibet inscio vel etiam invito me opus in fundo meo fecerit, interdicto locus erit.

D. 43. 24. 14　Iulianus 68 dig.

Nam et si servus meus ignorante me opus fecerit eumque vendidero vel manumisero, mecum in hoc solum agi poterit, ut patiar opus tolli, cum emptore autem servi, ut aut noxae dedat aut impensam, quae in restitutione facta fuerit, praestet: sed et cum ipso manumisso recte agi poterit.

D. 43. 24. 15. 3　Ulpianus 71 ad ed.

Hoc interdictum in heredem ceterosque successores datur in id quod ad eos pervenit.

10. 7　Restitutio aut litis aestimatio
(D. 43. 24)

D. 43. 24. 15. 7　Ulpianus 71 ad ed.

Hoc interdicto tanti lis aestimatur, quanti actoris interest id opus factum esse. officio autem iudicis ita oportere fieri restitutionem iudicandum est, ut in omni causa eadem condicio sit actoris, quae futura esset, si id opus, de quo actum est, neque vi neque clam factum esset.

D. 43. 24. 15. 8　Ulpianus 71 ad ed.

Ergo nonnumquam etiam dominii ratio habenda est, ut puta si propter hoc opus, quod factum est, servitutes amittantur aut usus fructus

10. 以暴力或者秘密方式进行的施工

我同意或者违背我意志在我的土地上施工,将适用该令状。

D. 43, 24, 14　尤里安:《学说汇纂》第 68 卷

如果我的奴隶在我不知道的情况下从事一项施工,而我将之出卖或者释放,那么对我提起诉讼将只能是为了请求我容忍除去施工物,而对奴隶的买受人提起诉讼将是为了请求他对该奴隶实行损害投偿或者请求他支付恢复原状的费用。如果该奴隶被释放,也完全可以对他提起诉讼。

D. 43, 24, 15, 3　乌尔比安:《告示评注》第 71 卷

此令状将向继承人及其他接受遗产的人发出,他们在接受的利益范围内承担责任。在一年之后不适用此令状。

10.7　恢复原状或者裁决赔偿

（D. 43, 24）

D. 43, 24, 15, 7　乌尔比安:《告示评注》第 71 卷

根据此令状,赔偿额按如不进行施工原告将得到的利益估算。法官的职责应当是裁决将施工恢复原状,以便原告的地位在一切方面都被恢复到未以暴力或者未秘密地施工时的状态。

D. 43, 24, 15, 8　乌尔比安:《告示评注》第 71 卷

因此,有时还应当考虑到所有权,譬如,因进行了施工,役权丧失或者用益权灭失。这种情况不仅在有人进行一项施工时会发

10. Quod vi aut clam

intereat. quod non tantum tunc eveniet, cum quis opus aedificaverit, verum etiam si diruisse opus proponatur et deteriorem condicionem fecisse vel servitutium vel usus fructus vel ipsius proprietatis.

D. 43. 24. 16. 2   Paulus 67 ad ed.

In summa qui vi aut clam fecit, si possidet, patientiam et impensam tollendi operis: qui fecit nec possidet, impensam: qui possidet nec fecit, patientiam tantum debet.

10. 以暴力或者秘密方式进行的施工

生,而且在拆除建筑物及妨碍役权、用益权或者所有权本身的行使时也会发生。

D. 43, 24, 16, 2　保罗:《告示评注》第 67 卷

总之,如果以暴力或者秘密地施工的人占有施工物,他应当容忍除去该施工物,并支付除去该施工物的费用。如果他进行了施工而未占有施工物,他便应当支付除去施工物的费用;如果他占有施工物而未从事施工,那么他只应当容忍除去施工物。

11. De arboribus caedendis
(D. 43. 27 ; C. 8. 1)

D. 43. 27. 1pr. Ulpianus 71 ad ed.

Ait praetor: 'quae arbor ex aedibus tuis in aedes illius impendet, si per te stat, quo minus eam adimas, tunc, quo minus illi eam arborem adimere sibique habere liceat, vim fieri veto.'

D. 43. 27. 1. 1 Ulpianus 71 ad ed.

Hoc interdictum prohibitorium est.

D. 43. 27. 1. 2 Ulpianus 71 ad ed.

Si arbor aedibus alienis impendeat, utrum totam arborem iubeat praetor adimi an vero id solum, quod superexcurrit, quaeritur. et Rutilius ait a stirpe excidendam idque plerisque videtur verius: et nisi adimet dominus arborem, Labeo ait permitti ei, cui arbor officeret, ut si vellet succideret eam lignaque tolleret.

C. 8. 1. 1 Imp. Alex. A. Apro evocato

Cum proponas radicibus arborum in vicina agathangeli area positis crescentibus fundamentis domus tuae periculum adferri, praeses ad exemplum interdictorum, quae in albo proposita habet: 'si arbor in alienas aedes impendebit', item: 'si arbor in alienum agrum impendebit', quibus ostenditur ne per arboris quidem occasionem vicino nocere oportere, rem ad suam aequitatem rediget.

PP. VII k. April. Iuliano et Crispino conss. <a. 224>

11. 应砍伐的树木
（D. 43, 27；C. 8, 1）

D. 43, 27, 1pr. 乌尔比安：《告示评注》第 71 卷

裁判官说："从你家伸到另一个人家的树是否被砍掉取决于你，那么我禁止以暴力阻止那个人砍掉此树并拥有它。"

D. 43, 27, 1, 1 乌尔比安：《告示评注》第 71 卷

此令状是禁止性令状。

D. 43, 27, 1, 2 乌尔比安：《告示评注》第 71 卷

如果一棵树伸到别人家，产生的问题是：裁判官是命令将整棵树砍掉还是命令只砍掉伸到外面的那部分？鲁狄流斯认为应当从树根处砍掉。许多法学家认为此观点较正确。如果所有权人不砍掉那棵树，拉贝奥认为应当允许被该树所妨碍的人在必要时砍掉它并拿走砍下之树木。

C. 8, 1, 1 亚历山大皇帝答阿普罗

当你提出栽在阿卡坦杰诺地上的树的根的生长将危害你房屋的地基时，行省长官将适用类似于裁判官发布的令状（如关于树伸向他人建筑物的令状，或者关于树伸向他人土地的令状，这些令状规定，树不得危害邻人），公正地处理此事。

（224 年，尤里安和克里斯皮诺执政）

12. De in alienum fundum ineundo

12.1 De glande legenda
(D. 43. 28)

D. 43. 28. 1pr.　Ulpianus 71 ad ed.
Ait praetor: 'glandem, quae ex illius agro in tuum cadat, quo minus illi tertio quoque die legere auferre liceat, vim fieri veto.'

D. 43. 28. 1. 1　Ulpianus 71 ad ed.
Glandis nomine omnes fructus continentur.

12.2 De ineundi ceteris causis
(D. 8. 4/6 ; D. 10. 4 ; D. 11. 7 ; D. 19. 1 ; D. 39. 2)

D. 10. 4. 5. 5　Ulpianus 24 ad ed.
Sed et si de ruina aliquid in tuam aream vel in tuas aedes deciderit, teneberis ad exhibendum, licet non possideas.

D. 19. 1. 25　Iulianus 54 dig.
Qui pendentem vindemiam emit, si uvam legere prohibeatur a venditore, adversus eum petentem pretium exceptione uti poterit 'si ea

12. 在他人土地上通行

12.1 捡拾橡果
（D. 43, 28）

D. 43, 28, 1pr. 乌尔比安：《告示评注》第71卷
裁判官说："我禁止你非法阻止他人每隔两天拾走从其土地上掉到你土地上的橡果。"

D. 43, 28, 1, 1 乌尔比安：《告示评注》第71卷
所有的果实都被包括在橡果这一名称内。

12.2 进入土地的其他原因
（D. 8, 4/6；D. 10, 4；D. 11, 7；D. 19, 1；D. 39, 2）

D. 10, 4, 5, 5 乌尔比安：《告示评注》第24卷
但是，如果在建筑物倒塌时某物掉到了你的土地上或者房屋上，那么虽然你未占有它，但［根据提出之诉］你应当提出它。

D. 19, 1, 25 尤里安：《学说汇纂》第54卷
如果购买尚未摘下的葡萄的人被出卖人禁止摘取葡萄，他可以对请求其交付价金的出卖人提出如下抗辩："请求交付的价金是

12. De in alienum fundum ineundo

pecunia, qua de agitur, non pro ea re petitur, quae venit neque tradita est'. ceterum post traditionem sive lectam uvam calcare sive mustum evehere prohibeatur, ad exhibendum vel iniuriarum agere poterit, quemadmodum si aliam quamlibet rem suam tollere prohibeatur.

D. 39. 2. 9. 1   Ulpianus 53 ad ed.

De his autem, quae vi fluminis importata sunt, an interdictum dari possit, quaeritur. trebatius refert, cum Tiberis abundasset et res multas multorum in aliena aedificia detulisset, interdictum a praetore datum, ne vis fieret dominis, quo minus sua tollerent auferrent, si modo damni infecti repromitterent.

D. 8. 6. 14. 1   Iavolenus 10 ex cass.

Cum via publica vel fluminis impetu vel ruina amissa est, vicinus proximus viam praestare debet.

D. 11. 7. 12pr.   Ulpianus 25 ad ed.

Si quis sepulchrum habeat, viam autem ad sepulchrum non habeat et a vicino ire prohibeatur, imperator Antoninus cum patre rescripsit iter ad sepulchrum peti precario et concedi solere, ut quotiens non debetur, impetretur ab eo, qui fundum adiunctum habeat. non tamen hoc rescriptum, quod impetrandi dat facultatem, etiam actionem civilem inducit, sed extra ordinem interpelletur praeses et iam compellere debet iusto pretio iter ei praestari, ita tamen, ut iudex etiam de opportunitate loci prospiciat, ne vicinus magnum patiatur detrimentum.

12. 在他人土地上通行

已被出卖而未交付之物的价金。"倘若在葡萄被交付后,他被禁止捣碎摘下的葡萄或者拿走葡萄汁,他可提起提出之诉或者侵辱之诉(actio iniuriarum),就像如果他被禁止拿走他的其他任何物一样。

D. 39, 2, 9, 1　乌尔比安:《告示评注》第 53 卷

问题是,是否可以就被河水冲走的那些物发出一个令状?特雷巴丘斯说:当台伯河水泛滥把很多人的物冲到他人建筑物内时,由裁判官发出一个令状,依此令状,只要物的所有权人提供潜在损害之要式口约,便不得使用暴力阻止他们取走其物。

D. 8, 6, 14, 1　雅沃伦:《论卡修斯》第 10 卷

当一条公共道路被泛滥的河水或者其他灾害毁坏时,其土地离道路最近的人有义务提供通行的道路。

D. 11, 7, 12pr.　乌尔比安:《告示评注》第 25 卷

如果一个人拥有一块墓地而无去墓地的通行权,且邻人禁止其进入墓地,安东尼皇帝曾与其父亲一起批复道:墓地通行权通常临时申请和授予,因此其墓地靠近邻地的人在无通行权时可向皇帝或者行省长官申请。但是,这个能使一个人通过申请而获得通行权的批复,并未赋予市民法诉权,而是规定可按非正常程序提出申请。行省长官授予申请人通行权,但是应当迫使他向邻地所有权人支付适当价金。因而,法官应当检查通往墓地的道路是否适当,以确保邻地所有权人不遭受大的损失。

12. De in alienum fundum ineundo

D. 8. 4. 13. 1 Ulpianus 6 opin.

Si constat in tuo agro lapidicinas esse, invito te nec privato nec publico nomine quisquam lapidem caedere potest, cui id faciendi ius non est: nisi talis consuetudo in illis lapidicinis consistat, ut si quis voluerit ex his caedere, non aliter hoc faciat, nisi prius solitum solacium pro hoc domino praestat: ita tamen lapides caedere debet, postquam satisfaciat domino, ut neque usus necessarii lapidis intercludatur neque commoditas rei iure domino adimatur.

12. 在他人土地上通行

D. 8, 4, 13, 1　乌尔比安:《意见集》第 6 卷

如果确认在你的土地上有石矿,那么没有一个人可以不经你的同意而以私人或者公家名义采石,除非他有权这样做。根据长期形成的习惯,一个人若想采石,那么他只有在给土地所有权人一定的费用后才有权为之。尽管如此,为了采石他还应当向所有权人保证:他既不会妨碍后者使用其需要的石料,也不会因行使该权利而剥夺其对物所享有的利益。

13. Ne quis re sua male utatur

(D. 1. 6 ; D. 50. 10)

D. 50. 10. 3pr. Macer 2 de off. praesidis

Opus novum privato etiam sine principis auctoritate facere licet, praeterquam si ad aemulationem alterius civitatis pertineat vel materiam seditionis praebeat vel circum theatrum vel amphitheatrum sit.

D. 1. 6. 2 Ulpianus 8 de off. procons.

Si dominus in servos saevierit vel ad impudicitiam turpemque violationem compellat, quae sint partes praesidis, ex rescripto divi Pii ad Aelium Marcianum proconsulem Baeticae manifestabitur. cuius rescripti verba haec sunt: 'dominorum quidem potestatem in suos servos illibatam esse oportet nec cuiquam hominum ius suum detrahi: sed dominorum interest, ne auxilium contra saevitiam vel famem vel intolerabilem iniuriam denegetur his qui iuste deprecantur. ideoque cognosce de querellis eorum, qui ex familia Iulii Sabini ad statuam confugerunt, et si vel durius habitos quam aequum est vel infami iniuria affectos cognoveris, veniri iube ita, ut in potestate domini non revertantur. qui si meae constitutioni fraudem fecerit, sciet me admissum severius exsecuturum.' divus etiam Hadrianus Umbriciam quandam matronam in quinquennium relegavit, quod ex levissimis causis ancillas atrocissime tractasset.

13. 使任何人不滥用自己的物
（D. 1, 6；D. 50, 10）

D. 50, 10, 3pr. 马切尔：《论行省总督的职责》第 2 卷

私人未经皇帝同意也可从事一项新的公益性建设，除非这一建设将侵害其他市民的利益，或者引起骚乱，或者建设的是一个竞技场、剧院及圆形露天剧场。

D. 1, 6, 2 乌尔比安：《论行省总督的职责》第 8 卷

如果主人虐待奴隶或者强迫奴隶实施无耻、卑鄙的侵犯行为，皮乌斯皇帝给贝提卡行省执政官艾里乌斯·马尔西安的批复中指出了哪些是总督的职责。该批复这样写道："主人对自己奴隶的支配权应当是完整的，任何人的权利都不能被剥夺。但是，对那些因受到残酷对待，或者挨饿，或者遭受无法容忍的凌辱的奴隶所提出的正当的希望获得帮助的请求不予拒绝则涉及主人的利益。因此，你应当审理那些从尤里乌斯·萨宾家躲到［皇帝］雕像处的奴隶们的控诉，如果你确定他们受到了不公正的严厉对待，或者是受到了极大侮辱，你应当命令出卖他们，以便使他们不再回到他们主人的支配权之下。以欺诈方式做出违背我的谕令之人将会明白，我要对他处以比他所犯罪行更为严厉的处罚。"哈德良曾将一个叫翁布丽奇雅的女主人流放了五年，因为她为了一些微不足道的原因而十分残暴地对待她的女奴。

14. De edificiis privatis
(C. 8. 10 ; C. 11. 43)

C. 8. 10. 12. 2 Imp. Caesar Zeno pius victor triumphator seper maximus semper venerandus Augustus Adamantio pu.

Cum vero mea constitutio dicat eum qui aedificet inter suam et vicini domum etiam duodecim pedum spatium relinquere debere... Neque tamen licere ex hoc spatio auferre vicini in mare prospectum directum nec impeditum ex quacumque aedium parte quam vicinus habet stans intus in suis aedibus vel etiam sedens...

C. 8. 10. 12. 5 Imp. Caesar Zeno pius victor triumphator seper maximus semper venerandus Augustus Adamantio pu.

Item sancimus ut solaria quae dicuntur post praesentem legem non ex solis lignis et asseribus fiant sed romanensium quae vocantur specie aedificentur, decem autem pedum intervallum sit inter duo solaria invicem sibi opposita.

C. 11. 43. 1. 2 Imp. Constantinus A. ad Maximilianum consularem aquarum

Praeterea scire eos oportet, per quorum praedia aquaeductus commeat, ut dextra laevaque de ipsis formis quindecim pedibus intermissis arbores habeant: observante officio iudicis, ut, si quo tempore pullulaverint, excidantur, ne earum radices fabricam formae corrumpant.

D. XV k. iun. Gallicano et Symmacho conss. <a. 330>

14. 私人建筑物
（C. 8, 10；C. 11, 43）

C. 8, 10, 12, 2 胜利者、凯旋者、至高无上的、尊敬的奥古斯都、芝诺皇帝致内事裁判官阿达曼狄乌斯

我们的宪令（constitutio）规定，进行建筑的人应当在自己的房屋与邻居的房屋之间留出十二步的空间。……进行建筑的人在两个房屋之间留下供邻居从自己的房屋内任何一面或站或坐直接看海且不受影响的空间，其行为是合法的……

C. 8, 10, 12, 5 胜利者、凯旋者、至高无上的、尊敬的奥古斯都、芝诺皇帝致内事裁判官阿达曼狄乌斯

我们还规定，在颁布此法律之后，被称为阳台的建筑物不是以木头及木板建造的，而是以石头建造的。在两个上述的阳台之间应留出十步。

C. 11, 43, 1, 2 君士坦丁皇帝致前执政官马克西米利亚努斯

此外，水渠经过其土地的人应当知道，他们应当使水渠左右两边的树与水渠保持十五步的距离。根据法官的判决，如果在此范围内有树，那么它们将被拔掉，以便其根不损坏水渠。

（330年，加利卡努斯和西马库斯执政）

15. De rebus inter aliquos communibus

15. 1 Res communis
(D. 8. 2/3/5 ; D. 10. 3 ; D. 41. 7 ; D. 45. 3)

D. 10. 3. 2pr.   Gaius 7 ad ed. provinc.

Nihil autem interest, cum societate an sine societate res inter aliquos communis sit: nam utroque casu locus est communi dividundo iudicio. cum societate res communis est veluti inter eos, qui pariter eandem rem emerunt: sine societate communis est veluti inter eos, quibus eadem res testamento legata est.

D. 8. 3. 11   Celsus 27 dig.

Per fundum, qui plurium est, ius mihi esse eundi agendi potest separatim cedi. ergo suptili ratione non aliter meum fiet ius, quam si omnes cedant et novissima demum cessione superiores omnes confirmabuntur: benignius tamen dicetur et antequam novissimus cesserit, eos, qui antea cesserunt, vetare uti cesso iure non posse.

D. 41. 7. 3   Modestinus 6 diff.

An pars pro derelicto haberi possit, quaeri solet. et quidem si in re communi socius partem suam reliquerit, eius esse desinit, ut hoc sit in parte, quod in toto: atquin totius rei dominus efficere non potest, ut partem retineat, partem pro derelicto habeat.

15. 数人共有一物

15.1 共有物
（D. 8, 2/3/5；D. 10, 3；D. 41, 7；D. 45, 3）

D. 10, 3, 2pr. 盖尤斯：《行省告示评注》第7卷

人们是因合伙（societas）还是非因合伙而共有一物并不重要，因为无论在哪种情况下都存在共有物分割之诉。一个物可因合伙而成为共有物（res communis），例如，人们共同购买一个物。即使无合伙，一个物也可成为共有物，譬如，同一个物按遗嘱被遗赠给几个人。

D. 8, 3, 11 杰尔苏：《学说汇纂》第27卷

当一块土地属于很多人时，我在其上行走和运输的权利可分别由每个人授予我。因此，从狭义上讲，除非全体人授予了这种权利，否则我不能取得它，并且只有最后一个人的授权才能使先前各个人的授权有效。然而，从广义上讲，在最后一个人授权之前，先做出授权的那些人不能禁止我行使已授予我的权利。

D. 41, 7, 3 莫德斯丁：《区别集》第6卷

常被问及的一个问题是，一个物是否可以被视为部分抛弃。毫无疑问，如果一个共有人抛弃了他在共有物上所享有的份额，那部分便不再是他的，因为关于整个物的法律规定适用于物的一部分。但是，整个物的所有权人不能保留物的一部分而抛弃另一部分。

15. De rebus inter aliquos communibus

D. 8. 5. 4. 3   Ulpianus 17 ad ed.

Si fundus, cui iter debetur, plurium sit, unicuique in solidum competit actio, et ita et Pomponius libro quadragensimo primo scribit: sed in aestimationem id quod interest veniet, scilicet quod eius interest, qui experietur. itaque de iure quidem ipso singuli experientur et victoria et aliis proderit, aestimatio autem ad quod eius interest revocabitur, quamvis per unum adquiri servitus non possit.

D. 8. 5. 4. 4   Ulpianus 17 ad ed.

Sed et si duorum fundus sit qui servit, adversus unumquemque poterit ita agi et, ut Pomponius libro eodem scribit, quisquis defendit, solidum debet restituere, quia divisionem haec res non recipit.

D. 10. 3. 28   Papinianus 7 quaest.

Sabinus ait in re communi neminem dominorum iure facere quicquam invito altero posse. unde manifestum est prohibendi ius esse: in re enim pari potiorem causam esse prohibentis constat. sed etsi in communi prohiberi socius a socio ne quid faciat potest, ut tamen factum opus tollat, cogi non potest, si, cum prohibere poterat, hoc praetermisit: et ideo per communi dividundo actionem damnum sarciri poterit. sin autem facienti consensit, nec pro damno habet actionem. quod si quid absente socio ad laesionem eius fecit, tunc etiam tollere cogitur.

D. 8. 2. 27. 1   Pomponius 33 ad sab.

Si in area communi aedificare velis, socius prohibendi ius habet, quamvis tu aedificandi ius habeas a vicino concessum, quia invito socio in iure communi non habeas ius aedificandi.

D. 45. 3. 1. 4   Iulianus 52 dig.

Communis servus duorum servorum personam sustinet. Idcirco

15. 数人共有一物

D. 8, 5, 4, 3　乌尔比安:《告示评注》第 17 卷

如果一块通行役地属于几个人,那么每个人都享有连带诉权,彭波尼在[《告示评注》]第 41 卷也是这么写的。但是,在计算利益时考虑的将是提起诉讼之人的利益。因此,每个人皆可单独就通行权提起诉讼,而胜诉将属于全体所有权人。虽然役权不能仅通过一个人取得,但利益的计算将限于提起诉讼之人的利益。

D. 8, 5, 4, 4　乌尔比安:《告示评注》第 17 卷

如果一块供役地属于两个人,那么可以对他们中的任何一个人提起该诉讼,就像彭波尼在同一卷中写的那样,不论谁被起诉,都应当负担整个役权,因为役权不容分割。

D. 10, 3, 28　帕比尼安:《问题集》第 7 卷

萨宾说:任何一个共有人均不得违背其他共有人的意志,而在共有物上做某事。因此,显然存在禁止权(prohibendi ius),因为在一个共有物上共有人享有平等的权利。虽然一个共有人可以禁止其他共有人在共有物上建造某物,但假如他能够禁止而未禁止,他便不能强迫那个人拆除已建筑之物,其损失可通过共有物分割之诉被补偿。然而,如果他同意那个人施工,他便无请求补偿其损失的诉权。倘若他在其共有人不在的情况下建造某物并给该共有人造成了损害,那么他还应当拆除建造之物。

D. 8, 2, 27, 1　彭波尼:《萨宾评注》第 33 卷

如果你想在一块共有的土地上建筑,那么即使你的邻居已同意你建筑,你的共有人也有权阻止你建筑,因为你无权违背你的共有人的意志在共有的土地上建筑。

D. 45, 3, 1, 4　尤里安:《学说汇纂》第 52 卷

一个共有的奴隶具有两个奴隶的特征。因此,如果我自己的

15. De rebus inter aliquos communibus

si proprius meus servus communi meo et tuo servo stipulatus fuerit, idem iuris erit in hac una conceptione verborum, quod futurum esset, si separatim duae stipulationes conceptae fuissent, altera in personam mei servi, altera in personam tui servi: neque existimare debemus partem dimidiam tantum mihi adquiri, partem nullius esse momenti, quia persona servi communis eius condicionis est, ut in eo, quod alter ex dominis potest adquirere, alter non potest, perinde habeatur, ac si eius solius esset, cui adquirendi facultatem habeat.

D. 45. 3. 5   Ulpianus 48 ad sab.

Servus communis sic omnium est non quasi singulorum totus, sed pro partibus utique indivisis, ut intellectu magis partes habeant quam corpore: et ideo si quid stipulatur vel quaqua alia ratione adquirit, omnibus adquirit pro parte, qua dominium in eo habent. licet autem ei et nominatim alicui ex dominis stipulari vel traditam rem accipere, ut ei soli adquirat. sed si non nominatim domino stipuletur, sed iussu unius dominorum, hoc iure utimur, ut soli ei adquirat, cuius iussu stipulatus est.

15. 2   Communi dividundo
(D. 10. 2/3)

D. 10. 3. 1   Paulus 23 ad ed.

Communi dividundo iudicium ideo necessarium fuit, quod pro socio actio magis ad personales invicem praestationes pertinet quam ad communium rerum divisionem. denique cessat communi dividundo

15. 数人共有一物

一个奴隶跟我和你共有的一个奴隶订立了一个要式口约,那么该要式口约的法律效力将与分别以我的奴隶的名义及你的奴隶的名义订立的两个要式口约的法律效力相同。我们不应当认为只有半份债权为我所取得,而另一半不具有任何效力。因共有奴隶具有这种特征,故在其一个主人能取得债权而另一个主人不能取得债权的情况下,他应当被认为仅属于他能为之取得债权的那个主人。

D. 45, 3, 5　乌尔比安:《萨宾评注》第 48 卷

一个共有的奴隶属于其全体主人,而非整个属于每一个主人。因份额未被分割,所以他们享有的是观念份额而非实体份额。因此,如果他就一个物订立要式口约,或者以其他任何方式取得该物,那么他是按其全体主人对他享有所有权的份额为他们取得它。然而,他可以指名道姓地为一个主人订立要式口约或者接受一个物,这样,他便只是为该主人取得它。但倘若他并未指名道姓地为一个主人订立要式口约,而是按照该主人的命令订立要式口约,那么根据法学原理他只是为命令其订立要式口约的主人取得物。

15.2 共有物的分割

（D. 10, 2/3）

D. 10, 3, 1　保罗:《告示评注》第 23 卷

共有物分割之诉是必需的,因为合伙之诉同个人之间的债的关系有关,而不涉及共有物的分割。因此,若没有共有物,便无共有物分割之诉。

15. De rebus inter aliquos communibus

iudicium, si res communis non sit.

D. 10. 3. 3pr.   Ulpianus 30 ad sab.

In communi dividundo iudicio nihil pervenit ultra divisionem rerum ipsarum quae communes sint et si quid in his damni datum factumve est sive quid eo nomine aut abest alicui sociorum aut ad eum pervenit ex re communi.

D. 10. 3. 4pr.   Ulpianus 19 ad ed.

Per hoc iudicium corporalium rerum fit divisio, quarum rerum dominium habemus, non etiam hereditatis.

D. 10. 2. 55   Ulpianus 2 ad ed.

Si familiae erciscundae vel communi dividundo iudicium agatur et divisio tam difficilis sit, ut paene inpossibilis esse videatur, potest iudex in unius personam totam condemnationem conferre et adiudicare omnes res.

D. 10. 3. 14pr.   Paulus 3 ad plaut.

In hoc iudicium hoc venit, quod communi nomine actum est aut agi debuit ab eo, qui scit se socium habere.

15. 数人共有一物

D. 10, 3, 3pr.　乌尔比安:《萨宾评注》第 30 卷

在共有物分割之诉中,考虑的只是同一个共有物的分割、共有物发生或者造成的损害的分割、一个共有人因该损害而失去之物或者从共有物上获得之物的分割。

D. 10, 3, 4pr.　乌尔比安:《告示评注》第 19 卷

通过此诉讼进行的是我们对之享有所有权的实物的分割,而非遗产的分割。

D. 10, 2, 55　乌尔比安:《告示评注》第 2 卷

如果在进行遗产分割之诉或者共有物分割之诉时分割太难,以至于分割几乎是不可能的,那么法官可以将所有的物判给一个人,而让他向其他人支付相应的价金。

D. 10, 3, 14pr.　保罗:《普劳提引述》第 3 卷

知道自己有一个共有人的人,以共有的名义从事或者应当从事的活动,被包括在此诉讼内。

16. De ceteris modis quibus res nostrae sint

D. 41. 1. 52 Modestinus 7 reg.

Rem in bonis nostris habere intellegimur, quotiens possidentes exceptionem aut amittentes ad reciperandam eam actionem habemus.

16. 1 De Publiciana in rem actione
(D. 6. 2)

D. 6. 2. 1pr. Ulpianus 16 ad ed.

Ait praetor: 'si quis id quod traditur ex iusta causa non a domino et nondum usucaptum petet, iudicium dabo.'

D. 6. 2. 1. 1 Ulpianus 16 ad ed.

Merito praetor ait 'nondum usucaptum': nam si usucaptum est, habet civilem actionem nec desiderat honorariam.

D. 6. 2. 1. 2 Ulpianus 16 ad ed.

Sed cur traditionis dumtaxat et usucapionis fecit mentionem, cum satis multae sunt iuris partes, quibus dominium quis nancisceretur? ut puta legatum.

16. 物的其他取得方式

D. 41, 1, 52 莫德斯丁:《规则集》第 7 卷

在下面这些情况下,我们认为该物属于我们的财产:如果我们占有该物,我们可以用抗辩来对付任何要求返还它的人;如果我们丧失了对该物的占有,我们可以通过诉权来要求返还该物。

16.1 普布利其对物之诉
（D. 6, 2）

D. 6, 2, 1pr. 乌尔比安:《告示评注》第 16 卷

裁判官说:"若一个人请求返还根据正当理由而由非所有权人交付给他的尚未被他通过时效取得的物,我将给予他诉权。"

D. 6, 2, 1, 1 乌尔比安:《告示评注》第 16 卷

裁判官正确地说道:"尚未被通过时效取得。"因为,如果已被通过时效取得,他便享有市民法之诉权,而不需要裁判官法之诉权（actio honoraria）。

D. 6, 2, 1, 2 乌尔比安:《告示评注》第 16 卷

但是,用以取得所有权的法律根据很多,比如遗赠,他为什么只提及交付和时效取得呢?

16. De ceteris modis quibus res nostrae sint

D. 6. 2. 2   Paulus 19 ad ed.

Vel mortis causa donationes factae: nam amissa possessione competit publiciana, quia ad exemplum legatorum capiuntur.

D. 6. 2. 3. 1   Ulpianus 16 ad ed.

Ait praetor: 'ex iusta causa petet.' qui igitur iustam causam traditionis habet, utitur publiciana: et non solum emptori bonae fidei competit publiciana, sed et aliis, ut puta ei cui dotis nomine tradita res est necdum usucapta: est enim iustissima causa, sive aestimata res in dotem data sit sive non. Item si res ex causa iudicati sit tradita.

D. 6. 2. 5   Ulpianus 16 ad ed.

Vel ex causa noxae deditionis, sive vera causa sit sive falsa.

D. 6. 2. 17   Neratius 3 membr.

Publiciana actio non ideo comparata est, ut res domino auferatur: eiusque rei argumentum est primo aequitas, deinde exceptio 'si ea res possessoris non sit' : sed ut is, qui bona fide emit possessionemque eius ex ea causa nactus est, potius rem habeat.

D. 6. 2. 9. 4   Ulpianus 16 ad ed.

Si duobus quis separatim vendiderit bona fide ementibus, videamus, quis magis publiciana uti possit, utrum is cui priori res tradita est an is qui tantum emit. et Iulianus libro septimo digestorum scripsit, ut, si quidem ab eodem non domino emerint, potior sit cui priori res tradita est, quod si a diversis non dominis, melior causa sit possidentis quam petentis. quae sententia vera est.

16. 物的其他取得方式

D. 6, 2, 2　保罗:《告示评注》第 19 卷

或者进行了死因赠与。在丧失了[赠与物的]占有时,适用普布利其之诉,因为它们是仿照遗嘱被取得的。

D. 6, 2, 3, 1　乌尔比安:《告示评注》第 16 卷

裁判官说:"要提出请求,需有正当理由。"因此,谁有接受交付的正当理由,谁就可以适用普布利其之诉。普布利其诉权不仅属于善意购买人,而且属于其他人,如接受作为嫁资交付的尚未被通过时效取得的物的人。因此,不管物是否被估价,只要它作为嫁资被给予,理由便是非常正当的。一个物基于判决被交付的情况也一样。

D. 6, 2, 5　乌尔比安:《告示评注》第 16 卷

或者因损害投偿,无论该理由是真是假。

D. 6, 2, 17　内拉蒂:《羊皮纸书稿》第 3 卷

普布利其之诉的目的不在于剥夺所有权人的物,因为支持该诉讼的根据首先是公平,其次是"如果该物不属于占有人"的抗辩。该诉讼是为了保证善意购买并占有该物的人[相对于他人而言]更应当享有该物。

D. 6, 2, 9, 4　乌尔比安:《告示评注》第 16 卷

如果一个人将同一个物分别出售给两个善意买受人,那么谁能优先提起普布利其之诉?是最先被交付的那个人还是仅最先购买的人?尤里安在《学说汇纂》第 7 卷曾写道,如果他们从同一个非所有权人处购买,那么最先被交付的那个人应当优先提起普布利其之诉;假如他们从不同的非所有权人处购买,占有物的人比请求交付物的人更有权提起该诉讼。此观点是正确的。

16. De ceteris modis quibus res nostrae sint

D. 6. 2. 7. 8　Ulpianus 16 ad ed.

In Publiciana actione omnia eadem erunt, quae et in rei vindicatione diximus.

16. 2　De exceptione rei venditae et traditae
（D. 21. 3）

D. 21. 3. 1pr.　Ulpianus 76 ad ed.

Marcellus scribit, si alienum fundum vendideris et tuum postea factum petas, hac exceptione recte repellendum.

D. 21. 3. 2　Pomponius 2 ex plaut.

Si a Titio fundum emeris qui Sempronii erat isque tibi traditus fuerit, pretio autem soluto Titius sempronio heres exstiterit et eundem fundum Maevio vendiderit et tradiderit: Iulianus ait aequius esse priorem te tueri, quia et si ipse Titius fundum a te peteret, exceptione summoveretur et si ipse Titius eum possideret, publiciana peteres.

16. 物的其他取得方式

D. 6, 2, 7, 8 乌尔比安:《告示评注》第 16 卷

我们就返还所有物之诉所说的那些规则,同样适用于普布利其之诉。

16.2 出售和交付物的抗辩
（D.21，3）

D. 21, 3, 1pr. 乌尔比安:《告示评注》第 76 卷

马尔切勒写道,如果你将他人的土地出卖,后来它变成了你的,你要求［该土地的买受人］进行返还,那么通过该抗辩[①],你的要求被拒绝符合规则。

D. 21, 3, 2 彭波尼:《普劳提评注》第 2 卷

假如你向提袭斯购买了属于塞姆普罗尼的土地,而且它已被交付给你,在价金被交付后铁袭斯变成了塞姆普罗尼的继承人,他又将该土地出卖并交付给迈威乌斯,尤里安认为,受到法律保护的是你。因为如果提袭斯本人向你请求返还土地,通过同一抗辩,其请求将遭到拒绝;如果提袭斯本人占有土地,你可通过普布利其之诉请求他返还。

---

① 指物已出售并交付的抗辩（exceptio rei venditae et tradite）。——译者

16. De ceteris modis quibus res nostrae sint

16. 3 De nudo ex iure Quiritium tollendo vel de differentiam inter dominos expellenda
(C. 7. 25)

C. 7. 25. 1   Imp. Iustinianus A. Iuliano pp.

Antiquae subtilitatis ludibrium per hanc decisionem expellentes nullam esse differentiam patimur inter dominos, apud quos vel nudum ex iure Quiritium vel tantummodo in bonis reperitur, quia nec huiusmodi esse volumus distinctionem nec ex iure Quiritum nomen, quod nihil aenigmate discrepat nec umquam videtur neque in rebus apparet, sed est vacuum et superfluum verbum, per quod animi iuvenum, qui ad primam veniunt legum audientiam, perterriti ex primis eorum cunabulis inutiles legis antiquae dispositiones accipiunt. Sed sit plenissimus et legitimus quisque dominus sive servi sui sive aliarum rerum ad se pertinentium.

<*a. 530−531*>

16.3 市民法所有权与裁判官法所有权划分之取消

（C. 7, 25）

C. 7, 25, 1　优士丁尼皇帝致大区长官尤里安

为了通过此决定消除人们对古代繁琐规定的嘲笑，我们不允许所有权人之间存在任何差别，不允许存在市民法上的所有权人与裁判官法上的所有权人的区别，因为我们不需要有差别。市民法这个名称就像谜语一样令人费解，它被视为一个同物无关且永远同物无关的词，一个空洞而多余的词。它使初学法律的年轻人在最初的努力学习中因了解到古代法律的无用规定而产生了恐惧心理。实际上，每个所有权人都应当是其奴隶或者其他物的最完全、最合法的享有者。

（530—531年）

17. Si ager vectigalis petatur et de emphyteutico iure

(D. 6. 3 ; D. 18. 1 ; D. 30. 71 ; D. 39. 4 ; D. 50. 16 ; C. 4. 66)

D. 6. 3. 1pr.   Paulus 21 ad ed.

Agri civitatium alii vectigales vocantur, alii non. vectigales vocantur qui in perpetuum locantur, id est hac lege, ut tamdiu pro his vectigal pendatur, quamdiu neque ipsis, qui conduxerint, neque his, qui in locum eorum successerunt, auferri eos liceat: non vectigales sunt, qui ita colendi dantur, ut privatim agros nostros colendos dare solemus.

D. 6. 3. 1. 1   Paulus 21 ad ed.

Qui in perpetuum fundum fruendum conduxerunt a municipibus, quamvis non efficiantur domini, tamen placuit competere eis in rem actionem adversus quemvis possessorem, sed et adversus ipsos municipes,

D. 6. 3. 2   Ulpianus 17 ad sab.

Ita tamen si vectigal solvant.

D. 30. 71. 5   Ulpianus 51 ad ed.

Si fundus municipum vectigalis ipsis municipibus sit legatus, an legatus consistat petique possit videamus. et Iulianus libro trigensimo octavo Digestorum scribit, quamvis fundus vectigalis municipum sit, attamen quia aliquod ius in eo is qui legavit habet, valere legatum.

17. 赋税地的出售与永佃权

（D. 6, 3 ; D. 18, 1 ; D. 30, 71 ; D. 39, 4 ; D. 50, 16 ; C. 4, 66）

D. 6, 3, 1pr.　保罗：《告示评注》第 21 卷

在属于城市的土地中，一些被称为赋税地（agri vectigales），另一些则不是。被永久出租的城市土地称为赋税地。通过约款，只要支付这些土地的地税（vectigal），削减土地承租人及其继承人土地权利的做法就不合法。交给别人耕种的我们的私人土地即为非赋税地。

D. 6, 3, 1, 1　保罗：《告示评注》第 21 卷

为了永久使用土地而从自治市租地的人，虽未变成所有权人，但是他有权对任何占有人甚至对自治市本身提起对物之诉，

D. 6, 3, 2　乌尔比安：《萨宾评注》第 17 卷

只要他们交纳了地税。

D. 30, 71, 5　乌尔比安：《告示评注》第 51 卷

如果由一个自治市耕种的赋税地通过遗赠给了这个自治市，我们考察一下这个遗赠是否成立并且是否可以起诉要求执行。尤里安在《学说汇纂》第 38 卷中写道：尽管该赋税地已经属于这个自治市，但是，由于遗赠人对此土地还是拥有某项权利[1]的，该项遗赠有效。

---

[1] 指在行省所有权之上的空虚所有权（proprietaà nuda）。——译者

17. Si ager vectigalis petatur et de emphyteutico iure

D. 30. 71. 6   Ulpianus 51 ad ed.

Sed et si non municipibus, sed alii fundum vectigalem legaverit, non videri proprietatem rei legatam, sed id ius, quod in vectigalibus fundis habemus.

D. 18. 1. 80. 3   Labeo 5 posteriorum a iav. epit.

Nemo potest videri eam rem vendidisse, de cuius dominio id agitur, ne ad emptorem transeat, sed hoc aut locatio est aut aliud genus contractus.

D. 50. 16. 219   Papinianus 2 resp.

In conventionibus contrahentium voluntatem potius quam verba spectari placuit. cum igitur ea lege fundum vectigalem municipes locaverint, ut ad heredem eius qui suscepit pertineret, ius heredum ad legatarium quoque transferri potuit.

D. 39. 4. 11. 1   Paulus 5 sent.

Agri publici, qui in perpetuum locantur, a curatore sine auctoritate principali revocari non possunt.

C. 4. 66. 1   Imp. Zeno A. Sebastiano pp.

Ius emphyteuticarium neque conductionis neque alienationis esse titulis addicendum, sed hoc ius tertium sit constitutum ab utriusque memoratorum contractuum societate seu similitudine separatum, conceptionem definitionemque habere propriam et iustum esse validumque contractum, in quo cuncta, quae inter utrasque contrahentium partes super omnibus vel etiam fortuitis casibus pactionibus scriptura interveniente habitis placuerint, firma illibataque perpetua stabilitate modis omnibus debeant custodiri: ita ut, si interdum ea, quae fortuitis casibus sicut eveniunt, pactorum non fuerint conventione concepta, si quidem tanta emerserit clades, quae

17. 赋税地的出售与永佃权

D. 30, 71, 6　乌尔比安：《告示评注》第 51 卷

即使将赋税地遗赠给了其他人而不是耕作它的自治市，一般并不认为遗赠了该土地所有权，而是认为遗赠了赋税地之上的一些权利。

D. 18, 1, 80, 3　拉贝奥：《由雅沃伦整理的拉贝奥遗作》第 5 卷

在有人出售了事实上涉及所有权的物的情况下，该物的所有权并不被认为转让给买受人，但是它涉及的是出租或者其他契约类型。

D. 50, 16, 219　帕比尼安：《解答集》第 2 卷

需指出的是，就契约而言，被考虑的是缔约双方的意图而非其言辞。因此，如果自治市出租赋税地时以契约约定承租人的权利可以属于其继承人，那么继承人可继承的该权利可以被转让给受遗赠人。

D. 39, 4, 11, 1　保罗：《判决集》第 5 卷

未经皇帝的批准，用于永佃的公有土地的承租人不得从公共物管理人那里将其拿走。

C. 4, 66, 1　芝诺皇帝致大区长官塞巴斯蒂亚努斯

我们规定，永佃权（ius emphyteuticarium）既非租赁（conductio），亦非买卖（alienatio），而是同上述两种契约毫无联系或者毫无相似之处的一种权利，是一个独立概念，是一个正当、有效的契约的标的。在契约中，双方以书面形式就任何情况（包括意外情况）达成的约定将被看成是永久不变的。该约定无论如何均应当被遵守。要是偶然发生的情况未被包括、约定在协议中，如果损害很大以致设定永佃权的物绝对灭失，而这一灭失不能归因于

233

17. Si ager vectigalis petatur et de emphyteutico iure

prorsus ipsius etiam rei quae per emphyteusin data est facit interitum, hoc non emphyteuticario, cui nihil reliquum mansit, sed rei domino, qui, quod fatalitate ingruebat, etiam nullo intercedente contractu habiturus fuerat, imputetur: sin vero particulare vel aliud leve damnum contigerit, ex quo non ipsa rei penitus laedatur substantia, hoc emphyteuticarius suis partibus non dubitet adscribendum.

C. 4. 66. 2pr.   Imp. Iustinianus A. Demostheni pp.

In emphyteuticariis contractibus sancimus, si quidem aliae pactiones in emphyteuticis instrumentis fuerint conscriptae, easdem et in aliis omnibus capitulis observari et de reiectione eius, qui enphyteusin suscepit, si solitam pensionem vel publicanorum functionum apochas non praestiterit.

C. 4. 66. 2. 1   Imp. Iustinianus A. Demostheni pp.

Sin autem nihil super hoc capitulo fuerit pactum, sed per totum triennium neque pecunias solverit neque aphocas domino tributorum reddiderit, volenti ei licere eum a praediis emphyteuticariis repellere: nulla ei adlegatione nomine meliorationis vel eorum quae emponemata dicuntur vel poenae opponenda, sed omnimodo eo, si dominus voluerit, repellendo neque oraetendente quod non est super hac causa inquitatus cum neminem oportetconventionem vel admonitionem expectare, sed ultro sese offerre ed debitum spontanea voluntate persolvere, secondum quod et anteriore lege nostri numine generaliter cautum est.

C. 4. 66. 2. 2   Imp. Iustinianus A. Demostheni pp.

Ne autem hac causa dominis facultas oriatur emphyteutas suos repellere et reditum minime velle suscipere, ut ex huiusmodi machinatione triennio elapso suo iure is qui emphyteusin suscepit cadat,

17. 赋税地的出售与永佃权

失去永佃权标的物的永佃权人,而是归因于物之所有权人,那么,即使契约无约定,该损害也应当由物之所有权人承担;然而,若发生未改变物的性质的、部分的或者轻微的损害,该损害无疑应当由永佃权人(emphyteuticarius)承担。

C. 4, 66, 2pr. 优士丁尼皇帝致大区长官德莫斯特尼

就永佃契约而言,如果在永佃契约的文件中确实以特别约款载明,诸缔约人要遵守契约的全部条款且永佃权人在未支付租金或者公共永佃税时将遭到驱除,那么我们将对此给予支持。

C. 4, 66, 2, 1 优士丁尼皇帝致大区长官德莫斯特尼

但是,如果该条款中没有永佃权人因迟延付款而被驱除的约定时,当永佃权人在三年中既未向土地所有权人支付租金,也未缴纳赋税的情况下,土地所有权人要从永佃土地上将永佃权人驱除,永佃权人不得以今后将对土壤进行改良需要费用为由,或者以进行必要的劳动或苦役为由进行抗辩,这是有其正当性的。总之,如果欲驱除永佃权人的土地所有权人,不得以没有索要任何东西包括可能的扣减为由而驱除永佃权人,因为没有人应当等待着被告知或者被警告,相反,其应当根据自己的意愿并自觉地按照我们预先确定和重申的数额履行自己的债务。

C. 4, 66, 2, 2 优士丁尼皇帝致大区长官德莫斯特尼

因为正好相反,该理由不能产生所有权人得以驱除永佃权人的资格,也不得以事先设计的诡计,即永佃权人因三年内未履行债务而致其权利消失为目的获得租金,我们将给永佃权人一个许可,他

17. Si ager vectigalis petatur et de emphyteutico iure

licentiam ei concedimus attestatione praemissa pecunias offerre hisque obsignatis et secundum legem depositis minime deiectionis timere periculum.

D. XV k. Oct. Chalcedone Decio vc. cons. <a. 529>

C. 4. 66. 3pr.   Imp. Iustinianus A. Iuliano pp.

Cum dubitabantur utrum emphyteuta debeat cum domini voluntate suas meliorationes, quae Graeco vucabulo emponemata dicuntur, alienare vel ius emphyteuticum in alium transferre, an eius expectare consensum, sancimus, si quidem emphyteuticum instrumentum super hoc casu aliquas pactiones habeat, eas observari. sin autem nullo modo huiusmodi pactio posita est vel forte instrumentum emphyteuseos perditum est, minime licere emphyteutae sine consensu domini suas meliorationes aliss vendere vel ius emphyteuticum transferre.

C. 4. 66. 3. 1   Imp. Iustinianus A. Iuliano pp.

Sed ne hac occasione accepta domini minime concedant emphyteutas suos accipere pretia meliorationum quae invenerint, sed eos deludant et ex hoc commodum emphyteutae depereat, disponimus attestationem domino transmitti et praedicere, quantum pretium ab alio re vera accepit.

C. 4. 66. 3. 2   Imp. Iustinianus A. Iuliano pp.

Et di quidem dominus hoc dare maluerit et tantam praestare quantitatem, quantam ipsa veritate emphyteuta ab alio accipere potest, ipsum dominum omnimodo haec comparare.

C. 4. 66. 3. 3   Imp. Iustinianus A. Iuliano pp.

Sin autem duorum mensium spatium fuerit emensum et dominus hoc facere noluerit, licentia emphyteutae detur, ubi voluerit, et sine

17. 赋税地的出售与永佃权

可以通过证人来证明其租金的支付，其后，根据法律把存放在密封袋中的租金进行返还，这样至少就不用担心遭到驱除的危险。

（529年，凯勒柴多内执政）

C. 4, 66, 3pr.　优士丁尼致行省总督尤里安

由于对永佃权人在转让土地增值和转让永佃权之时是否需要得到所有权人的同意始终存在争议，对此，我们认为，如果在设立永佃权的简约中对此有特别约定，则这些约定应当得到遵守；如果在简约中对此没有任何约定，或者［载有简约内容］的设权文件已经丢失，则未经所有权人同意不得出售其土地的增值部分，也无权转让其永佃权。

C. 4, 66, 3, 1　优士丁尼给行省总督尤里安

但是，所有权人不应当［在可让永佃权人获得利益时却］不让永佃权人获得他们所带来的增值部分的补偿，甚至压制着永佃权人令其失去这些利益。

C. 4, 66, 3, 2　优士丁尼给行省总督尤里安

因此，我们规定，永佃权人向土地所有权人提交一项证明，用以说明第三人能够就增值利益愿意向其支付的价金数额，如果土地所有权人愿意支付这笔价金，并保证支付同第三人一样的数额的话，则有土地所有权人购买这些增值利益。

C. 4, 66, 3, 3　优士丁尼给行省总督尤里安

如果经过了两个月而土地所有权人没有任何作为，那么［我们将］直接授权给永佃权人，在其愿意的情况下，可以在未经土地所

17. Si ager vectigalis petatur et de emphyteutico iure

consensu dominisuas meliorationes vendere, his tamen personis, quae non solent in emphyteuticis contractibus vetari ad huiusmodi venire emptionem. necessitatem autem habere dominos, si aliis melioratio secundum praefatum modum vendita sit, accipere emphyteutam ... .

C. 4. 66. 3. 5 Imp. Iustinianus A. Iuliano pp.

Sin autem novum emphyteutam vel emptorem meliorationis suscipere minime dominus maluerit et attestatione facta intra duos menses hoc facere supersederit, licere emèhyteutae et non consentientibus dominis ad alios ius suum vel emponemata transferre.

D. XV k. April. Constantinopoli Lampadii et Orestis VV CC. conss. <a. 530>

17. 赋税地的出售与永佃权

有权人同意的情况下出售这些土地增值,但是不能出售给在永佃权设立契约中约定排除的人。如果这些土地增值是以上述方式被出售的,土地所有权人有义务接受新的永佃权人……。

C. 4, 66, 3, 5　优士丁尼给行省总督尤里安

如果所有权人不愿接受新的永佃权人或者设佃土地的增值的买受人,且他有义务在两个月之内当着证人的面做出申明却没有如此做,则永佃权人有权未经土地所有权人的同意而将其权利转让给他人。

(530年,于君士坦丁堡,兰巴蒂和奥莱斯蒂斯执政)

18. De usu fructu

18. 1   Quemadmodum quis utatur et fruatur
(D. 7. 1/4/6/7/8/9 ; D. 10. 3 ; D. 15. 1 ; D. 19. 2 ;
D. 20. 1 ; D. 22. 1 ; D. 23. 3 ; D. 41. 1 ; C. 3. 33)

D. 7. 1. 1   Paulus 3 ad vitell.
Usus fructus est ius alienis rebus utendi fruendi salva rerum substantia.

18. 1. 1   Quid sit in fructu

D. 7. 1. 9pr.   Ulpianus 17 ad sab.
Item si fundi usus fructus sit legatus, quidquid in fundo nascitur, quidquid inde percipi potest, ipsius fructus est, sic tamen ut boni viri arbitratu fruatur. Nam et Celsus libro octavo decimo digestorum scribit cogi eum posse recte colere.

D. 7. 1. 9. 1   Ulpianus 17 ad sab.
Et si apes in eo fundo sint, earum quoque usus fructus ad eum pertinet.

D. 7. 1. 9. 2   Ulpianus 17 ad sab.
Sed si lapidicinas habeat et lapidem caedere velit vel cretifodinas

18. 用益权

18.1 用益权行使的方式和收益的获取
（D. 7, 1/4/6/7/8/9；D. 10, 3；D. 15, 1；D. 19, 2；D. 20, 1；D. 22, 1；D. 23, 3；D. 41, 1；C. 3, 33）

D. 7, 1, 1　保罗：《维特里乌斯评注》第 3 卷

用益权（usus fructus）是以不损害物的方式使用、收益他人之物的权利。

18.1.1　孳息的产生

D. 7, 1, 9pr.　乌尔比安：《萨宾评注》第 17 卷

同样，如果一块土地的用益权被遗赠，那么从该土地上出产之物及能从该土地上取得之物被视为该土地的孳息，然而，受遗赠人应当以一个诚实的人所采用的方式获取它们。杰尔苏在《学说汇纂》第 18 卷写道，他应当以适当方式耕种那块土地。

D. 7, 1, 9, 1　乌尔比安：《萨宾评注》第 17 卷

如果在那块土地上有蜜蜂，蜜蜂的用益权也属于他。

D. 7, 1, 9, 2　乌尔比安：《萨宾评注》第 17 卷

如果在那块土地上有石矿，受遗赠人想采石，或者在那块土地上有可采掘的白垩土或者沙，萨宾认为，受遗赠人可以像善良

18. De usu fructu

habeat vel harenas, omnibus his usurum Sabinus ait quasi bonum patrem familias: quam sententiam puto veram.

D. 7. 1. 9. 3   Ulpianus 17 ad sab.

Sed si haec metalla post usum fructum legatum sint inventa, cum totius agri relinquatur usus fructus, non partium, continentur legato.

D. 7. 1. 9. 4   Ulpianus 17 ad sab.

Huic vicinus tractatus est, qui solet in eo quod accessit tractari: et placuit alluvionis quoque usum fructum ad fructuarium pertinere. sed si insula iuxta fundum in flumine nata sit, eius usum fructum ad fructuarium non pertinere Pegasus scribit, licet proprietati accedat: esse enim veluti proprium fundum, cuius usus fructus ad te non pertineat. quae sententia non est sine ratione: nam ubi latitet incrementum, et usus fructus augetur, ubi autem apparet separatum, fructuario non accedit.

D. 7. 1. 9. 5   Ulpianus 17 ad sab.

Aucupiorum quoque et venationum reditum Cassius ait libro octavo iuris civilis ad fructuarium pertinere: ergo et piscationum.

D. 7. 1. 9. 6   Ulpianus 17 ad sab.

Seminarii autem fructum puto ad fructuarium pertinere ita tamen, ut et vendere ei et seminare liceat: debet tamen conserendi agri causa seminarium paratum semper renovare quasi instrumentum agri, ut finito usu fructu domino restituatur.

D. 7. 1. 9. 7   Ulpianus 17 ad sab.

Instrumenti autem fructum habere debet: vendendi tamen facultatem non habet. nam et si fundi usus fructus fuerit legatus et sit ager, unde palo in fundum, cuius usus fructus legatus est, solebat pater familias uti, vel salice vel harundine, puto fructuarium hactenus

18. 用益权

的家父（bonus patrem familias）那样利用那些物。我认为，此观点是正确的。

D. 7, 1, 9, 3　乌尔比安：《萨宾评注》第 17 卷

但是，如果那些矿物是在用益权被遗赠后发现的，那么当被遗赠的是整个土地的而非部分土地的用益权时，它们被包括在遗赠内。

D. 7, 1, 9, 4　乌尔比安：《萨宾评注》第 17 卷

就添附而言，通常要考虑的一点同上述情况类似。人们认为，冲积地的用益权属于用益权人。然而贝加苏斯说，如果在河中产生的一个岛屿距一块土地很近，尽管岛屿被视为土地的一部分，但其用益权不属于用益权人，因为它被视为一块分离的土地，故其用益权不属于你。此观点并非没有道理，因为当增添物与土地相连时，其用益权属于用益权人；当它与土地分离时，其用益权不属于用益权人。

D. 7, 1, 9, 5　乌尔比安：《萨宾评注》第 17 卷

卡修斯在《市民法》第 3 卷写道，捕鸟及狩猎的收益属于用益权人，因而捕鱼的收益也属于用益权人。

D. 7, 1, 9, 6　乌尔比安：《萨宾评注》第 17 卷

我认为，苗圃的孳息属于用益权人，允许他出卖它们，并允许他播种。然而，考虑到该土地的种植，他应当不断地改良苗圃，补充地力，以便在用益权终止时将之归还给所有权人。

D. 7, 1, 9, 7　乌尔比安：《萨宾评注》第 17 卷

然而，他应当享用［土地］辅助物（instrumentum）的孳息，但无权出卖它。因为，如果土地的用益权已被遗赠，所有权人（pater familias）[①] 以前经常使用该土地上的树、柳树或者芦竹，那

[①]　直译为"家父"，但此处指土地所有权人。——译者

243

18. De usu fructu

uti posse, ne ex eo vendat, nisi forte salicti ei vel silvae palaris vel harundineti usus fructus sit legatus: tunc enim et vendere potest. nam et Trebatius scribit silvam caeduam et harundinetum posse fructuarium caedere, sicut pater familias caedebat, et vendere, licet pater familias non solebat vendere, sed ipse uti: ad modum enim referendum est, non ad qualitatem utendi.

D. 7. 1. 12. 2   Ulpianus 17 ad sab.

Usufructuarius vel ipse frui ea re vel alii fruendam concedere vel locare vel vendere potest: nam et qui locat utitur, et qui vendit utitur. sed et si alii precario concedat vel donet, puto eum uti atque ideo retinere usum fructum, et hoc Cassius et Pegasus responderunt et Pomponius libro quinto ex Sabino probat. non solum autem si ego locavero, retineo usum fructum, sed et si alius negotium meum gerens locaverit usum fructum, Iulianus libro trigensimo quinto scripsit retinere me usum fructum. quid tamen si non locavero, sed absente et ignorante me negotium meum gerens utatur quis et fruatur? nihilo minus retineo usum fructum (quod et Pomponius libro quinto probat) per hoc, quod negotiorum gestorum actionem adquisivi.

D. 7. 1. 18   Paulus 3 ad sab.

Agri usu fructu legato in locum demortuarum arborum aliae substituendae sunt et priores ad fructuarium pertinent.

D. 7. 1. 59. 1   Paulus 3 sent.

Quidquid in fundo nascitur vel quidquid inde percipitur, ad fructuarium pertinet, pensiones quoque iam antea locatorum agrorum, si ipsae quoque specialiter comprehensae sint. sed ad exemplum venditionis, nisi fuerint specialiter exceptae, potest usufructuarius

18. 用益权

么我认为用益权人也可以使用它们,但只要柳树林、树丛或者芦竹丛的用益权未被遗赠给他,他便不能出卖它们,反之则有权出卖它们。特雷巴丘斯也写道,用益权人可以像所有权人那样砍掉倒下的芦竹并可以卖掉它们,尽管所有权人以前并不经常出卖它们,而只是经常使用它们。因为,对此需考虑的是使用的方式(modus)而非使用的性质(qualitas)。

D. 7, 1, 12, 2　乌尔比安:《萨宾评注》第 17 卷

用益权人(usufructuarius)既可以自己使用收益物,也可以将物之用益给予他人或者出租、出售给他人,因为出租和出售是行使用益权的方式。如果用益权人将物之用益暂时转让或者赠与另一个人,我认为他是在行使其权利,他仍保留着用益权。这是卡修斯和贝加苏斯提出的观点,彭波尼在《萨宾评注》第 5 卷也赞同此观点。尤里安在《学说汇纂》第 35 卷写道,不仅我自己出租它,我保留着用益权,而且某个管理我事务的人出租它,我也保留着用益权。然而,如果我并未出租它而管理我事务的人趁我不在时瞒着我使用收益物,那么我该说什么呢?尽管如此,我仍保留着用益权,因为我享有提起无因管理之诉(acitio negotiorum gestorum)的权利。彭波尼在《萨宾评注》第 5 卷也赞同此观点。

D. 7, 1, 18　保罗:《萨宾评注》第 3 卷

在土地的用益权被遗赠后,用益权人应当另种植一些树以取代枯死之树,而枯死之树则归其所有。

D. 7, 1, 59, 1　保罗:《判决集》第 3 卷

从土地上出产或者取得的一切东西皆属于用益权人。如果已出租土地的租金被特别包括在孳息内,那么租金也属于用益权人;但就像出卖一样,只要租金被特别排除在外,用益权人便可拒绝承租

18. De usu fructu

conductorem repellere.

D. 19. 2. 9. 1   Ulpianus 32 ad ed.

Hic subiungi potest, quod Marcellus libro sexto digestorum scripsit: si fructuarius locaverit fundum in quinquennium et decesserit, heredem eius non teneri, ut frui praestet, non magis quam insula exusta teneretur locator conductori. sed an ex locato teneatur conductor, ut pro rata temporis quo fruitus est pensionem praestet, Marcellus quaerit, quemadmodum praestaret, si fructuarii servi operas conduxisset vel habitationem? et magis admittit teneri eum: et est aequissimum. idem quaerit, si sumptus fecit in fundum quasi quinquennio fruiturus, an recipiat? et ait non recepturum, quia hoc evenire posse prospicere debuit. quid tamen si non quasi fructuarius ei locavit, sed si quasi fundi dominus? videlicet tenebitur: decepit enim conductorem: et ita imperator Antoninus cum divo Severo rescripsit. in exustis quoque aedibus eius temporis, quo aedificium stetit, mercedem praestandam rescripserunt.

D. 7. 1. 58pr.   Scaevola 3 resp.

Defuncta fructuaria mense decembri iam omnibus fructibus, qui in his agris nascuntur, mense octobri per colonos sublatis quaesitum est, utrum pensio heredi fructuariae solvi deberet, quamvis fructuaria ante kalendas martias, quibus pensiones inferri debeant, decesserit, an dividi debeat inter heredem fructuariae et rem publicam, cui proprietas legata est. respondi rem publicam quidem cum colono nullam actionem habere, fructuariae vero heredem sua die secundum ea quae proponerentur integram pensionem percepturum.

D. 7. 6. 1. 1   Ulpianus 18 ad sab.

Usus fructus legatus adminiculis eget, sine quibus uti frui quis

18. 用益权

人（conductor）[使用土地]。

D. 19, 2, 9, 1　乌尔比安:《告示评注》第32卷

在此需补充的是，马尔切勒在《学说汇纂》第6卷曾写道，如果用益权人将一块土地出租五年，而他在租期届满前去世，其继承人不负担出租人的义务。同样，当一座房子被火焚毁时，出租人（locator）也不再对承租人负担出租人的义务。但是马尔切勒问，就像承租了作为用益权标的的奴隶使用权或者居住权而应付租金一样，根据租赁契约，承租人是否应当依其使用承租物的时间按比例交付租金？他认为，承租人负有这一义务。此观点非常正确。他又问，如果他已负担应收益土地五年的土地费用，他是否可收回这些费用？他说不能收回，因为他本应预料到可能发生的情况。然而，假如他不是作为用益权人而是作为土地所有权人将土地出租给他呢？显然，他将承担责任，因为他欺骗了承租人。安东尼皇帝同塞维鲁一起作了如此批复。他们还就被火焚毁的房子批复道，在房子存在期间租金必须被交付。

D. 7, 1, 58pr.　斯凯沃拉:《解答集》第3卷

佃农在10月份收取了土地产生的全部孳息，女用益权人于12月死亡，产生的问题是：女用益权人应于2月份的最后一天收取租金，而她已死亡，那笔租金应当付给她的继承人还是在其继承人与接受土地所有权遗赠的国家之间进行分配？我的回答是，国家无权对佃农提起诉讼[1]，根据前述事实，女用益权人的继承人有权收取在那天应当付给她的全部租金。

D. 7, 6, 1, 1　乌尔比安:《萨宾评注》第18卷

被遗赠的用益权需要一些辅助性权利，没有这些权利，受遗赠

---

[1]　此指租赁之诉。——译者

18. De usu fructu

non potest: et ideo si usus fructus legetur, necesse est tamen ut sequatur eum aditus, usque adeo, ut, si quis usum fructum loci leget ita, ne heres cogatur viam praestare, inutiliter hoc adiectum videatur: item si usu fructu legato iter ademptum sit, inutilis est ademptio, quia semper sequitur usum fructum.

D. 22. 1. 28pr.   Gaius 2 rer. cott.

In pecudum fructu etiam fetus est sicut lac et pilus et lana: itaque agni et haedi et vituli statim pleno iure sunt bonae fidei possessoris et fructuarii.

D. 7. 1. 68. 2   Ulpianus 17 ad sab.

Plane si gregis vel armenti sit usus fructus legatus, debebit ex adgnatis gregem supplere, id est in locum capitum defunctorum.

D. 7. 1. 70pr.   Ulpianus 17 ad sab.

Quid ergo si non faciat nec suppleat? teneri eum proprietario Gaiusus Cassius scribit libro decimo iuris civilis.

D. 7. 1. 70. 1   Ulpianus 17 ad sab.

Interim tamen, quamdiu summittantur et suppleantur capita quae demortua sunt, cuius sit fetus quaeritur. et Iulianus libro tricensimo quinto digestorum scribit pendere eorum dominium, ut, si summittantur, sint proprietarii, si non summittantur, fructuarii: quae sententia vera est.

D. 7. 1. 70. 2   Ulpianus 17 ad sab.

Secundum quae si decesserit fetus, periculum erit fructuarii, non proprietarii et necesse habebit alios fetus summittere. unde Gaiusus Cassius libro octavo scribit carnem fetus demortui ad fructuarium pertinere.

18. 用益权

人便无法行使它。因而，如果土地的用益权被遗赠，通行权便应当随之被遗赠。这样，若一个人在遗赠一块土地的用益权时未遗赠通行权，也不让其继承人提供通行权，那么该限制性指令将被视为无效。同样，要是在用益权被遗赠时取消了通行权，这种取消是无效的，因为通行权总是同用益权连在一起。

D. 22, 1, 28pr.　盖尤斯：《日常事务》第 2 卷

家畜产的幼仔，就像奶水、毛皮及绒毛一样，也被包括于其孳息内。因此，善意占有人和用益权人对新生羔羊、小山羊及牛犊立刻享有完全的所有权。

D. 7, 1, 68, 2　乌尔比安：《萨宾评注》第 17 卷

显然，如果羊群或者畜群的用益权被遗赠，用益权人应当以它们生产的幼仔补充它，即应当以新生之幼仔代替死亡之牲畜。

D. 7, 1, 70pr.　乌尔比安：《萨宾评注》第 17 卷

那么，如果用益权人不像要求的那样去做，即不补充它，情况会怎样呢？卡修斯在《市民法》第 10 卷写道，他要向所有权人承担责任。

D. 7, 1, 70, 1　乌尔比安：《萨宾评注》第 17 卷

然而问题是，在死亡的牲畜被替补以前，幼仔属于谁？尤里安在《学说汇纂》第 35 卷写道，它们的所有权处于未定状态。因此，如果它们被作为替补物，便属于所有权人；若未被作为替补物，便属于用益权人。此观点是正确的。

D. 7, 1, 70, 2　乌尔比安：《萨宾评注》第 17 卷

根据那些原则，如果幼仔死亡，损失的风险将属于用益权人，而非属于所有权人；用益权人应当以别的幼仔作为替补物。因此，卡修斯在《市民法》第 8 卷写道，死亡幼仔的尸体属于用益权人。

18. De usu fructu

D. 7. 4. 31 Pomponius 4 ad q. muc.

Cum gregis usus fructus legatus est et usque eo numerus pervenit gregis, ut grex non intellegatur, perit usus fructus.

D. 7. 7. 4 Gaius 2 de liberali causa edicti urbici

Fructus hominis in operis constitit et retro in fructu hominis operae sunt. et ut in ceteris rebus fructus deductis necessariis impensis intellegitur, ita et in operis servorum.

D. 22. 1. 28. 1 Gaius 2 rer. cott.

Partus vero ancillae in fructu non est itaque ad dominum proprietatis pertinet: absurdum enim videbatur hominem in fructu esse, cum omnes fructus rerum natura hominum gratia comparaverit.

D. 41. 1. 10. 3 Gaius 2 inst.

De his autem servis, in quibus tantum usum fructum habemus, ita placuit, ut quidquid ex re nostra ex operis suis adquirant, id nobis adquiratur, si quid vero extra eas causas persecuti sint, id ad dominum proprietatis pertinet. itaque si is servus heres institutus sit legatumve quid aut ei donatum fuerit, non mihi, sed domino proprietatis adquiritur.

D. 7. 1. 21 Ulpianus 17 ad sab.

Si servi usus fructus sit legatus, quidquid is ex opera sua adquirit vel ex re fructuarii, ad eum pertinet, sive stipuletur sive ei possessio fuerit tradita. si vero heres institutus sit vel legatum acceperit, Labeo distinguit, cuius gratia vel heres instituitur vel legatum acceperit.

D. 15. 1. 2 Pomponius 5 ad sab.

Ex ea causa, ex qua soleret servus fructuarius vel usuarius adquirere, in eum, cuius usus fructus vel usus sit, actio dumtaxat

18. 用益权

D. 7, 4, 31 彭波尼:《库伊特·穆齐评注》第 4 卷

在一群羊的用益权被遗赠后,当其头数减至它不再被视为一群羊的程度时,用益权消灭。

D. 7, 7, 4 盖尤斯:《论关于城市告示中的自由问题的诉讼》第 2 卷

奴隶的孳息存在于其服务,反之,奴隶的服务体现为孳息。孳息被视为扣除必要费用后剩下之物。这也适用于奴隶服务的情况,就像适用于其他物一样。

D. 22, 1, 28, 1 盖尤斯:《日常事务》第 2 卷

女奴生的孩子不属于孳息且因此归属于所有权人。因为,当大自然安排全部物的孳息均为人类所用时,人却被包括在孳息内,这看起来显得荒谬。

D. 41, 1, 10, 3 盖尤斯:《法学阶梯》第 2 卷

然而,就我们对之只享有用益权的那些奴隶而言,这一观点本身确认:他们以我们的财产或者以其服务取得的任何物都属于我们,但他们基于别的原因取得之物属于其所有权人。因此,如果一个奴隶被指定为继承人,或者一个物被遗赠给他或者被赠与他,那么这些物不属于我们,而属于奴隶的所有权人。

D. 7, 1, 21 乌尔比安:《萨宾评注》第 17 卷

如果一个奴隶的用益权被遗赠,那么不管他订立要式口约,还是接受占有的转让,他以其服务或者以用益权人的财产取得的财产皆属于用益权人。然而,如果该奴隶被指定为继承人或者接受遗赠,拉贝奥认为,情况将有所不同:他被指定为继承人或者接受遗赠,是为了所有权人的利益,而不是为了用益权人的利益。

D. 15, 1, 2 彭波尼:《萨宾评注》第 5 卷

就奴隶取得之物属于用益权人或者使用权人的情况而言,将对

251

18. De usu fructu

de peculio ceteraeque honorariae dantur, ex reliquis in dominum proprietatis.

D. 7. 4. 13   Paulus 3 ad sab.

Si fructuarius messem fecit et decessit, stipulam, quae in messe iacet, heredis eius esse Labeo ait, spicam, quae terra teneatur, domini fundi esse fructumque percipi spica aut faeno caeso aut uva adempta aut excussa olea, quamvis nondum tritum frumentum aut oleum factum vel vindemia coacta sit. sed ut verum est, quod de olea excussa scripsit, ita aliter observandum de ea olea, quae per se deciderit, Iulianus ait: fructuarii fructus tunc fieri, cum eos perceperit, bonae fidei autem possessoris, mox quam a solo separati sint.

18. 1. 2   Quid fructuarius facere possit

D. 7. 1. 13. 4   Ulpianus 18 ad sab.

Fructuarius causam proprietatis deteriorem facere non debet, meliorem facere potest. et aut fundi est usus fructus legatus, et non debet neque arbores frugiferas excidere neque villam diruere nec quicquam facere in perniciem proprietatis. et si forte voluptarium fuit praedium, virdiaria vel gestationes vel deambulationes arboribus infructuosis opacas atque amoenas habens, non debebit deicere, ut forte hortos olitorios faciat vel aliud quid, quod ad reditum spectat.

D. 7. 1. 13. 5   Ulpianus 18 ad sab.

Inde est quaesitum, an lapidicinas vel cretifodinas vel harenifodinas ipse instituere possit: et ego puto etiam ipsum instituere posse, si non agri partem necessariam huic rei occupaturus est. proinde venas quoque

18. 用益权

用益权人或者使用权人提起特有产之诉（actio de peculio）及其他裁判官法之诉；就其他情况而言，将对奴隶的所有权人提起上述诉讼。

D. 7, 4, 13　保罗：《萨宾评注》第 3 卷

如果用益权人在收割庄稼时去世，拉贝奥认为，已收割的庄稼属于其继承人，仍附着于土地的庄稼则属于土地所有权人。他认为，在割下麦穗或者干草、摘下葡萄、打下橄榄后，孳息即属于用益权人，尽管它们尚未被磨成面粉、制成油或者酿成葡萄酒。虽然他就被打下的橄榄所说的确实是正确的，但就自己掉下的橄榄而言，则应当遵守另一规则。尤里安认为，孳息在被用益权人收获后属于用益权人；但它们一与土地分离便属于善意占有人。

18.1.2　用益权人可以进行的活动

D. 7, 1, 13, 4　乌尔比安：《萨宾评注》第 18 卷

用益权人不得恶化财产状况，但他可以改善它。如果一块土地的用益权被遗赠，用益权人既不得砍掉果树、拆除土地上的房屋，也不得从事任何损害的事情。如果那块土地原被用于娱乐，在其上有游乐场或者有为不结果之树所覆盖的令人惬意的林荫道，那么用益权人不得破坏它们而将之变为橄榄园或者变成目的在于产生收益的其他东西。

D. 7, 1, 13, 5　乌尔比安：《萨宾评注》第 18 卷

因此，产生了一个问题：用益权人是否可以在土地上采掘石料、白垩土或泥沙？我认为，只要他不占用耕种或者娱乐用的那部分土地，便可以那么做，他还可以调查石矿及其他类似的矿物的位

18. De usu fructu

lapidicinarum et huiusmodi metallorum inquirere poterit: ergo et auri et argenti et sulpuris et aeris et ferri et ceterorum fodinas vel quas pater familias instituit exercere poterit vel ipse instituere, si nihil agriculturae nocebit. et si forte in hoc quod instituit plus reditus sit quam in vineis vel arbustis vel olivetis quae fuerunt, forsitan etiam haec deicere poterit, si quidem ei permittitur meliorare proprietatem.

D. 7. 1. 13. 6   Ulpianus 18 ad sab.

Si tamen quae instituit usufructuarius aut caelum corrumpant agri aut magnum apparatum sint desideratura opificum forte vel legulorum, quae non potest sustinere proprietarius, non videbitur viri boni arbitratu frui: sed nec aedificium quidem positurum in fundo, nisi quod ad fructum percipiendum necessarium sit.

D. 7. 1. 15. 1   Ulpianus 18 ad sab.

Mancipiorum quoque usus fructus legato non debet abuti, sed secundum condicionem eorum uti: nam si librarium rus mittat et qualum et calcem portare cogat, histrionem balniatorem faciat, vel de symphonia atriensem, vel de palaestra stercorandis latrinis praeponat, abuti videbitur proprietate.

D. 7. 1. 44   Neratius 3 membr.

Usufructuarius novum tectorium parietibus, qui rudes fuissent, imponere non potest, quia tametsi meliorem excolendo aedificium domini causam facturus esset, non tamen id iure suo facere potest, aliudque est tueri quod accepisset an novum faceret.

D. 7. 1. 61   Neratius 2 resp.

Usufructuarius novum rivum parietibus non potest imponere. Aedificium inchoatum fructuarium consummare non posse placet,

18. 用益权

置。因此,他可以继续开采所有权人已开始开采的金、银、硫磺、铜或者其他矿物。只要不影响土地的耕种,他还可以开采尚未开采的矿物。假如他采矿所得的收益超过了在那块土地上的葡萄园、种植园或者橄榄园产生的收益,他便可以砍掉它们,因为允许他改良财产。

D. 7, 1, 13, 6　乌尔比安:《萨宾评注》第 18 卷

然而,如果用益权人所从事的施工污染了土地上的空气或者需要大量劳动力,如工匠或者收割者,以至于这种改良超过了所有权人的负担能力,那么他将不被视为像一个善良的人一样在行使其权利。他也不得在土地上建筑,除非建筑是为获取土地的孳息所必需的。

D. 7, 1, 15, 1　乌尔比安:《萨宾评注》第 18 卷

用益权人也不得滥用通过遗赠获得的奴隶用益权,而应当根据其特性使用他们。例如,要是他将一个誊写员派到田间并使之用筐子运石灰,让一个演员当浴室服务员,让一个演奏者做家务,或者让一个在角斗场受过训练的人清洁厕所,他将被视为在滥用所有权人的财产。

D. 7, 1, 44　内拉蒂:《羊皮纸书稿》第 3 卷

用益权人不能粉刷尚未装饰过的墙。虽然其装饰可使所有权人的建筑物变得更好,但他仍不能凭借自己的权利这么做。他保持其接受之物是一回事,更新它则是另一回事。

D. 7, 1, 61　内拉蒂:《解答集》第 2 卷

用益权人不能在墙边新开一条檐滴槽。人们认为,用益权人也不能完成一个已开工的建筑,尽管他不完成该建筑便不能使用那个

18. De usu fructu

etiamsi eo loco aliter uti non possit, sed nec eius quidem usum fructum esse: nisi in constituendo vel legando usu fructu hoc specialiter adiectum sit, ut utrumque ei liceat.

D. 7. 9. 9. 3   Ulpianus 51 ad ed.

Si vestis usus fructus legatus sit, scripsit Pomponius, quamquam heres stipulatus sit finito usu fructu vestem reddi, attamen non obligari promissorem, si eam sine dolo malo adtritam reddiderit.

18. 1. 3   Quid fructuarius facere debet

D. 7. 1. 7. 2   Ulpianus 17 ad sab.

Quoniam igitur omnis fructus rei ad eum pertinet, reficere quoque eum ad aedes per arbitrum cogi Celsus scribit. Celsus libro octavo decimo digestorum, hactenus tamen, ut sarta tecta habeat: si qua tamen vetustate corruissent, neutrum cogi reficere, sed si heres refecerit, passurum fructuarium uti. unde Celsus de modo sarta tecta habendi quaerit, si quae vetustate corruerunt reficere non cogitur: modica igitur refectio ad eum pertinet, quoniam et alia onera adgnoscit usu fructu legato: ut puta stipendium vel tributum vel salarium vel alimenta ab ea re relicta. et ita Marcellus libro tertio decimo scribit.

D. 7. 1. 7. 3   Ulpianus 17 ad sab.

Cassius quoque scribit libro octavo iuris civilis fructuarium per arbitrum cogi reficere, quemadmodum adserere cogitur arbores: et Aristo notat haec vera esse. Neratius autem libro quarto membranarum ait non

18. 用益权

地方和行使其益权,除非在设定或者遗赠用益权时明确规定他可以从事上述事情。

D. 7, 9, 9, 3　乌尔比安:《告示评注》第 51 卷

如果衣服的用益权被遗赠,彭波尼曾写道,虽然继承人同用益权人已订立了在用益权终止后衣服将被返还的要式口约,但允诺人(promissor)若非恶意返还破烂衣服便不承担责任。

18.1.3　用益权人应当进行的活动

D. 7, 1, 7, 2　乌尔比安:《萨宾评注》第 17 卷

由于物的一切孳息属于用益权人,因此,杰尔苏在《学说汇纂》第 18 卷写道,通过仲裁人,他也可能被强制修理那些房屋。然而,其修理义务仅限于使房顶和墙壁处于良好状态。如果房顶和墙壁因年久而毁坏,那么彼此都无义务修理它们,但继承人若修复了它们,便应当允许用益权人使用。因此,杰尔苏问,怎样才能使房顶及墙壁处于良好状态呢?假如房顶及墙壁因年久而毁坏,用益权人不会被强制修理它们,他只负责小修理。因为,在用益权被遗赠给他后,他还要负担其他负担,如房产税、宅基地使用费、维修房屋的酬金及遗赠的以该房屋负担的抚养费。马尔切勒在《学说汇纂》第 13 卷中也是这么写的。

D. 7, 1, 7, 3　乌尔比安:《萨宾评注》第 17 卷

卡修斯在《市民法》第 8 卷写道,通过仲裁人可以强制用益权人修理房屋,就像强制他种树一样。阿里斯托评论说,此话是正确的。内拉蒂[①]在其《羊皮纸书稿》第 4 卷写道,不能禁止用益权人

[①] 1 世纪法学家。——译者

18. De usu fructu

posse fructuarium prohiberi, quo minus reficiat, quia nec arare prohiberi potest aut colere: nec solum necessarias refectiones facturum, sed etiam voluptatis causa ut tectoria et pavimenta et similia facere, neque autem ampliare nec utile detrahere posse,

D. 7. 1. 64   Ulpianus 51 ad ed.

Cum fructuarius paratus est usum fructum derelinquere, non est cogendus domum reficere, in quibus casibus et usufructuario hoc onus incumbit. sed et post acceptum contra eum iudicium parato fructuario derelinquere usum fructum dicendum est absolvi eum debere a iudice.

D. 7. 1. 27. 3   Ulpianus 18 ad sab.

Si quid cloacarii nomine debeatur vel si quid ob formam aquae ductus, quae per agrum transit, pendatur, ad onus fructuarii pertinebit: sed et si quid ad collationem viae, puto hoc quoque fructuarium subiturum: ergo et quod ob transitum exercitus confertur ex fructibus: sed et si quid municipio, nam solent possessores certam partem fructuum municipio viliori pretio addicere: solent et fisco fusiones praestare. haec onera ad fructuarium pertinebunt.

D. 7. 9. 1pr.   Ulpianus 79 ad ed.

Si cuius rei usus fructus legatus sit, aequissimum praetori visum est de utroque legatarium cavere: et usurum se boni viri arbitratu et, cum usus fructus ad eum pertinere desinet, restituturum quod inde exstabit.

D. 7. 1. 15. 6   Ulpianus 18 ad sab.

Proprietatis dominus non debebit impedire fructuarium ita utentem, ne deteriorem eius condicionem faciat. de quibusdam plane dubitatur, si eum uti prohibeat, an iure id faciat: ut puta doleis, si forte fundi usus fructus sit legatus, et putant quidam, etsi defossa sint, uti prohibendum:

18. 用益权

修理房屋，就像不能禁止他犁地或者耕种土地一样。用益权人不仅可以进行必要的修理，而且还可以对房屋做装饰性改进，如粉刷房顶、铺地板及从事类似的活动，但是，他不能扩大房屋或者去掉房屋上的任何一个有用之物。

D. 7, 1, 64　乌尔比安：《告示评注》第 51 卷

当用益权人准备放弃用益权时，不得强迫他修理应当由其修理的房屋。在对他提起返还用益权标的物的诉讼后，假如用益权人准备放弃用益权，法官便应当免除其责任。

D. 7, 1, 27, 3　乌尔比安：《萨宾评注》第 18 卷

如果一笔费用是为排放污水欠下的，或是为了经公共水渠为自己享有用益权的土地导水而支付的，那么它将由用益权人负担。如果一笔费用是为养路而支付的，我认为，这也将由用益权人负担。因军队的通过而以土地孳息交纳之物，就像向自治市交纳的物一样，也应当由用益权人负担，因为土地占有人常将特定数量的孳息以低价卖给自治市，还常向国库纳税。

D. 7, 9, 1pr.　乌尔比安：《告示评注》第 79 卷

如果一个物的用益权被遗赠，受遗赠人便应当提供两种担保：他将作为一个善良的人使用该物；当用益权不再属于他时，他将归还物的现存部分。裁判官认为，这是非常公正的。

D. 7, 1, 15, 6　乌尔比安：《萨宾评注》第 18 卷

所有权人不得因担心用益权人使物的状况恶化而阻止他使用该物。但就一些物而言，如果所有权人禁止用益权人使用它们，比如，在土地用益权被遗赠后，所有权人禁止用益权人使用酒坛，其行为是否合法？一些法学家认为，即使酒坛被埋于地下，所有权

18. De usu fructu

idem et in seriis et in cuppis et in cadis et amphoris putant: idem et in specularibus, si domus usus fructus legetur. sed ego puto, nisi sit contraria voluntas, etiam instrumentum fundi vel domus contineri.

18. 1. 4   Quid proprietatis dominus facere possit

D. 7. 8. 16. 1   Pomponius 5 ad sab.

Dominus proprietatis etiam invito usufructuario vel usuario fundum vel aedes per saltuarium vel insularium custodire potest: interest enim eius fines praedii tueri. eaque omnia dicenda sunt, quolibet modo constitutus usus fructus vel usus fuerit.

C. 3. 33. 2   Impp. Severus et Autoninus. AA. Felici.

Verbis testamenti, quae precibus inseruisti, usum fructum legatum tibi animadvertimus. quae res non impedit proprietatis dominum obligare creditori proprietatem, manente scilicet integro usu fructu tui iuris.

PP. VI id. Mai. Antonino II et Geta II conss. <a. 205>

D. 7. 1. 15. 7   Ulpianus 18 ad sab.

Sed nec servitutem imponere fundo potest proprietarius nec amittere servitutem: adquirere plane servitutem eum posse etiam invito fructuario Iulianus scripsit. quibus consequenter fructuarius quidem adquirere fundo servitutem non potest, retinere autem potest: et si forte fuerint non utente fructuario amissae, hoc quoque nomine tenebitur. proprietatis dominus ne quidem consentiente fructuario servitutem imponere potest,

D. 7. 1. 17pr.   Ulpianus 18 ad sab.

Locum autem religiosum facere potest consentiente usufructuario: et hoc verum est favore religionis. sed interdum et solus proprietatis

人也可以禁止其使用。他们还认为,如果房屋的用益权被遗赠,所有权人可以禁止用益权人使用缸、杯子、桶、酒罐及镜子。然而,我们认为,如果无相反的意思,农具及家具也被包括在禁止使用之列。

18.1.4 所有权人可以进行的活动

D. 7, 8, 16, 1 彭波尼:《萨宾评注》第 5 卷
所有权人可以不经用益权人或者使用权人(usuarius)同意而通过守护人员或者看管人员看守土地或者房屋,因为维护地界涉及其利益。不管用益权或者使用权(usus)以何种方式被设定,此规则皆适用。

C. 3, 33, 2 塞维鲁皇帝和安东尼皇帝致费里奇
我们根据你在申请书中引用的遗言指出,用益权已被遗赠给你,但这并不妨碍所有权人在不影响你的用益权的情况下将物作为向债权人担保的担保物。
(205 年,安东尼皇帝和吉塔第 2 次执政)

D. 7, 1, 15, 7 乌尔比安:《萨宾评注》第 18 卷
所有权人既不能在那块土地上设定一项役权也不能使之丧失,但是他可以不经用益权人同意而取得役权。因此,用益权人不能取得役权,却可以享有它。如果役权因用益权人未行使而丧失,他将对此承担责任。即便用益权人同意,所有权人也不能在设有用益权的土地上设定役权。

D. 7, 1, 17pr. 乌尔比安:《萨宾评注》第 18 卷
经用益权人同意,所有权人可以将一个地方变成安魂之地。出于宗教考虑那是正确的,但是,有时所有权人也能独自使一个地方

18. De usu fructu

dominus locum religiosum facere potest: finge enim eum testatorem inferre, cum non esset tam oportune, ubi sepeliretur.

D. 23. 3. 66   Pomponius 8 ad q. muc.

Si usus fructus fundi, cuius proprietatem mulier non habebat, dotis nomine mihi a domino proprietatis detur, difficultas erit post divortium circa reddendum ius mulieri, quoniam diximus usum fructum a fructuario cedi non posse nisi domino proprietatis et, si extraneo cedatur, id est ei qui proprietatem non habeat, nihil ad eum transire, sed ad dominum proprietatis reversurum usum fructum. quidam ergo remedii loco recte putaverunt introducendum, ut vel locet hunc usum fructum mulieri maritus vel vendat nummo uno, ut ipsum quidem ius remaneat penes maritum, perceptio vero fructuum ad mulierem pertineat.

D. 20. 1. 11. 2   Marcianus l. s. ad form. hypoth.

Usus fructus an possit pignori hypothecaeve dari, quaesitum est, sive dominus proprietatis convenerit sive ille qui solum usum fructum habet. et scribit Papinianus libro undecimo responsorum tuendum creditorem et si velit cum creditore proprietarius agere 'non esse ei ius uti frui invito se', tali exceptione eum praetor tuebitur: 'si non inter creditorem et eum ad quem usus fructus pertinet convenerit, ut usus fructus pignori sit': nam et cum emptorem usus fructus tuetur praetor, cur non et creditorem tuebitur? eadem ratione et debitori obicietur exceptio.

18. 1. 5   An uti frui dividi possit

D. 7. 8. 19   Paulus 3 ad vitell.

Usus pars legari non potest: nam frui quidem pro parte possumus,

18. 用益权

变成安魂之地，例如，当无其他地方更适合作墓地时，他将立遗嘱人的遗体安葬于他的土地上。

D. 23, 3, 66　彭波尼：《库伊特·穆齐评注》第 8 卷

如果我的妻子对其并无所有权的土地享有用益权，该用益权被所有权人作为嫁资给予了我，那么离婚后该权利返还给我妻子将有困难，因为我们说过，用益权不能由用益权人转让给所有权人以外的人。假如该权利被用益权人转让给不享有物之所有权的他人，则如同未转让，而用益权却回归给所有权人。因此，有人认为，对上述情况采取下述补救措施是完全正确的，即丈夫将土地的用益权出租或者以一元钱价格出售给妻子，以使该权利仍属于丈夫，而收取的孳息却属于妻子。

D. 20, 1, 11, 2　马尔西安：《论抵押规则》单卷本

问题是用益权是否可以经所有权人或者用益权人同意而变成质权或者抵押权的标的？帕比尼安在《解答集》第 11 卷写道，债权人应当受到保护。如果所有权人对债权人提起诉讼，主张"债权人未经其同意无权使用收益物"，裁判官便允许债权人提出"债权人同用益权人已商定将用益权质押"的抗辩。裁判官保护用益权的买受人，为什么不保护债权人？出于同样的理由，此抗辩也将对抗债务人（debitor）。

18.1.5　用益权的可分性

D. 7, 8, 19　保罗：《维特里乌斯评注》第 3 卷

使用权不能被部分遗赠，因为我们可以部分地享有一个物，但

18. De usu fructu

uti pro parte non possumus.

D. 7. 1. 13. 3   Ulpianus 18 ad sab.

Sed si inter duos fructuarios sit controversia, Iulianus libro trigensimo octavo digestorum scribit aequissimum esse quasi communi dividundo iudicium dari vel stipulatione inter se eos cavere, qualiter fruantur: cur enim, inquit Iulianus, ad arma et rixam procedere patiatur praetor, quos potest iurisdictione sua componere? quam sententiam Celsus quoque libro vicensimo digestorum probat, et ego puto veram.

D. 10. 3. 7. 10   Ulpianus 20 ad ed.

Cum de usu fructu communi dividundo iudicium agitur, iudex officium suum ita diriget, ut vel regionibus eis uti frui permittat: vel locet usum fructum uni ex illis: vel tertiae personae, ut hi pensiones sine ulla controversia percipiant: vel si res mobiles sint, etiam sic poterit, ut inter eos conveniat caveantque per tempora se usuros et fruituros, hoc est ut apud singulos mutua vice certo tempore sit usus fructus.

D. 7. 1. 3pr.   Gaius 2 rer. cott.

Omnium praediorum iure legati potest constitui usus fructus, ut heres iubeatur dare alicui usum fructum. dare autem intellegitur, si induxerit in fundum legatarium eumve patiatur uti frui. et sine testamento autem si quis velit usum fructum constituere, pactionibus et stipulationibus id efficere potest.

18. 用益权

不能部分地使用一个物。

D. 7, 1, 13, 3　乌尔比安:《萨宾评注》第 18 卷

如果在两个用益权人之间存在分歧,尤里安在《学说汇纂》第 38 卷写道,最公正的解决办法是允许他们提起准共有物分割之诉,或者通过要式口约对各自行使用益权的方式作出保证。尤里安说,当裁判官可以通过行使其司法权消除分歧时,他为什么要允许双方发生争吵并诉诸武力呢?杰尔苏在《学说汇纂》第 20 卷赞成此观点。我也认为它是正确的。

D. 10, 3, 7, 10　乌尔比安:《告示评注》第 20 卷

当共有物分割之诉涉及共有用益权的分割时,法官可以下述方式行使其职权:或者让共有用益权的人享受财产不同部分的用益权;或者将它出租给共有人用以享受财产不同部分的用益权;或者将它出租给共有人中的一个人或者第三人,因此每一方皆可从对方或者第三人处取得他那部分收益而不致发生争议。如果物是动产,他也可以这么做:让共有用益权的人通过要式口约保证他们将按时享有用益权。即每个人都按要式口约确定的时间轮流享有用益权。

D. 7, 1, 3pr.　盖尤斯:《日常事务》第 2 卷

用益权可通过立遗嘱人命令其继承人将它给与一个人的遗赠方式在其任何一块土地上被设定。如果继承人将受遗赠人引进土地或者允许其使用、收益它,用益权便被视为已设定。假如一个人无遗嘱而想设定用益权,那么他可以通过简约(pactio)及要式口约为之。

18. De usu fructu

18. 2 Quibus modis usus fructus amittitur
(D. 7. 1/4/6 ; C. 3. 34)

D. 7. 4. 3. 3　Ulpianus 17 ad sab.

Morte quoque amitti usum fructum non recipit dubitationem, cum ius fruendi morte extinguatur, sicuti si quid aliud, quod personae cohaeret.

D. 7. 4. 1pr.　Ulpianus 17 ad sab.

Non solum usum fructum amitti capitis minutione constat, sed et actionem de usu fructu. et parvi refert, utrum iure sit constitutus usus fructus an vero tuitione praetoris: proinde traditus quoque usus fructus, item in fundo vectigali vel superficie non iure constitutus capitis minutione amittitur.

D. 7. 1. 56　Gaius 17 ad ed. provinc.

An usus fructus nomine actio municipibus dari debeat, quaesitum est: periculum enim esse videbatur, ne perpetuus fieret, quia neque morte nec facile capitis deminutione periturus est, qua ratione proprietas inutilis esset futura semper abscedente usu fructu. sed tamen placuit dandam esse actionem. unde sequens dubitatio est, quousque tuendi essent in eo usu fructu municipes: et placuit centum annos tuendos esse municipes, quia is finis vitae longaevi hominis est.

D. 7. 4. 5. 2　Ulpianus 17 ad sab.

Rei mutatione interire usum fructum placet: veluti usus fructus

18. **用益权**

18.2 用益权消灭的方式
（D. 7, 1/4/6；C. 3, 34）

D. 7, 4, 3, 3　乌尔比安:《萨宾评注》第 17 卷
毫无疑问，用益权还可因死亡而消灭，因为享受的权利因死亡而消灭，就像其他附着于人身的权利一样。

D. 7, 4, 1pr.　乌尔比安:《萨宾评注》第 17 卷
人们知道，人格减等不仅导致用益权的丧失，而且导致有关用益权的诉权丧失。用益权是因法律规定而设定还是因裁判官的保护而产生并不重要。因此转让的用益权及非依法律规定在赋税地或者有地上权的土地上设定的用益权，因人格减等而丧失。

D. 7, 1, 56　盖尤斯:《行省告示评注》第 17 卷
人们提出了是否应当将有关用益权的诉权给予自治市的问题，人们认为，该问题的实质在于用益权有变成永久性权利的危险，因为自治市既不因死亡也不因人格减等（capitis deminutio）而消灭，因此所有权因同用益权的永久分离而变得毫无价值。然而，人们认为，这一诉权应当被赋予自治市。因而又产生了如下问题：在享受用益权方面，自治市应受到多长时间的保护？人们认为，应当受到保护的时间为 100 年，因为这是一个人能活的最长时间。

D. 7, 4, 5, 2　乌尔比安:《萨宾评注》第 17 卷
用益权因物的变化而消灭，比如，房屋的用益权被遗赠给我，

18. De usu fructu

mihi aedium legatus est, aedes corruerunt vel exustae sunt: sine dubio extinguitur. an et areae? certissimum est exustis aedibus nec areae nec cementorum usum fructum deberi. et ita et Iulianus.

D. 7. 4. 12pr.   Ulpianus 17 ad sab.

Si eui balinei usus fructus legatus sit et testator habitationem hoc fecerit, vel si tabernae et diaetem fecerit, dicendum est usum fructum extinctum.

D. 7. 4. 10. 7   Ulpianus 17 ad sab.

In navis quoque usu fructu Sabinus scribit, si quidem per partes refecta sit, usum fructum non interire: si autem dissoluta sit, licet isdem tabulis nulla praeterea adiecta restaurata sit, usum fructum extinctum: quam sententiam puto veriorem. nam et si domus fuerit restituta, usus fructus extinguitur.

D. 7. 1. 71   Marcellus 17 dig.

Si in area, cuius usus fructus alienus esset, quis aedificasset, intra tempus quo usus fructus perit superficie sublata restitui usum fructum veteres responderunt.

D. 7. 4. 27   Paulus 1 manual.

Si servus, in quo usus fructus alienus est, noxae dedatur a domino proprietatis usufructuario, liberabitur confusa servitute proprietatis comparatione.

C. 3. 34. 13   Imp. Iustinianus A. Iohanni pp.

Sicut usum fructum, qui non utendo per biennium in soli rebus, per annale autem tempus in mobilibus vel se moventibus deminuebatur, non passi sumus huiusmodi sustinere compendiosum interitum, sed et ei decennii vel viginti annorum dedimus spatium, ita et in ceteris

18. 用益权

房屋倒塌了或者被火焚毁了，毫无疑问，用益权消灭。问题是宅基地的用益权是否也消灭？显然，房屋被焚毁，宅基地及残存的建筑材料的用益权也不复存在。尤里安亦持此观点。

D. 7, 4, 12pr.　乌尔比安：《萨宾评注》第 17 卷

如果一个浴室的用益权被遗赠给一个人后，立遗嘱人将浴室变成了住宅或者商店，那么应当说浴室用益权已消灭。

D. 7, 4, 10, 7　乌尔比安：《萨宾评注》第 17 卷

萨宾就船舶的用益权写道：如果船被部分重建，用益权不消灭；假如船被拆掉，尽管重建时用的是原来的木板且未增添一块别的木板，用益权仍消灭。我认为，此观点较正确，因为如果一座房子被重建，用益权便会消灭。

D. 7, 1, 71　马尔切勒：《学说汇纂》第 17 卷

古代法学家说：如果一个人在他人享有用益权的土地上建筑，用益权消灭；该土地上的建筑物被清除，用益权恢复。

D. 7, 4, 27　保罗：《教科书》第 1 卷

如果他人享有用益权的奴隶因损害投偿而被所有权人转让给用益权人，该用益权因其同所有权合归一人而消灭。

C. 3, 34, 13　优士丁尼皇帝致大区长官乔万尼

不动产用益权因两年不行使而消灭。动产用益权因一年不行使而消灭。我们不允许用益权在如此短的时间内就被丧失掉，因而将其丧失时间定为 10 年或者 20 年。此规定也适用于其他所有役权。因此，所有役权并非在两年内未行使而消灭。就像不动产一样，如

18. De usu fructu

servitutibus obtinendum esse censuimus, ut omnes servitutes non utendo amittantur non biennio, quia tantummodo soli rebus adnexae sunt, sed decennio contra praesentes vel viginti annorum spatio contra absentes, ut sit in omnibus huiusmodi rebus causa similis differentiis explosis.

D. XV k. Nov. Constantinopoli post consulatum Lampadii et Orestis vv. cc. <a. 531>

D. 7. 6. 5pr.   Ulpianus 17 ad ed.

Uti frui ius sibi esse solus potest intendere, qui habet usum fructum, dominus autem fundi non potest, quia qui habet proprietatem, utendi fruendi ius separatum non habet: nec enim potest ei suus fundus servire: de suo enim, non de alieno iure quemque agere oportet. quamquam enim actio negativa domino competat adversus fructuarium, magis tamen de suo iure agere videtur quam alieno, cum invito se negat ius esse utendi fructuario vel sibi ius esse prohibendi. quod si forte qui agit dominus proprietatis non sit, quamvis fructuarius ius utendi non habet, vincet tamen iure, quo possessores sunt potiores, licet nullum ius habeant.

18. 3   Si usus fructus petetur vel ad alium pertinere negetur
(D. 7. 6 ; D. 39. 3)

D. 7. 6. 5. 1   Ulpianus 17 ad ed.

Utrum autem adversus dominum dumtaxat in rem actio usufructuario competat an etiam adversus quemvis possessorem,

18. 用益权

当事人居住于同一省，役权因在 10 年之内未行使而消灭；若当事人非居住于同一省，役权因在 20 年之内未行使而消灭。除此区别外，所有役权皆适用同样的规则。

（531 年，于君士坦丁堡，兰巴蒂和奥莱斯蒂斯代理执政）

D. 7, 6, 5pr. 乌尔比安：《告示评注》第 17 卷

只有享有用益权的人才能提起用益权之诉。土地所有权人不能提起该诉讼，因为享有所有权的人并非单独享有物之用益权。事实上，一个人的土地不能成为对他自己有利的役权的客体。每个人都应当根据他自己的权利而非他人的权利提起诉讼。所有权人实际上可以对用益权人提起排除妨碍之诉。当他认为用益权人无权违背其意志使用物或者认为他有权限制他时，他被视为在根据他自己的权利而非他人的权利提起诉讼。若发生提起诉讼的人非物之所有权人的情况，那么尽管用益权人无用益权，但根据占有人即使无任何权利也将受到优待的法律规定，他仍将胜诉。

18.3 是提起确认用益权之诉还是否认它属于别人

（D. 7, 6 ; D. 39, 3）

D. 7, 6, 5, 1 乌尔比安：《告示评注》第 17 卷

对物之诉由用益权人仅对所有权人提起还是可以对任何占有人提起？尤里安在《学说汇纂》第 7 卷写道，他有权对任何占有人

18. De usu fructu

quaeritur. et Iulianus libro septimo digestorum scribit hanc actionem adversus quemvis possessorem ei competere: nam et si fundo fructuario servitus debeatur, fructuarius non servitutem, sed usum fructum vindicare debet adversus vicini fundi dominum.

D. 39. 3. 22pr.   Pomponius 10 ex variis lectionibus

Si usus fructus fundi legatus fuerit, aquae pluviae arcendae actio heredi et cum herede est, cuius praedium fuerit. quod si ex opere incommodum aliquod patitur fructuarius, poterit quidem interdum vel interdicto experiri quod vi aut clam. quod si ei non competet, quaerendum est, an utilis ei quasi domino actio aquae pluviae arcendae dari debeat an vero etiam contendat ius sibi esse uti frui: sed magis est utilem aquae pluviae arcendae ei actionem accommodare.

D. 39. 3. 22. 2   Pomponius 10 ex variis lectionibus

Sed et si fructuarius opus fecerit, per quod aqua pluvia alicui noceat, erit quidem actio legitima cum domino proprietatis: an vero etiam utilis in fructuarium actio aquae pluviae arcendaedanda sit, quaesitum est: et magis est ut detur.

18. 4   De usu fructu earum rerum quae usu consumuntur vel minuuntur

(D. 7. 5)

D. 7. 5. 1   Ulpianus 18 ad sab.

Senatus censuit, ut omnium rerum, quas in cuiusque patrimonio

提起该诉讼。因为，如果一项役权附着于有用益权的土地上，那么用益权人对邻地所有权人提起诉讼时应当主张的不是役权而是用益权。

D. 39, 3, 22pr. 彭波尼：《各种片段引述》第10卷

如果土地的用益权被遗赠，邻地所有权人或者其继承人仍可对该地所有权人或者其继承人提起排放雨水之诉。如果用益权人因他人施工而遭受了损害，有时他将适用暴力或者欺瞒令状。若不能适用此令状，将产生如下问题：他是像所有权人那样有权提起扩用的排放雨水之诉，还是应当提起确认用益权之诉？较正确的观点是，他有权提起扩用的排放雨水之诉。

D. 39, 3, 22, 2 彭波尼：《各种片段引述》第10卷

但是，如果用益权人进行一项施工，而该施工导致雨水给他人造成了损害，便产生如下问题：是对所有权人提起排放雨水之诉，还是对用益权人提起扩用的排放雨水之诉？更好的解决办法是第二个。

18.4 消费物的用益权或者准用益权
（D. 7, 5）

D. 7, 5, 1 乌尔比安：《萨宾评注》第18卷

元老院曾规定：所有属于一个人财产之物的用益权皆可被遗

18. De usu fructu

esse constaret, usus fructus legari possit: quo senatus consulto inductum videtur, ut earum rerum, quae usu tolluntur vel minuuntur, possit usus fructus legari.

D. 7. 5. 2. 1   Gaius 7 ad ed. provinc.

Quo senatus consulto non id effectum est, ut pecuniae usus fructus proprie esset (nec enim naturalis ratio auctoritate senatus commutari potuit), sed remedio introducto coepit quasi usus fructus haberi.

D. 7. 5. 3   Ulpianus 18 ad sab.

Post quod omnium rerum usus fructus legari poterit. An et nominum? Nerva negavit: sed est verius, quod Cassius et Proculus existimant, posse legari. idem tamen nerva ipsi quoque debitori posse usum fructum legari scribit et remittendas ei usuras.

D. 7. 5. 7   Gaius 7 ad ed. provinc.

Si vini olei frumenti usus fructus legatus erit, proprietas ad legatarium transferri debet et ab eo cautio desideranda est, ut, quandoque is mortuus aut capite deminutus sit, eiusdem qualitatis res restituatur, aut aestimatis rebus certae pecuniae nomine cavendum est, quod et commodius est. idem scilicet de ceteris quoque rebus, quae usu continentur, intellegemus.

18. 用益权

赠。根据元老院的这一决议,人们认为,因使用而灭失或者减少之物的用益权亦可被遗赠。

D. 7, 5, 2, 1　盖尤斯:《行省告示评注》第 7 卷

人们不能根据元老院的这一决议认为确实存在金钱用益权(pecuniae usus fructus),因为自然理性不能被元老院的权力所改变。但是,根据上述规定,它将被视为准用益权(quasi usus fructus)。

D. 7, 5, 3　乌尔比安:《萨宾评注》第 18 卷

在元老院的这一决议颁布之后,一切物之用益权皆可被遗赠。债权的用益权也可以被遗赠吗?内尔瓦持否定态度。卡修斯和普罗库勒的观点更符合实际,即它可以被遗赠。然而,内尔瓦还写道,债权之用益权也可以被遗赠给债务人本人,而他应被免除交付利息。

D. 7, 5, 7　盖尤斯:《行省告示评注》第 7 卷

如果葡萄酒、橄榄油及小麦的用益权被遗赠,所有权应当被移转给受遗赠人。然而,他应当担保,一旦他死亡或者人格减等,便将归还同等数量和质量之物,或者他应当在上述物被估价后提供一笔特定数额的保证金,后一种办法较方便。我们认为,此规则同样适用于所有其他可消耗物。

19. De operis servorum

(D. 7. 7/9 ; D. 33. 2)

D. 7. 7. 5　Clem. 18 ad l. Iulianus et Papinianus

Operis servi legatis usum datum intellegi et ego didici et Iulianus existimat.

D. 33. 2. 2　Papinianus 17 quaest.

Hominis operae legatae capitis deminutione vel non utendo non amittuntur. et quoniam ex operis mercedem percipere legatarius potest, etiam operas eius ipse locare poterit, quas si prohibeat heres capi, tenebitur. idem est et si servus se locaverit. et quia legatarius fructuarius non est, ad heredem suum operarum legatum transmittit: sed servo usu capto legatum perit.

D. 7. 9. 5. 3　Ulpianus 79 ad ed.

Et si habitatio vel operae hominis vel cuius alterius animalis relictae fuerint, stipulatio locum habebit, licet per omnia haec usum fructum non imitantur.

19. 奴畜使用权

（D. 7, 7/9；D. 33, 2）

D. 7, 7, 5　克勒门斯：《尤流斯和帕皮流斯法评注》第 18 卷

我曾教导人们：奴隶的服务被遗赠，其使用权即被视为已给予。尤里安也持此观点。

D. 33, 2, 2　帕比尼安：《问题集》第 17 卷

被遗赠奴隶的使用权不因人格减等或者未行使而丧失。因为，受遗赠人可以通过奴隶的服务获得酬金，所以他可以将奴隶的使用权出租。继承人若阻止他收取租金，便要承担责任。如果奴隶将他自己出租，此规则也适用。此外，由于受遗赠人不是用益权人，因此他可将奴隶的使用权遗赠移转于其继承人，但是，该遗赠在奴隶被时效取得后消灭。

D. 7, 9, 5, 3　乌尔比安：《告示评注》第 79 卷

如果居住权（habitatio）、奴隶使用权或者家畜使用权被遗赠，将适用要式口约，尽管这些权利完全不同于用益权。

20. De usu et habitatione
(D. 7. 8 ; C. 3. 33)

D. 7. 8. 14. 3   Ulpianus 17 ad sab.

Poterit autem apud alium esse usus, apud alium fructus sine usu, apud alium proprietas: veluti si qui habet fundum, legaverit Titio usum, mox heres eius tibi fructum legaverit vel alio modo constituerit.

D. 7. 8. 4. 1   Ulpianus 17 ad sab.

Mulieri autem si usus relictus sit, posse eam et cum marito habitare Quintus Mucius primus admisit, ne ei matrimonio carendum foret, cum uti vult domo. nam per contrarium quin uxor cum marito possit habitare, nec fuit dubitatum. quid ergo si viduae legatus sit, an nuptiis contractis post constitutum usum mulier habitare cum marito possit? et est verum, ut et Pomponius libro quinto et Papinianus libro nono decimo quaestionum probat, posse eam cum viro et postea nubentem habitare. hoc amplius Pomponius ait et cum socero habitaturam.

D. 7. 8. 10pr.   Ulpianus 17 ad sab.

Si habitatio legetur, an perinde sit atque si usus, quaeritur. et effectu quidem idem paene esse legatum usus et habitationis et Papinianus consensit libro octavo decimo quaestionum. denique donare non poterit, sed eas personas recipiet, quas et usuarius: ad heredem tamen nec ipsa transit nec non utendo amittitur nec capitis deminutione.

20. 使用权和居住权
（D.7,8；C.3,33）

D.7,8,14,3　乌尔比安：《萨宾评注》第17卷

使用权属于一个人，无使用权的收益权（fructus sine usu）属于一个人，而所有权（proprietas）属于另一个人，这是可能的。比如，一个人有一块土地，他将使用权遗赠给提裘斯，后来其继承人又通过遗赠或者以别的方式将收益权给与你。

D.7,8,4,1　乌尔比安：《萨宾评注》第17卷

昆图斯·穆丘斯最先承认，如果一栋房屋的使用权被遗赠给一位女性，那么当她想使用该房屋时，她可以同丈夫一起住在那里以保持婚姻关系，因为人们从不怀疑妻子可以同丈夫住在一起。不管怎么说，如果房屋的使用权被遗赠给一个寡妇，而她在获得使用权后再婚，她可以和丈夫一起住在那里吗？正如彭波尼在《萨宾评注》第5卷、帕比尼安在《问题集》第19卷所写，她再婚后可以和丈夫一起住在那里，彭波尼还进一步说道，她还可以同其公公一起住在那里。

D.7,8,10pr.　乌尔比安：《萨宾评注》第17卷

问题是：居住权遗赠与使用权遗赠是否相同？帕比尼安在《问题集》第18卷中认为，居住权遗赠与使用权遗赠的效力几乎是一样的。因此，受遗赠人最终不能将居住权赠与他人，但是他可以允许使用权人同意的那些人居住。然而，居住权既不能被转让给继承人，也不因未行使或者人格减等而消灭。

20. De usu et habitatione

D. 7. 8. 10. 1   Ulpianus 17 ad sab.

Sed si χρῆσις sit relicta, an usus sit, videndum: et Papinianus libro septimo responsorum ait usum esse, non etiam fructum relictum.

D. 7. 8. 10. 2   Ulpianus 17 ad sab.

Sed si sic relictus sit: 'illi domus usus fructus habitandi causa', utrum habitationem solam an vero et usum fructum habeat, videndum. et Proculus et Neratius putant solam habitationem legatam, quod est verum. plane si dixisset testator 'usum habitandi causa', non dubitaremus, quin valeret.

D. 7. 8. 10. 3   Ulpianus 17 ad sab.

Utrum autem unius anni sit habitatio an usque ad vitam, apud veteres quaesitum est: et Rutilius donec vivat habitationem competere ait, quam sententiam et Celsus probat libro octavo decimo digestorum.

C. 3. 33. 13pr.   Imp. Iustinianus A. Iuliano pp.

Cum antiquitas dubitabat usu fructu habitationis legato, et primo quidem cui similis est, utrumne usui vel usui fructui an neutri eorum, sed ius proprium et specialem naturam sortita est habitatio, postea autem si possit is cui habitatio legata est eandem locare vel dominium sibi vindicare, auctorum iurgium decidentes compendioso responso omnem huiusmodi dubitationem resecamus.

C. 3. 33. 13. 1   Imp. Iustinianus A. Iuliano pp.

Et si quidem habitationem reliquerit, ad humaniorem declinare sententiam nobis visum est et dare legatario etiam locationis licentiam. quid enim distat, sive ipse legatarius maneat sive alii cedat, ut mercedem accipiat?

C. 3. 33. 13. 2   Imp. Iustinianus A. Iuliano pp.

Et multo magis, si habitationis usum fructum reliquerit, cum et

20. 使用权和居住权

D. 7, 8, 10, 1　乌尔比安：《萨宾评注》第 17 卷

但需要考虑的是：如果在遗赠时使用了希腊语 χρῆσις 一词，是否意味着使用权被遗赠？帕比尼安在《解答》第 7 卷写道，在此情况下，使用权被遗赠而收益权未被遗赠。

D. 7, 8, 10, 2　乌尔比安：《萨宾评注》第 17 卷

但是，如果将"房屋的用益权遗赠给他是为了让他在那里居住"，那么应考虑的是：他只享有居住权抑或还享有用益权？普罗库勒和内拉蒂认为，仅居住权被遗赠。这是正确的。当然，若立遗嘱人说过"遗赠房屋使用权是为了让受遗赠人在那里居住"，我们不会怀疑该遗赠是有效的。

D. 7, 8, 10, 3　乌尔比安：《萨宾评注》第 17 卷

居住权是受遗赠人只享有一年的权利还是其终身享有的权利，此问题曾被古代法学家们讨论过。鲁狄流斯说居住权应被终身享有，杰尔苏在其《学说汇纂》第 18 卷也赞同此观点。

C. 3, 33, 13pr.　优士丁尼皇帝致大区长官尤里安

被遗赠的居住用益权与使用权或者用益权相同还是有异？古代法学家对此存有疑问。如果接受居住权遗赠的人可以出租房屋或者请求确认居住权，那么居住权就不同于其他权利而有其自身的特点。以此简短的回答我们便可消除古代法学家对居住权的一切疑问和争议。

C. 3, 33, 13, 1　优士丁尼皇帝致大区长官尤里安

如果一个人将居住权遗赠，我们认为，最人道的做法是允许受遗赠人出租房屋，因为受遗赠人自己使用它与将其出租给他人以获取租金并无区别。

C. 3, 33, 13, 2　优士丁尼皇帝致大区长官尤里安

如果他将居住用益权遗赠，则更应当适用上述规则，因为居住

20. De usu et habitatione

nimiae subtilitati satisfactum videatur etiam nomine usus fructus addito.

C. 3. 33. 13. 3   Imp. Iustinianus A. Iuliano pp.

In tantum etenim valere habitationem volumus, ut non antecellat usum fructum nec dominium habitationis speret legatarius, nisi specialiter evidentissimis probationibus ipse legatarius possit ostendere et dominium ei domus esse relictum: tunc enim voluntati testatoris per omnia oboediendum est.

C. 3. 33. 13. 4   Imp. Iustinianus A. Iuliano pp.

Quam decisionem locum habere censemus in omnibus modis, quibus habitatio constitui potest.

D. XVIII k. Oct. Lampadii et Orestis VV. CC. conss. <a. 530>

20. 使用权和居住权

用益权是个微不足道的问题。

C. 3, 33, 13, 3　优士丁尼皇帝致大区长官尤里安

我们规定，居住权不得大于用益权；受遗赠人如不能以确凿证据证明房子的所有权被遗赠给他，他便不能享有所有权，因为需要完全尊重立遗嘱人的意志。

C. 3, 33, 13, 4　优士丁尼皇帝致大区长官尤里安

我们规定，这一决定适用于居住权可以被设定的任何场合。

（530年，兰巴蒂和奥莱斯蒂斯执政）

21. De servitutibus

21.1 Praediorum iura sunt haec
(D. 8. 1/2/3/4)

D. 8. 1. 1   Marcianus 3 reg.

Servitutes aut personarum sunt, ut usus et usus fructus, aut rerum, ut servitutes rusticorum praediorum et urbanorum.

D. 8. 2. 2   Gaius 7 ad ed. provinc.

Urbanorum praediorum iura talia sunt: altius tollendi et officiendi luminibus vicini aut non extollendi: item stillicidium avertendi in tectum vel aream vicini aut non avertendi: item immittendi tigna in parietem vicini et denique proiciendi protegendive ceteraque istis similia.

D. 8. 3. 1pr.   Ulpianus 2 inst.

Servitutes rusticorum praediorum sunt hae: iter actus via aquae ductus. iter est ius eundi ambulandi homini, non etiam iumentum agendi. actus est ius agendi vel iumentum vel vehiculum: itaque qui iter habet, actum non habet, qui actum habet, et iter habet etiam sine iumento.

21. 役权

21.1 地役权内容
（D. 8, 1/2/3/4）

D. 8, 1, 1　马尔西安：《规则集》第 3 卷

役权（servitutes）或是人役权（servitutes personarum），如使用权和用益权；或是地役权（servitutes rerum）[①]，如乡村地役权和城市地役权。

D. 8, 2, 2　盖尤斯：《行省告示评注》第 7 卷

城市地役权有：建筑物加高役权、禁止建筑物加高役权、妨碍邻居采光役权、将滴水排向或者禁止将滴水排向邻居房顶或者地上的役权及将支梁插于邻居墙上的役权，最后还有建造伸出物、遮盖物及与此类似的其他物的役权。

D. 8, 3, 1pr.　乌尔比安：《法学阶梯》第 2 卷

乡村地役权有：个人通行权（iter）、运输通行权（actus）、道路通行权（via）和引水权（aquaeductus）。个人通行权是一个人享有通过或者步行经过他人土地的权利，而非驱赶驮兽经过他人土地的权利；运输通行权是驾驭驮兽、车辆经过他人土地的权利。因此，享有个人通行权的人无运输通行权，享有运输通行权的人却享有个

[①] servitutes rerum 直译为"物役权"，此处依习惯译为"地役权"。——译者

21. De servitutibus

via est ius eundi et agendi et ambulandi: nam et iter et actum in se via continet. aquae ductus est ius aquam dicendi per fundum alienum.

D. 8. 3. 1. 1   Ulpianus 2 inst.

In rusticis computanda sunt aquae haustus, pecoris ad aquam adpulsus, ius pascendi, calcis coquendae, harenae fodiendae.

D. 8. 3. 3pr.   Ulpianus 17 ad ed.

Item sic possunt servitutes imponi, et ut boves, per quos fundus colitur, in vicino agro pascantur: quam servitutem imponi posse Neratius libro secundo membranarum scribit.

D. 8. 3. 3. 1   Ulpianus 17 ad ed.

Idem Neratius etiam ut fructus in vicini villa cogantur coactique habeantur et pedamenta ad vineam ex vicini praedio sumantur, constitui posse scribit.

D. 8. 3. 3. 2   Ulpianus 17 ad ed.

Eodem libro ait vicino, cuius lapidicinae fundo tuo immineant, posse te cedere ius ei esse terram rudus saxa iacere posita habere, et ut in tuum lapides provolvantur ibique positi habeantur indeque exportentur.

D. 8. 1. 10   Celsus 18 dig.

Si iter legatum sit, qua nisi opere facto iri non possit, licere fodiendo substruendo iter facere Proculus ait.

D. 8. 4. 11pr.   Pomponius 33 ad sab.

Refectionis gratia accedendi ad ea loca, quae non serviant, facultas tributa est his, quibus servitus debetur, qua tamen accedere eis sit necesse, nisi in cessione servitutis nominatim praefinitum sit, qua accederetur: et ideo nec secundum rivum nec supra eum (si forte sub terra aqua ducatur) locum religiosum dominus soli facere potest, ne

人通行权。道路通行权是行走、运输及散步经过他人土地的权利,因为道路通行权包含个人通行权和运输通行权。引水权是经过他人土地引水的权利。

D. 8, 3, 1, 1　乌尔比安:《法学阶梯》第 2 卷

乡村地役权还应当包括:汲水权、饮畜权、放牧权、烧制石灰权及采掘泥沙权。

D. 8, 3, 3pr.　乌尔比安:《告示评注》第 17 卷

同样,可以创设将耕地之牛放牧于邻地的役权。内拉蒂在《羊皮纸书稿》第 2 卷写道,可以创设这种役权。

D. 8, 3, 3, 1　乌尔比安:《告示评注》第 17 卷

内拉蒂还写道,可以创设一种将农产品集中贮存于邻居农场内或者若我的葡萄需要杆子才可以去邻地获取的役权。

D. 8, 3, 3, 2　乌尔比安:《告示评注》第 17 卷

内拉蒂在同一本书中写道,你可以授予其采石场与你的土地邻接的邻居将土、碎石、石块堆在你的土地上或者让石头落到你的土地上并将它们留在那里而以后将之运走的役权。

D. 8, 1, 10　杰尔苏:《学说汇纂》第 18 卷

普罗库勒说,如果一个人被遗赠以个人通行权,而他只有在进行施工后才能行使其权利,那么允许他通过挖掘和建筑修一条道路。

D. 8, 4, 11pr.　彭波尼:《萨宾评注》第 33 卷

只要在设定役权时不存在关于通行的明确的限制性规定,享有役权的人为从事修理便有权进入非供役地的那些地方,但是,进入那些地方对他们来说应当是必需的。供役地的所有权人不能为了消灭役权而将水渠旁边的土地或者水渠上面的土地(如果在地下导

21. De servitutibus

servitus intereat: et id verum est. sed et depressurum vel adlevaturum rivum, per quem aquam iure duci potestatem habes, nisi si ne id faceres cautum sit.

D. 8. 4. 11. 1   Pomponius 33 ad sab.

Si prope tuum fundum ius est mihi aquam rivo ducere, tacita haec iura sequuntur, ut reficere mihi rivum liceat, ut adire, qua proxime possim, ad reficiendum eum ego fabrique mei, item ut spatium relinquat mihi dominus fundi, qua dextra et sinistra ad rivum adeam et quo terram limum lapidem harenam calcem iacere possim.

D. 8. 4. 13pr.   Ulpianus 6 opin.

Venditor fundi Geroniani fundo Botriano, quem retinebat, legem dederat, ne contra eum piscatio th ynnaria exerceatur. quamvis mari, quod natura omnibus patet, servitus imponi privata lege non potest, quia tamen bona fides contractus legem servari venditionis exposcit, personae possidentium aut in ius eorum succedentium per stipulationis vel venditionis legem obligantur.

D. 8. 1. 15. 1   Pomponius 33 ad sab.

Servitutium non ea natura est, ut aliquid faciat quis, veluti viridia tollat aut amoeniorem prospectum praestet, aut in hoc ut in suo pingat, sed ut aliquid patiatur aut non faciat.

D. 8. 5. 6. 2   Ulpianus 17 ad ed.

Etiam de servitute, quae oneris ferendi causa imposita erit, actio nobis competit, ut et onera ferat et aedificia reficiat ad eum modum, qui servitute imposita comprehensus est. et Gallus putat non posse ita servitutem imponi, ut quis facere aliquid cogeretur, sed ne me facere prohiberet: nam in omnibus servitutibus refectio ad eum pertinet, qui

水)变为安魂之地。这一观点是正确的。此外,你可以降低或者加高你享有导水权的水渠,但是,禁止这样做的除外。

D. 8, 4, 11, 1　彭波尼:《萨宾评注》第 33 卷

如果我有权通过位于你土地上的水渠导水,便由此产生下列潜在的权利:我有权修理水渠;为了进行这种修理,我和我的工匠们有权按最近路线通行;土地所有权人要在水渠两边给我留出一块使我能进入水渠的空地,我有权将土、淤泥、石头、石灰和泥沙置于其上。

D. 8, 4, 13pr.　乌尔比安:《意见集》第 6 卷

吉乐尼安土地的出卖人为了他未出卖的波特罗衣安土地的利益在买卖契约中载明,未经他同意不能在被出卖的土地上钓鱼。虽然不能以私人协议在海边设定役权,因为按其性质,它是向大家开放的,但是,因契约的诚信原则要求信守买卖契约的该项条款,故占有人或者继受其权利的人要受要式口约或者买卖契约的约束。

D. 8, 1, 15, 1　彭波尼:《萨宾评注》第 33 卷

役权的本质不是要求供役地所有权人应当做某事,如除掉绿草以使景色更宜人,或者出于同样的理由而在其土地上装饰某物,而是要求他承受某一行为或者不实施某一行为。

D. 8, 5, 6, 2　乌尔比安:《告示评注》第 17 卷

就支柱役权而言,迫使供役物所有权人保护支撑物并按设定役权时确定的方式修理建筑物的诉权属于我们。加鲁斯认为,设定一项役权不是为了迫使某人做一个事,而是为了使之不禁止我做某事。因为就所有的役权而言,修理应由享有役权的人进行,而非由供役物的所有权人进行。然而,塞尔维乌斯的占主导地位

21. De servitutibus

sibi servitutem adserit, non ad eum, cuius res servit. sed evaluit Servi sententia, in proposita specie ut possit quis defendere ius sibi esse cogere adversarium reficere parietem ad onera sua sustinenda. Labeo autem hanc servitutem non hominem debere, sed rem, denique licere domino rem derelinquere scribit.

D. 8. 2. 26   Paulus 15 ad sab.

In re communi nemo dominorum iure servitutis neque facere quicquam invito altero potest neque prohibere, quo minus alter faciat (nulli enim res sua servit): itaque propter immensas contentiones plerumque res ad divisionem pervenit. sed per communi dividundo actionem consequitur socius, quo minus opus fiat aut ut id opus quod fecit tollat, si modo toti societati prodest opus tolli.

D. 8. 2. 27pr.   Pomponius 33 ad sab.

Sed si inter te et me communes sunt Titianae aedes et ex his aliquid non iure in alias aedes meas proprias immissum sit, nempe tecum mihi agere licet aut rem perdere. idem fiet, si ex tuis propriis aedibus in communes meas et tuas aedes quid similiter esset proiectum: mihi enim soli tecum est actio.

D. 8. 1. 8. 1   Paulus 15 ad plaut.

Si praedium tuum mihi serviat, sive ego partis praedii tui dominus esse coepero sive tu mei, per partes servitus retinetur, licet ab initio per partes adquiri non poterat.

D. 8. 3. 7. 1   Paulus 21 ad ed.

In rusticis autem praediis impedit servitutem medium praedium, quod non servit.

21. 役权

的观点认为,在此特殊情况下,[1]一个人有权迫使对方修理围墙以支撑其重物。拉贝奥则写道,负担那种役权的不是人而是物,因此允许供役物的所有权人放弃其物。

D. 8, 2, 26　保罗:《萨宾评注》第 15 卷

没有一个共有人能够以行使役权为由不经其他共有人同意而在共有物上施工或者禁止其他共有人施工,因为没有一个人能对自己的财产享有役权。由于经常发生大的争议,因此共有物将被分割。但是,通过共有物分割之诉,共有人得到的结果可能是:不能施工;或者拆除施工物,只要这种拆除有益于全体共有人。

D. 8, 2, 27pr.　彭波尼:《萨宾评注》第 33 卷

然而,如果你和我共有蒂兹亚诺的房屋,且有物从这些房屋上被非法地排放到了我所有的另一座房屋上,我当然可以对你提起诉讼,或者将此物在我们之间分掉。如果建造的物从为你所有的房屋处伸到了我和你共有的那些房屋上,结果也一样,因此对你提起诉讼的权利将只属于我。

D. 8, 1, 8, 1　保罗:《普劳提引述》第 15 卷

假如你的土地是我的土地的供役地,而我成为你的一部分土地的所有权人或者你成为我的一部分土地的所有权人,那么役权被部分(per partes)保留,尽管一开始它不能被部分取得。

D. 8, 3, 7, 1　保罗:《告示评注》第 21 卷

然而就乡村土地而言,介于两块土地之间而无役权负担的土地有碍于役权的设定。

---

[1] 指在存在支柱役权的情况下。——译者

21. De servitutibus

D. 8. 2. 28   Paulus 15 ad sab.

Foramen in imo pariete conclavis vel triclinii, quod esset proluendi pavimenti causa, id neque flumen esse neque tempore adquiri placuit. hoc ita verum est, si in eum locum nihil ex caelo aquae veniat (neque enim perpetuam causam habet quod manu fit): at quod ex caelo cadit, etsi non adsidue fit, ex naturali tamen causa fit et ideo perpetuo fieri existimatur. omnes autem servitutes praediorum perpetuas causas habere debent, et ideo neque ex lacu neque ex stagno concedi aquae ductus potest. Stillicidii quoque immittendi naturalis et perpetua causa esse debet.

D. 8. 1. 8pr.   Paulus 15 ad plaut.

Ut pomum decerpere liceat et ut spatiari et ut cenare in alieno possimus, servitus imponi non potest.

D. 8. 3. 4   Papinianus 2 resp.

Pecoris pascendi servitutes, item ad aquam appellendi, si praedii fructus maxime in pecore consistat, praedii magis quam personae videtur: si tamen testator personam demonstravit, cui servitutem praestari voluit, emptori vel heredi non eadem praestabitur servitus.

21. 2   De quibusdam servitutium regulis
(D. 8. 1/2/3/4/5 ; D. 20. 1 ; D. 33. 2/3 ; D. 43. 20)

D. 8. 1. 17   Pomponius liber singularis reg.

Viae itineris actus aquae ductus pars in obligationem deduci non potest, quia usus eorum indivisus est: et ideo si stipulator decesserit pluribus

21. 役权

D. 8, 2, 28　保罗:《萨宾评注》第 15 卷

人们认为,卫生间或者餐厅墙脚下的洞是为冲洗地板而设计的,不能用来排放经常流动的水。人们也不能因时间的经过而获得那一权利。若无雨水流到那个地方,此观点便是正确的,因为人为的东西无永久的原因(perpetua causa);另一方面,下雨虽非持续不断,但其发生乃基于自然原因,因而被视为永久地发生。所有的地役权都应当有其永久的原因,因此不能赋予人们从水池或者池塘导水的权利。排放屋檐滴水的役权也应当有永久的、自然的原因。

D. 8, 1, 8pr.　保罗:《普劳提引述》第 15 卷

不能为了允许我们在他人土地上采摘水果、散步或者野餐而创设役权。

D. 8, 3, 4　帕比尼安:《解答集》第 2 卷

如果土地的收益完全来自放牧,那么放牧役权也像饮畜役权一样被视为同土地有关而非同人有关。然而,倘若立遗嘱人希望将此役权给予其指定的一个人,该役权便不能被给予土地的买受人或者立遗嘱人的继承人。

21.2　地役权的若干规则
（D. 8, 1/2/3/4/5；D. 20, 1；D. 33, 2/3；D. 43, 20）

D. 8, 1, 17　彭波尼:《规则集》单卷本

道路通行权、个人通行权、运输通行权及导水权的一部分不能作为债之标的,因为这些权利的行使是不可分割的。因此,若就这

21. De servitutibus

heredibus relictis, singuli solidam viam petunt: et si promissor decesserit pluribus heredibus relictis, a singulis heredibus solida petitio est.

D. 33. 2. 1   Paulus 3 ad sab.

Nec usus nec usus fructus itineris actus viae aquaeductus legari potest, quia servitus servitutis esse non potest: nec erit utile ex senatus consulto, quo cavetur, ut omnium quae in bonis sint usus fructus legari possit, quia id neque ex bonis neque extra bona sit. sed incerti actio erit cum herede, ut legatario, quamdiu vixerit, eundi agendi ducendi facultatem praestet aut ea servitus constituatur sub hac cautione, ut, si decesserit legatarius vel capite deminutus ex magna causa fuerit, restituatur.

D. 8. 1. 4pr.   Papinianus 7 quaest.

Servitutes ipso quidem iure neque ex tempore neque ad tempus neque sub condicione neque ad certam condicionem (verbi gratia 'quamdiu volam') constitui possunt: sed tamen si haec adiciantur, pacti vel per doli exceptionem occurretur contra placita servitutem vindicanti: idque et Sabinum respondisse Cassius rettulit et sibi placere.

D. 8. 1. 4. 1   Papinianus 7 quaest.

Modum adici servitutibus posse constat: veluti quo genere vehiculi agatur vel non agatur (veluti ut equo dumtaxat) vel ut certum pondus vehatur vel grex ille transducatur aut carbo portetur.

D. 8. 1. 4. 2   Papinianus 7 quaest.

Intervalla dierum et horarum non ad temporis causam, sed ad modum pertinent iure constitutae servitutis.

21. 役权

些权利中的一个权利订立要式口约,债权人去世,且他有很多继承人,那么每一个继承人都可就整个通行役权提起诉讼;同样,若债务人去世,且他有很多继承人,便可对任何一个继承人就整个通行役权提起诉讼。

D. 33, 2, 1　保罗:《萨宾评注》第 3 卷

个人通行权、运输通行权、道路通行权及导水权之使用权和用益权不能成为遗赠标的,因为不存在役权的役权。即使根据元老院决议中有关全部财产中物的用益权皆可遗赠的规定,役权的使用权和用益权之遗赠也是无效的,因为役权被认为既非与财产分离而存在也非独立于财产而存在。但是,可对继承人提起不确定之诉(incerti actio),以使其将个人通行权、运输通行权及导水权给予活着的受遗赠人;或者可以设定那些役权,不过需有做出如下允诺:如果受遗赠人死亡或者发生人格大减等(capitis deminutio ex magna causa),役权将消灭。

D. 8, 1, 4pr.　帕比尼安:《问题集》第 7 卷

从法律严谨角度而言,役权的设定既不能附带起始时间也不能附带终止时间,役权既不能设定在某种条件之下亦不能被设定某种特定条件(例如"只要我愿意")。不过,如果附加了这些条件,提起确认役权之诉的人可以通过简约抗辩或者欺诈抗辩获得保护。卡修斯说,那是萨宾的观点,亦是他自己的观点。

D. 8, 1, 4, 1　帕比尼安:《问题集》第 7 卷

众所周知,人们可以加上行使役权方式的约定:哪些类型的车是否可以通行(例如,只能马车通行),或者运载的最大重量,如只能通过特定数量的畜群,或者被运送的只能是炭。

D. 8, 1, 4, 2　帕比尼安:《问题集》第 7 卷

[役权行使的]日期和小时的间隔不涉及期间问题,但是构成合法设定的役权行使方式(modus)。

21. De servitutibus

D. 43. 20. 4   Iulianus 41 dig.

Lucio Titio ex fonte meo ut aquam duceret, cessi: quaesitum est, an et Maevio cedere possim, ut per eundem aquae ductum aquam ducat: et si putaveris posse cedi per eundem aquae ductum duobus, quemadmodum uti debeant. respondit: sicut iter actus via pluribus cedi vel simul vel separatim potest, ita aquae ducendae ius recte cedetur. sed si inter eos, quibus aqua cessa est, non convenit, quemadmodum utantur, non erit iniquum utile iudicium reddi, sicut inter eos, ad quos usus fructus pertinet, utile communi dividundo iudicium reddi plerisque placuit.

D. 20. 1. 11. 3   Marcianus l. s. ad form. hypoth.

Iura praediorum urbanorum pignori dari non possunt: igitur nec convenire possunt, ut hypothecae sint.

D. 8. 3. 1. 2   Ulpianus 2 inst.

Traditio plane et patientia servitutium inducet officium praetoris.

D. 8. 1. 14pr.   Paulus 15 ad sab.

Servitutes praediorum rusticorum etiamsi corporibus accedunt, incorporales tamen sunt et ideo usu non capiuntur: vel ideo, quia tales sunt servitutes, ut non habeant certam continuamque possessionem: nemo enim tam perpetuo, tam continenter ire potest, ut nullo momento possessio eius interpellari videatur. Idem et in servitutibus praediorum urbanorum observatur.

D. 8. 5. 10pr.   Ulpianus 53 ad ed.

Si quis diuturno usu et longa quasi possessione ius aquae ducendae nactus sit, non est ei necesse docere de iure, quo aqua constituta est, veluti ex legato vel alio modo, sed utilem habet actionem, ut ostendat

21. 役权

D. 43, 20, 4　尤里安:《学说汇纂》第 41 卷

我已将从我的泉水处引水的权利转让给鲁丘斯·提裘斯,产生的问题是:我是否可以把沿同一条水渠引水的权利再转让给迈威乌斯?如果你认为可以将沿同一条水渠引水的权利转让给两个人,那么他们如何行使该权利呢?回答是:就像个人通行权、运输通行权及道路通行权可以一起或者分别地被转让给几个人一样,引水权也完全可以这样被转让。但是,如果接受引水权转让的人未就如何行使引水权达成协议,很多法学家认为,就像允许享有有用益权的人提起扩用的共有物分割之诉一样,允许[接受引水权转让的人]提起扩用之诉并非不公正。

D. 20, 1, 11, 3　马尔西安:《论抵押规则》单卷本

城市地役权不得被质押,因而,[城市地役权人]也不能将该权利抵押。

D. 8, 3, 1, 2　乌尔比安:《法学阶梯》第 2 卷

毫无疑问,通过交付方式设立的役权以及对役权行使的忍受(patientia),均受到裁判官依职权给予的保护。

D. 8, 1, 14pr.　保罗:《萨宾评注》第 15 卷

乡村地役权即使附着于有体物,依然不是有体物,因此不能被时效取得,因为这种役权不可能具有被确定地、持续地占有的性质。既然没有人能够持续地、永久地通行,那么其占有(possessio)被视为随时都可能中断。此规则同样适用于城市地役权。

D. 8, 5, 10pr.　乌尔比安:《告示评注》第 53 卷

如果一个人通过长期使用水(几乎是长期占有水)而取得了导水权,他无需证明其导水权是基于遗赠还是基于别的原因产生的。但是,他在提起扩用之诉时,要证明他已使用水多年且从未以暴力

21. De servitutibus

per annos forte tot usum se non vi non clam non precario possedisse.

D. 8. 4. 7pr.   Paulus 5 ad sab.

In tradendis unis aedibus ab eo, qui binas habet, species servitutis exprimenda est, ne, si generaliter servire dictum erit, aut nihil valeat, quia incertum sit, quae servitus excepta sit, aut omnis servitus imponi debeat.

D. 33. 3. 1   Iulianus 1 ex Minicio

Qui duas tabernas coniunctas habebat, eas singulas duobus legavit: quaesitum est, si quid ex superiore taberna in inferiorem inaedificatum esset, num inferior oneri ferundo in superioris tabernae loco contineretur. respondit servitutem impositam videri. Iulianus notat: videamus, ne hoc ita verum sit, si aut nominatim haec servitus imposita est aut ita legatum datum est 'tabernam meam uti nunc est do lego'.

D. 8. 2. 23. 1   Pomponius 33 ad sab.

Futuro quoque aedificio, quod nondum est, vel imponi vel adquiri servitus potest.

21. 3   Si servitus vindicetur vel ad alium pertinere negetur
(D. 8. 5 ; D. 39. 3)

D. 8. 5. 2pr.   Ulpianus 17 ad ed.

De servitutibus in rem actiones conpetunt nobis ad exemplum earum quae ad usum fructum pertinent, tam confessoria quam negatoria,

21. 役权

或者从未秘密地、不确定地使用过水。

D. 8, 4, 7pr.　保罗：《萨宾评注》第 5 卷

对两栋房屋享有所有权的人，在交付其中的一栋房屋时应当说明他希望保留哪一种役权。因此，如果被交付的房屋按一般情况被说成是供役物，那么此话或是无效的（因为它不能确定被负担的是哪种役权），或是意味着要负担所有的役权。

D. 33, 3, 1　尤里安：《论米尼奇》第 1 卷

一个人有两个连接在一起的商店，他将之分别遗赠给两个人，产生的问题是：如果修建上面的商店，下面的商店是否负有支柱役权？他答道，要负担该役权。尤里安说，我们知道，若设定此役权或者在遗赠时表达为"我把我的商店像现在这样给予或者赠与他人"，这是正确的。

D. 8, 2, 23, 1　彭波尼：《萨宾评注》第 33 卷

人们可以在一栋尚未建造的建筑物上设定或者取得役权。

21.3 是提起确认役权之诉还是否认它属于别人

（D. 8, 5；D. 39, 3）

D. 8, 5, 2pr.　乌尔比安：《告示评注》第 17 卷

就役权而言，我们有权参照适用于用益权的诉讼提起对物之诉，其包括确认役权之诉和否认役权之诉。确认役权之诉由主张

21. De servitutibus

confessoria ei qui servitutes sibi competere contendit, negatoria domino qui negat.

D. 8. 5. 6. 3　Ulpianus 17 ad ed.

Haec autem actio in rem magis est quam in personam et non alii competit quam domino aedium et adversus dominum, sicuti ceterarum servitutium intentio.

D. 8. 1. 16　Iulianus 49 dig.

Ei, qui pignori fundum accepit, non est iniquum utilem petitionem servitutis dari, sicuti ipsius fundi utilis petitio dabitur. Idem servari convenit et in eo, ad quem vectigalis fundus pertinet.

D. 8. 5. 10. 1　Ulpianus 53 ad ed.

Agi autem hac actione poterit non tantum cum eo, in cuius agro aqua oritur vel per cuius fundum ducitur, verum etiam cum omnibus agi poterit, quicumque aquam non ducere impediunt, exemplo ceterarum servitutium. et generaliter quicumque aquam ducere impediat, hac actione cum eo experiri potero.

D. 39. 3. 25　Iulianus 5 ex Minicio

Is, cuius fundo via debetur, aquae pluviae arcendae agere potest fundi sui nomine, quoniam deteriore via facta fundo nocetur.

21. 4　Quemadmodum servitutes amittuntur
(D. 8. 2/3/6)

D. 8. 6. 5　Paulus 66 ad ed.

Servitus et per socium et fructuarium et bonae fidei possessorem

21. 役权

役权归其享有的人提起，否认役权之诉由否定役权存在的所有权人提起。

D. 8, 5, 6, 3　乌尔比安：《告示评注》第 17 卷

该诉讼是对物之诉而非对人之诉，就像所有其他役权之诉一样，不能由别的人而只能由需役房屋的所有权人提起，且只能对供役房屋的所有权人提起。

D. 8, 1, 16　尤里安：《学说汇纂》第 49 卷

获得一块被抵押的土地的人应当被允许提起保护同该土地有关的役权扩用对物之诉，就像被允许提起保护该土地本身的扩用对物之诉一样，这并非不公正。此规则同样适用于赋税地所有权人。

D. 8, 5, 10, 1　乌尔比安：《告示评注》第 53 卷

此诉讼不仅可对水源位于其土地上或者水被导经其土地的人提起，而且还可参照其他役权对妨碍导水的任何人提起。总之，我可以对试图阻止我导水的任何人提起该诉讼。

D. 39, 3, 25　尤里安：《论米尼奇》第 5 卷

其土地负有道路通行权的人，可以为其土地利益提起排放雨水之诉，因为道路遭受破坏将危害其土地。

21.4　役权消灭的方式
（D. 8, 2/3/6）

D. 8, 6, 5　保罗：《告示评注》第 66 卷
我们通过共有人、用益权人和善意占有人保持役权。

21. De servitutibus

nobis retinetur:

D. 8. 6. 1   Gaius 7 ad ed. provinc.

Servitutes praediorum confunduntur, si idem utriusque praedii dominus esse coeperit.

D. 8. 2. 6   Gaius 7 ad ed. provinc.

Haec autem iura similiter ut rusticorum quoque praediorum certo tempore non utendo pereunt: nisi quod haec dissimilitudo est, quod non omnimodo pereunt non utendo, sed ita, si vicinus simul libertatem usucapiat. veluti si aedes tuae aedibus meis serviant, ne altius tollantur, ne luminibus mearum aedium officiatur, et ego per statutum tempus fenestras meas praefixas habuero vel obstruxero, ita demum ius meum amitto, si tu per hoc tempus aedes tuas altius sublatas habueris: alioquin si nihil novi feceris, retineo servitutem. Item si tigni immissi aedes tuae servitutem debent et ego exemero tignum, ita demum amitto ius meum, si tu foramen, unde exemptum est tignum, obturaveris et per constitutum tempus ita habueris: alioquin si nihil novi feceris, integrum ius suum permanet.

D. 8. 3. 31   Iulianus 2 ex Minicio

Tria praedia continua trium dominorum adiecta erant: imi praedii dominus ex summo fundo imo fundo servitutem aquae quaesierat et per medium fundum domino concedente in suum agrum ducebat: postea idem summum fundum emit: deinde imum fundum, in quem aquam induxerat, vendidit. quesitum est, num imus fundus id ius aquae amisisset, quia, cum utraque praedia eiusdem domini facta essent, ipsa sibi servire non potuissent. negavit amississe servitutem, quia praedium, per quod aqua ducebatur, alterius fuisset et quemadmodum servitus summo fundo, ut in imum fundum aqua veniret, imponi aliter non

21. 役权

D. 8, 6, 1　盖尤斯:《行省告示评注》第 7 卷

如果同一个人成为两块土地的所有权人，地役权便因混合而消灭。

D. 8, 2, 6　盖尤斯:《行省告示评注》第 7 卷

就像乡村地役权一样，这些权利因在特定时间内未行使而消灭，但存在下述差别：它们并非因未行使而无条件地消灭，而是只有邻居在同一期间内摆脱了役权约束才消灭。例如，假定你的房屋为了我的房屋的利益负有不得加高及不得遮挡我房屋采光的役权，我在规定期间内以物堵住窗户或者封上窗户，那么你只有在同一期间内加高了你的房屋，我才失去役权；否则，若你未加高你的房屋，我依然享有役权。同样，如果你的房屋负有搭梁役权，而我取掉了我搭的梁，则你仅在规定期间内堵住了搭梁用的洞，我才失去役权；否则，如果你未堵住搭梁用的洞，役权依然存在。

D. 8, 3, 31　尤里安:《论米尼奇》第 2 卷

三块相互连接的土地分别属于三个人，最下面那块土地的所有权人为其土地获得了从最上面那块土地取水的役权，他经中间那块土地的所有权人同意而经其土地将水导向他自己的土地，后来他购买了最上面那块土地，随后又卖掉了已导入水的最下面那块土地。产生的问题是：两块土地变成了同一个所有权人的，在这两块土地之间不可能存在役权，因而最下面那块土地是否丧失了导水权？我认为那一役权并未丧失，因为导水经过的那块土地是另一个人的。

21. De servitutibus

potuisset, quam ut per medium quoque fundum duceretur, sic eadem servitus eiusdem fundi amitti aliter non posset, nisi eodem tempore etiam per medium fundum aqua duci desisset aut omnium tria simul praedia unius domini facta essent.

D. 8. 3. 34. 1   Papinianus 7 quaest.

Si fons exaruerit, ex quo ductum aquae habeo isque post constitutum tempus ad suas venas redierit, an aquae ductus amissus erit, quaeritur:

D. 8. 3. 35   Paulus 15 ad Plaut.

Et Atilicinus ait caesarem Statilio Tauro rescripsisse in haec verba 'hi, qui ex fundo sutrino aquam ducere soliti sunt, adierunt me proposueruntque aquam, qua per aliquot annos usi sunt ex fonte, qui est in fundo sutrino, ducere non potuisse, quod fons exaruisset, et postea ex eo fonte aquam fluere coepisse: petieruntque a me, ut quod ius non neglegentia aut culpa sua amiserant, sed quia ducere non poterant, his restitueretur. quorum mihi postulatio cum non iniqua visa sit, succurrendum his putavi. itaque quod ius habuerunt tunc, cum primum ea aqua pervenire ad eos non potuit, id eis restitui placet'.

D. 8. 3. 32pr.   Africanus 6 quaest.

Fundus mihi tecum communis est: partem tuam mihi tradidisti et ad eundem viam per vicinum tuum proprium. recte eo modo servitutem constitutam ait neque quod dici soleat per partes nec adquiri nec imponi servitutes posse isto casu locum habere: hic enim non per partem servitutem adquiri, utpote cum in id tempus adquiratur, quo proprius meus fundus futurus sit.

21. 役权

就像只有将水导经中间那块土地，最上面那块土地才能负担水被导至最下面那块土地的役权一样，只有水不导经中间那块土地或者三块土地都变成了一个所有权人的土地，最下面那块土地的同一个役权才能消灭。

D. 8, 3, 34, 1　帕比尼安：《问题集》第 7 卷

如果我有权导水的泉水干涸了，过了一段时间水源又开始流淌出水，产生的问题是：我的导水权是否丧失？

D. 8, 3, 35　保罗：《普劳提引述》第 15 卷

关于此问题，阿蒂里琴说，皇帝在给斯达提流斯·塔乌洛的批复中曾这样写道："经常从苏特林土地上导水的人们来到我这里并对我说，他们再也不能从他的土地上引入他们已使用多年的水，因为它干涸了。后来水又开始流淌，他们请求我恢复其权利，因为他们失去该权利不是因为他们有疏忽或者过失，而是因为他们再也不能导水。在我看来，其请求不无道理。我认为，他们应当得到帮助。因此我决定，他们在首次不能获得水供应的那一天所享有的导水权应予恢复。"

D. 8, 3, 32pr　阿富里坎：《问题集》第 6 卷

一块土地是你我共有的。你将你的部分转让交付给我，同时在该土地中与你个人土地相邻的地域内设立了一项道路通行权。［尤里安］说，通过这样的方式，役权被正确地设立了；在这种情况下，并不适用役权不能被部分取得也不能被部分设立的规则。因为，该情况下的役权并不是被部分取得，役权连同其所属的土地同时变成我一个人的了。

22. De superficiebus

(D. 6. 1 ; D. 18. 1 ; D. 39. 1 ; D. 43. 18)

D. 43. 18. 2 Gaius 25 ad ed. provinc.

Superficiarias aedes appellamus, quae in conducto solo positae sunt: quarum proprietas et civili et naturali iure eius est, cuius et solum.

D. 18. 1. 32 Ulpianus 44 ad sab.

Qui tabernas argentarias vel ceteras quae in solo publico sunt vendit, non solum, sed ius vendit, cum istae tabernae publicae sunt, quarum usus ad privatos pertinet.

D. 43. 8. 2. 17 Ulpianus 68 ad ed.

Si quis nemine prohibente in publico aedificaverit, non esse eum cogendum tollere, ne ruinis urbs deformetur, et quia prohibitorium est interdictum, non restitutorium. si tamen obstet id aedificium publico usui, utique is, qui operibus publicis procurat, debebit id deponere, aut si non obstet, solarium ei imponere: vectigal enim hoc sic appellatur solarium ex eo, quod pro solo pendatur.

D. 43. 18. 1. 1 Ulpianus 70 ad ed.

Qui superficiem in alieno solo habet, civili actione subnixus est: nam si conduxit superficium, ex conducto, si emit, ex empto agere cum domino soli potest. enim si ipse eum prohibeat, quod interest agendo consequetur: sin autem ab alio prohibeatur, praestare ei actiones suas

22. 地上权

（D. 6, 1；D. 18, 1；D. 39, 1；D. 43, 18）

D. 43, 18, 2　盖尤斯：《行省告示评注》第 25 卷

我们将在租借地上建造的房屋称为在他人土地上建造的房屋，根据市民法和自然法，其所有权属于土地所有权人。

D. 18, 1, 32　乌尔比安：《萨宾评注》第 44 卷

出卖位于公有土地上的钱庄或者其他商栈的人，并未出卖土地，而只是出卖其权利。因为，这些钱庄或者商栈是公有的，其使用权属于私人。

D. 43, 8, 2, 17　乌尔比安：《告示评注》第 68 卷

如果有人在公共土地上营造建筑物而未被禁止，则不应当为防止城市陷于一片废墟中而强迫其把建筑物搬走，因为禁令是针对被禁止在公共土地上进行建筑的行为，而不是针对恢复原状的行为。但是，如果该建筑物妨碍了公共使用，则为保障公共工程活动，建筑者应当将该建筑拆除。相反，如果该建筑未造成妨碍，则应当令建筑者支付土地使用税。实际上，该税之所以有如此称呼，是因其为土地而支付。

D. 43, 18, 1, 1　乌尔比安：《告示评注》第 70 卷

在他人土地上享有地上权（superficies）的人，受市民法之诉的保护。因为，如果他租借了土地，他可以对土地所有权人提起租赁之诉；倘若他购买了土地，他便可以提起买卖之诉。要是土地所

22. De superficiebus

debet dominus et cedere. sed longe utile visum est, quia et incertum erat, an locati existeret, et quia melius est possidere potius quam in personam experiri, hoc interdictum proponere et quasi in rem actionem polliceri.

D. 43. 18. 1. 2   Ulpianus 70 ad ed.

Proponitur autem interdictum duplex exemplo interdicti uti possidetis. tuetur itaque praetor eum, qui superficiem petit, veluti uti possidetis interdicto, neque exigit ab eo, quam causam possidendi habeat: unum tantum requirit, num forte vi clam precario ab adversario possideat. omnia quoque, quae in uti possidetis interdicto servantur, hic quoque servabuntur.

D. 43. 18. 1. 3   Ulpianus 70 ad ed.

Quod ait praetor 'si actio de superficie postulabitur, causa cognita dabo', sic intellegendum est, ut, si ad tempus quis superficiem conduxerit, negetur ei in rem actio. et sane causa cognita ei, qui non ad modicum tempus conduxit superficiem, in rem actio competet.

D. 43. 18. 1. 4   Ulpianus 70 ad ed.

Is autem, in cuius solo superficies est, utique non indiget utili actione, sed habet in rem, qualem habet de solo. plane si adversus superficiarium velit vindicare, dicendum est exceptione utendum in factum data: nam cui damus actionem, eidem et exceptionem competere multo magis quis dixerit.

D. 43. 18. 1. 5   Ulpianus 70 ad ed.

Si soli possessori superficies evincatur, aequissimum erit subvenire ei vel ex stipulatu de evictione vel certe ex empto actione.

22. 地上权

有权人阻止其行使权利,通过起诉,其损害可获得补偿;若他人阻止其行使权利,所有权人应当将诉权转让给他。但是,由于不能确定是否存在租赁关系,且因占有比提起对人之诉更加有利,因此建议使用此令状[1]并允许提起准对物之诉(quasi in rem actio)。

D. 43, 18, 1, 2　　乌尔比安:《告示评注》第 70 卷

按不动产占有令状的模式建议使用的令状具有双重作用。因此,就像使用不动产占有令状一样,裁判官保护主张地上权的人而不要求他说明占有的原因,唯一需要考虑的是:从对方的角度讲,其占有是否是暴力的、秘密的及不确定的占有。不动产占有令状中的所有规则在此均要被遵守。

D. 43, 18, 1, 3　　乌尔比安:《告示评注》第 70 卷

对裁判官做出的"如果有人提出地上权之诉,我将准许进行诉前审查"的判定,应当这样理解:如果有人承租了有确定期间的地上权,则裁判官将拒绝原告提出的对物之诉。准确地说,如果在诉前审查中发现地上权的租期系不确定的,则裁判官将赋予原告对物之诉权。

D. 43, 18, 1, 4　　乌尔比安:《告示评注》第 70 卷

在其土地上有地上权的人不需要扩用之诉,但是,他可对地上物提出诉讼。当然,如果他想向地上权人提出返还土地的请求,则应当认为他在进行事实抗辩,因为被赋予诉权的人,同样也被赋予了抗辩权。

D. 43, 18, 1, 5　　乌尔比安:《告示评注》第 70 卷

已经获得土地占有的买受人如果遭到地上权的追夺,那么,根据追夺担保的要式口约或者根据买卖之诉对其进行救济是很公平的。

---

[1] 指保护地上权令状。——译者

22. De superficiebus

D. 43. 18. 1. 6   Ulpianus 70 ad ed.

Quia autem etiam in rem actio de superficie dabitur, petitori quoque in superficiem dari et quasi usum fructum sive usum quendam eius esse et constitui posse per utiles actiones credendum est.

D. 43. 18. 1. 7   Ulpianus 70 ad ed.

Sed et tradi posse intellegendum est, ut et legari et donari possit.

D. 39. 1. 3. 3   Ulpianus 52 ad ed.

Si ego superficiarius sim et opus novum fiat a vicino, an possim nuntiare? movet, quod quasi inquilinus sum: sed praetor mihi utilem in rem actionem dat, et ideo et servitutium causa actio mihi dabitur et operis novi nuntiatio debet mihi concedi.

D. 6. 1. 73. 1   Ulpianus 17 ad ed.

Superficiario,

D. 6. 1. 74   Paulus 21 ad ed.

[superficiario,] id est qui in alieno solo superficiem ita habeat, ut certam pensionem praestet,

D. 6. 1. 75   Ulpianus 16 ad ed.

Praetor causa cognita in rem actionem pollicetur.

22. 地上权

D. 43, 18, 1, 6　乌尔比安:《告示评注》第 70 卷

因为还将提起关于地上权的对物之诉,故应当认为,通过扩用之诉,以地上权为标的之准用益权或者使用权也将被给予因地上权而提起诉讼的原告。

D. 43, 18, 1, 7　乌尔比安:《告示评注》第 70 卷

但是,应当知道,就像地上权可以被遗赠和赠与一样,它也可以被转让。

D. 39, 1, 3, 3　乌尔比安:《告示评注》第 52 卷

如果我是地上权人,而邻居在从事一项新施工,那么我是否可以发出新施工警告?考虑到我是一个准承租人,裁判官将赋予我扩用的对物诉权,因此有关役权的诉权也将被赋予我,且发出新施工警告的权利也应被授予我。

D. 6, 1, 73, 1　乌尔比安《告示评注》第 17 卷

对于地上权人(superficiarius),[①]

D. 6, 1, 74　保罗:《告示评注》第 21 卷

即通过交付特定的租金而在他人土地上享有地上权的人。

D. 6, 1, 75　乌尔比安:《告示评注》第 16 卷

裁判官在审查原因后将授予之以对物诉权。

---

① 原文即如此。——译者

23. De pignoribus et hypothecis

(D. 13. 7 ; D. 20. 1/2/3/4/5/6 ;
D. 50. 16/17 ; C. 7. 36 ; C. 8. 13/33/34)

D. 50. 17. 25   Pomponius 11 ad sab.

Plus cautionis in re est quam in persona.

D. 50. 16. 238. 2   Gaius 6 ad l. xii tab.

'pignus' appellatum a pugno, quia res, quae pignori dantur, manu traduntur. unde etiam videri potest verum esse, quod quidam putant, pignus proprie rei mobilis constitui.

D. 13. 7. 9. 2   Ulpianus 28 ad ed.

Proprie pignus dicimus, quod ad creditorem transit, hypothecam, cum non transit nec possessio ad creditorem.

D. 13. 7. 1pr.   Ulpianus 40 ad sab.

Pignus contrahitur non sola traditione, sed etiam nuda conventione, etsi non traditum est.

D. 20. 1. 2   Papinianus 3 resp.

Fideiussor, qui pignora vel hypothecas suscepit atque ita pecunias solvit, si mandati agat vel cum eo agatur, exemplo creditoris etiam culpam aestimari oportet. Ceterum iudicio, quod de pignore dato proponitur, conveniri non potest.

D. 20. 2. 7pr.   Pomponius 13 ex variis lectionibus

In praediis rusticis fructus qui ibi nascuntur tacite intelleguntur

23. 质权和抵押权

（D. 13, 7；D. 20, 1/2/3/4/5/6；
D. 50, 16/17；C. 7, 36；C. 8, 13/33/34）

D. 50, 17, 25 彭波尼：《萨宾评注》第 11 卷
物的担保（cautio）优于人的担保。

D. 50, 16, 238, 2 盖尤斯：《十二表法评注》第 6 卷
"质押"（pignus）一词源于"拳头"（pugnus）。因为用于质押之物要被亲手交付，所以一些人认为，质押设定于动产之上。此观点是正确的。

D. 13, 7, 9, 2 乌尔比安：《告示评注》第 28 卷
我们将物之占有移转于债权人称之为"质押"，而将物之占有不移转于债权人称之为"抵押"（hypotheca）。

D. 13, 7, 1pr. 乌尔比安：《萨宾评注》第 40 卷
质押不仅可以通过交付而立，并且即使质物未交付亦可以通过单纯的协议（nuda conventio）而设立。

D. 20, 1, 2 帕比尼安：《解答集》第 3 卷
保证人在清偿借款债务后，有质押物或者抵押物转让给他的，能够以委托方式向债务人进行追偿，或者以债权人身份对债务人提起诉讼。如果他在设定质押时存在过失，应当考虑该过失，但是他不能被直接提起质押之诉。

D. 20, 2, 7pr. 彭波尼：《各种片段引述》第 13 卷
就乡村土地而言，其产生的孳息被视为质押给了出租土地的所

23. De pignoribus et hypothecis

pignori esse domino fundi locati, etiamsi nominatim id non convenerit.

D. 20. 2. 1 Papinianus 10 resp.

Senatus consulto quod sub Marco imperatore factum est pignus insulae creditori datum, qui pecuniam ob restitutionem aedificii exstruendi mutuam dedit, ad eum quoque pertinebit, qui redemptori domino mandante nummos ministravit.

D. 20. 2. 2 Marcianus libro singulari ad form. hypoth.

Pomponius libro quadragesimo variarum lectionum scribit: non solum pro pensionibus, sed et si deteriorem habitationem fecerit culpa sua inquilinus, quo nomine ex locato cum eo erit actio, invecta et illata pignori erunt obligata.

D. 20. 1. 29. 2 Paulus 5 resp.

Domus pignori data exusta est eamque aream emit Lucius Titius et exstruxit: quaesitum est de iure pignoris. Paulus respondit pignoris persecutionem perseverare et ideo ius soli superficiem secutam videri, id est cum iure pignoris: sed bona fide possessores non aliter cogendos creditoribus aedificium restituere, quam sumptus in exstructione erogatos, quatenus pretiosior res facta est, reciperent.

C. 8. 13. 1 Impp. Severus et Antoninus AA. Timotheo.

Debitor, qui pignoribus profitetur se creditoribus cedere, nihilo magis liberabitur.

PP. V k. Mart. Severo A. II et Albino cons. <a. 194>

C. 8. 13. 2pr. Idem AA. Lucio

Quamvis constet specialiter quaedam et universa bona generaliter adversarium tuum pignori accepisse et aequale ius in omnibus habere, iurisdictio tamen temperanda est.

23. 质权和抵押权

有权人,尽管对此无明确的协议。

D. 20, 2, 1　帕比尼安:《解答集》第 10 卷

在马尔库斯皇帝执政时的一项元老院决议规定,为修理房屋而借钱的人,若将该房屋质押给借钱给他的债权人,他可委托债权人将钱分发给包工人(redemptor)。

D. 20, 2, 2　马尔西安:《论抵押规则》单卷本

彭波尼在《各种片段引述》第 40 卷写道,被房客带进房内之物将作为质押标的,这不仅是作为给付租金的担保,而且也是作为对房客因其过错而恶化居住条件的赔偿担保。在上述情况下,他将被提起租赁之诉。

D. 20, 1, 29, 2　保罗:《解答集》第 5 卷

一栋被质押的房屋遭火焚毁,鲁丘斯·提裘斯购买了该房的地基,并在上面修建了一座建筑物。产生的问题是:质权(ius pignoris)怎么办?保罗回答说,质权依然存在,因此,房屋的地基地上依然存在地基质权,新建的房屋上也存在质权。但是,善意占有人除非接受了在建造新房时所花费的大于旧房价值的那部分费用,否则他不会被迫将建筑物交给债权人。

C. 8, 13, 1　塞维鲁和安东尼皇帝致铁莫特乌斯

允诺将质物转让给债权人的债务人,不能因此被免除债务。

(194 年,塞维鲁第 2 次执政和阿尔比诺执政)

C. 8, 13, 2pr.　上述皇帝致鲁丘斯

虽然你的对方接受了以特定财产作为质物,后又同意以一般财产作为质物,以特定财产和以一般财产设定的质权具有同等效力,但是行省长官的裁判应该是适当的。

23. De pignoribus et hypothecis

C. 8. 13. 2. 1　Idem AA. Lucio

Ideoque si certum est posse eum ex his, quae nominatim ei pignori obligata sunt, universum redigere debitum, ea, quae postea ex isdem bonis pignori accepisti, interim non auferri praeses iubebit.

PP. II. k. Iun. Cilone et Libone conss. <a. 204>

C. 8. 13. 3　Idem AA. Maximo

Creditores, qui non reddita sibi pecunia conventionis legem ingressi possessionem adipisci debent.

PP. k. Mai Antonino A. II et Geta II conss. <a. 205>

D. 20. 3. 1. 2　Marcianus libro singulari ad form. hypoth.

Eam rem, quam quis emere non potest, quia commercium eius non est, iure pignoris accipere non potest, ut divus Pius Claudio Saturnino rescripsit. quid ergo, si praedium quis litigiosum pignori acceperit, an exceptione summovendus sit? et Octavenus putabat etiam in pignoribus locum habere exceptionem: quod ait Scaevola libro tertio variarum quaestionum procedere, ut in rebus mobilibus exceptio locum habeat.

D. 20. 1. 17　Ulpianus 15 ad ed.

Pignoris persecutio in rem parit actionem creditori.

D. 20. 1. 14pr.　Ulpianus 73 ad ed.

Quaesitum est, si nondum dies pensionis venit, an et medio tempore persequi pignora permittendum sit. et puto dandam pignoris persecutionem, quia interest mea: et ita Celsus scribit.

23. 质权和抵押权

C. 8, 13, 2, 1　上述皇帝致鲁丘斯

因此,如果他的整个债权肯定能以其接受的特定财产作为质物而获得实现,那么行省长官将命令他不能接受后来以一般财产作为质物。

(204年,芝诺和李波执政)

C. 8, 13, 3　上述皇帝致马克西姆斯

未获得欠款清偿的债权人,可以根据抵押协议对抵押物进行占有,他们将不被认为在以暴力占有,但是,他们应当有行省长官的授权才能占有。

(205年,安东尼和吉塔皇帝第2次执政)

D. 20, 3, 1, 2　马尔西安:《论抵押规则》单卷本

正如皮乌斯皇帝给克劳丢斯·萨图尔纽斯的批复所述,一个人不得以不能被购买之物作为质权标的,因为它不是交易物。如果一个人将可引起争议的财产作为质权标的,此抗辩将被适用吗?奥科达维努斯认为此抗辩也适用于质押;斯凯沃拉[1]在《问题集》第3卷写道,该抗辩可适用于动产。

D. 20, 1, 17　乌尔比安:《告示评注》第15卷

行使质权的权利赋予了债权人一项对物之诉(actio in rem)。

D. 20, 1, 14pr.　乌尔比安:《告示评注》第73卷

问题是:如果交付租金的期限未到,是否能提起质押之诉?我认为,可以提起该诉讼,因为它涉及我的利益。杰尔苏也是这么写的。

---

[1] 2世纪法学家。——译者

23. De pignoribus et hypothecis

D. 20. 4. 11. 4   Gaius libro singulari ad form. hypoth.

Si paratus est posterior creditor priori creditori solvere quod ei debetur, videndum est, an competat ei hypothecaria actio nolente priore creditore pecuniam accipere. et dicimus priori creditori inutilem esse actionem, cum per eum fiat, ne ei pecunia solvatur.

D. 20. 4. 12. 8   Marcianus libro singulari ad form. hypoth.

A Titio mutuatus pactus est cum illo, ut ei praedium suum pignori hypothecaeve esset: deinde mutuatus est pecuniam a Maevio et pactus est cum eo, ut, si Titio desierit praedium teneri, ei teneatur: tertius deinde aliquis dat mutuam pecuniam tibi, ut Titio solveres, et paciscitur tecum, ut idem praedium ei pignori hypothecaeve sit et locum eius subeat: num hic medius tertio potior est, qui pactus est, ut Titio soluta pecunia impleatur condicio, et tertius de sua neglegentia queri debeat? sed tamen et hic tertius creditor secundo praeferendus est.

D. 20. 5. 13   Paulus 1 decr.

Creditor, qui iure suo pignus distrahit, ius suum cedere debet et, si pignus possidet, tradere utique debet possessionem.

D. 20. 5. 8   Modestinus 4 reg.

Creditoris arbitrio permittitur ex pignoribus sibi obligatis quibus velit distractis ad suum commodum pervenire.

D. 20. 5. 9. 1   Paulus 3 quaest.

Pomponius autem lectionum libro secundo ita scribsit: quod in pignoribus dandis adici solet, ut, quo minus pignus venisset, reliquum debitor redderet, supervacuum est, quia ipso iure ita se res habet etiam non adiecto eo.

23. 质权和抵押权

D. 20, 4, 11, 4　盖尤斯:《论抵押规则》单卷本

如果第二个债权人准备向第一个债权人偿还欠他的钱,那么我们需要知道,如果是第一个债权人拒绝接受这笔钱,他是否能够提起抵押之诉(hypothecaria actio)？我们认为,如果第一债权人的债权未获全部清偿的原因在于他自己,该诉讼不能由第一债权人提起。

D. 20, 4, 12, 8　莫德斯丁:《论抵押规则》单卷本

你向提裘斯借了一笔钱并与他商定将一块土地抵押给他。其后,你又向迈威乌斯借了一笔钱并同他商定,如果那块土地不再是提裘斯的抵押权标的,便抵押给迈威乌斯。最后,为偿还提裘斯的钱,第三人借给你一笔钱,并同你商定将同一块土地抵押给他,他将取代提裘斯。那么,第二个债权人优先于同你商定在偿还提裘斯贷款后便实现了将土地抵押给他的条件的第三个债权人吗？然而,第三个债权人的法律地位毕竟比第二个债权人的优越。

D. 20, 5, 13　保罗:《论敕令》第 1 卷

出卖质物的债权人应当转让其对质物的权利,如果他占有质物,他无疑应当转让质物的占有。

D. 20, 5, 8　莫德斯丁:《规则集》第 4 卷

债权人被允许按其意志变卖任何他享有债权的质押物,以实现其债权利益。

D. 20, 5, 9, 1　保罗:《问题集》第 3 卷

彭波尼在《各种片段引述》第 2 卷曾这样写道:在交付质物时一般增添下述条款,即如果出卖质物所得的价金少于债务额,债务人要补交差额,这是多余的,因为根据法律规定,没有此条款情况也一样。

319

23. De pignoribus et hypothecis

D. 13. 7. 13pr.   Ulpianus 38 ad ed.

Si, cum venderet creditor pignus, convenerit inter ipsum et emptorem, ut, si solverit debitor pecuniam pretii emptori, liceret ei recipere rem suam, scripsit Iulianus et est rescriptum ob hanc conventionem pigneraticiis actionibus teneri creditorem, ut debitori mandet ex vendito actionem adversus emptorem. sed et ipse debitor aut vindicare rem poterit aut in factum actione adversus emptorem agere.

D. 20. 6. 6pr.   Ulpianus 73 ad ed.

Item liberatur pignus, sive solutum est debitum sive eo nomine satisfactum est. sed et si tempore finitum pignus est, idem dicere debemus, vel si qua ratione obligatio eius finita est.

D. 20. 6. 7. 2   Gaius libro singulari ad form. hypoth.

Sed si cum debitoris procuratore convenit, ne sit res obligata, dicendum est id debitori per doli exceptionem prodesse: cum autem cum servo eius convenerit, per ipsam pacti exceptionem conveni debet.

D. 20. 6. 8pr.   Marcianus libro singulari ad form. hypoth.

Sicut de re corporali extincta, ita et usu fructu exstincto pignus hypothecave perit.

C. 7. 36. 1   Imp. Gordianus A. Veneriae

Diuturnum silentium longi temporis praescriptione corroboratum creditoribus pignus persequentibus inefficacem actionem constituit, praeterquam si debitores vel qui in iura eorum successerunt obligatae rei possessioni incumbAnt. ubi autem creditori a possessore longi temporis praescriptio obicitur, personalis actio adversus debitorem salva ei competit.

C 8. 34. 3pr.   Imp. Constantinus A. Ad populum

Quoniam inter alias captiones praecipue commissoriae pignorum

23. 质权和抵押权

D. 13, 7, 13pr.　乌尔比安：《告示评注》第 38 卷

如果债权人在出卖质物时同买受人达成协议：若债务人向买受人偿付了质物的全部价金，他便有权取回其物。尤里安写道，由于该协议，债权人将被提起质押之诉（pigneraticia actio），且他要将对买受人提起出售之诉的诉权转让给债务人，皇帝也作过如是批复。但是，债务人本人可以向买受人提起返还所有物之诉，或者提起事实之诉（actio in factum）。

D. 20, 6, 6pr.　乌尔比安：《告示评注》第 73 卷

同样，如果债务被清偿，且被全部清偿，质押便被解除。我们应当指出，如果质权因期限届满或者债以任何其他方式消灭，同样适用此规则。

D. 20, 6, 7, 2　盖尤斯：《论抵押规则》单卷本

但是，若同债务人的代理人达成此物非偿还债务的担保物的协议，则应当指出，债务人有权提出欺诈抗辩。当同其奴隶达成协议时，他应当有权就既成简约提出同样的抗辩。

D. 20, 6, 8pr.　马尔西安：《论抵押规则》单卷本

有体物消灭，质权或者抵押权随之消灭，就像用益权消灭一样。

C. 7, 36, 1　高尔迪安皇帝致韦内里亚

就请求返还质物的债权人而言，如果长期取得时效（longi temporis praescriptio）的完成证实他长期沉默，那么只要债务人或者其继承人继续占有质物，他便不能提起有效的诉讼。当占有人以长期取得时效的完成对抗债权人时，后者只能对债务人提起对人之诉。

C. 8, 34, 3pr.　君士坦丁皇帝致民众

考虑到其他权利的滥用，特别是质权的流质条款将加重债务负

23. De pignoribus et hypothecis

legis crescit asperitas, placet infirmari eam et in posterum omnem eius memoriam aboleri. si quis igitur tali contractu laborat, hanc sanctione respiret, quae cum praeteritis praesentia quoque depellit et futura prohibet. creditores enim re amissa iubemus recuperare quod dederunt.

D. II k. Febr. Serdicae Constantino A. VII et Constantio C. conss. <a. 326>

C. 8. 33. 3. 1 Imp. Iust. A. Demostheni

Sancimus itaque, si quis rem creditori suo pignoraverit, si quidem in pactione cautum est, quemadmodum debet pignus distrahi, sive in tempore sive in aliis conventionibus ea observari, de quibus inter creditorem et debitorem conventum est. Sin autem nulla pactio intercesserit, licentia dabitur foeneratori ex denuntiatione vel ex sententia iudiciali post biennium, ex quo attestatio missa est vel sententia prolataest, numerandum, eam vendere.

C. 8. 33. 3. 2 Imp. Iust. A. Demostheni

Sin vero nemo est, qui comparare eam maluerit, et necessarium fiat creditori saltem sibi eam iure dominii possidere, in huiusmodi casibus causam esse observandam censemus, ut, sive praesens sit debitor, denuntiatio ei scilicet post biennium mittatur, sive abfuerit, provinciale tribunal creditor petat, et iudicem certiorare festinet, quatenus ille eum requisierit, certo tempore super hoc ab eo statuendo, ut fiat debitori manifestum per apparitionem iudicis, quod a creditore petitum est, et certum tempus statuatur, intra quod si fuerit inventus, debet qui pecunias creditas accepit, debitum offerre et pignus recuperare.

C. 8. 33. 3. 3 Imp. Iust. A. Demostheni

Sin autem nullatenus fuerit inventus, iudex certum tempus definiat,

23. 质权和抵押权

担时，我们认为令该条款无效是正确的，并且在将来也不再重提此事。因此，如果有人受困于此类约定，可以根据这项谕令而给与拒绝，因为该项谕令既可以拒绝此前的或者现有的流质约定，同时也可以禁止将来的流质约定。我们命令那些丧失质物的债权人收回该质物。

（326年，于君士坦丁堡，塞尔迪凯执政）

C. 8, 33, 3, 1　优士丁尼皇帝致大区长官德莫斯特尼

因此，如果一个人将一个物质押给其债权人，并且通过简约约定了该物在何种情况下被出售，则应当既考查期间，也考查债权人与债务人之间约定的其他内容。但是，如果未做任何约定的，债权人在下列情况下被允许将物出售：通知，或者通知满两年后的判决，或者在判决宣布后。

C. 8, 33, 3, 2　优士丁尼皇帝致大区长官德莫斯特尼

不过，如果没有人有意购买之，或者债权人有必要像所有权人那样占有之，在这些情况下，我们认为应当核实是否存在着一项理由，即如果债务人就在当地，在满两年后向其发出了通知；如果债务人在远方，那么债权人向行省的法官提起诉讼，在向法官说明他是如何寻找债务人的情况后，由法官确定一个期间以便让法官的助手通知债务人。也就是说，根据债权人的要求，法官确定一个期间并且在该期间内如果找到了债务人，则当时取得借款的人应当履行债务以获得质押物。

C. 8, 33, 3, 3　优士丁尼皇帝致大区长官德莫斯特尼

但是，如果通过各种方式都没有找到债务人，法官可以确定一

23. De pignoribus et hypothecis

intra quod licentia ei dabitur sese manifestare et offerre pecunias et pignus a pignoratione liberare. Sin autem in tempore statuto vel minime fuerit inventus vel creditam pecuniam totam offerre noluerit, tunc creditor adeat culmen principale, et precibus porrectis iure dominii habere eandem rem expetat, habeatque ex divino oraculo eam in suo dominio [...]

D. XV. k. April. Constantinopoli Lampadii et Orestis VV. CC. coss. <a. 530>

23. 质权和抵押权

个期限并且在此期限内允许债权人寻找愿意出价以使得质押物免除质权负担的人。如果在这个期限内没有找到愿意偿还借款的人,那么债权人可以寻求皇帝的帮助,提出以不受他人侵扰的方式拥有该物的请求,根据皇帝的命令可以获得该物的所有权。

(530年,兰巴蒂和奥莱斯蒂斯执政)

24. De possessione

24.1 Quid sit possessio et quae res possideri possint (D. 41. 2)

D. 41. 2. 1pr.   Paulus 54 ad ed.

Possessio appellata est, ut et Labeo ait, a sedibus quasi positio, quia naturaliter tenetur ab eo qui ei insistit, quam graeci χαιογήν dicunt.

D. 41. 2. 3. 5   Paulus 54 ad ed.

Ex contrario plures eandem rem in solidum possidere non possunt: contra naturam quippe est, ut, cum ego aliquid teneam, tu quoque id tenere videaris. Sabinus tamen scribit eum qui precario dederit et ipsum possidere et eum qui precario acceperit. idem Trebatius probabat existimans posse alium iuste, alium iniuste possidere, duos iniuste vel duos iuste non posse. quem Labeo reprehendit, quoniam in summa possessionis non multum interest, iuste quis an iniuste possideat: quod est verius. non magis enim eadem possessio apud duos esse potest, quam ut tu stare videaris in eo loco, in quo ego sto, vel in quo ego sedeo, tu sedere videaris.

D. 41. 2. 3. pr.   Paulus 54 ad ed.

Possideri autem possunt, quae sunt corporalia.

24. 占有

24.1 占有和能够被占有的物
（D. 41, 2）

D. 41, 2, 1pr. 保罗：《告示评注》第 54 卷

正如拉贝奥所说，坐在某个地方即被称为占有（possessio），因为那个地方自然被位于其上的人占据着。希腊人将占有称为 χαιογήν。

D. 41, 2, 3, 5 保罗：《告示评注》第 64 卷

相反，几个人并不能相互排他地占有同一物，因为当我占有一个物时你也同时占有它，这是违反自然的。然而，萨宾写道，如果一个人临时让与一个物，则该人与临时让与的受让人均占有该物。特雷巴丘斯也赞同此观点，同时他认为，一个人可以非正当地占有而另一个人可以正当地占有，但两个人不能同时非正当地占有或者正当地占有。拉贝奥不同意此观点，他认为，就占有而言，一个人是正当占有还是非正当占有并不重要。此观点是正确的，因为就像你不能站在或者坐在我所站的或者坐的地方一样，在两个人之间不可能存在同一个占有。

D. 41, 2, 3pr. 保罗：《告示评注》第 54 卷

只有有体物才能成为占有的标的。

24. De possessione

D. 41. 2. 30pr.   Paulus 15 ad sab.

Qui universas aedes possedit, singulas res, quae in aedificio sunt, non videtur possedisse. idem dici debet et de nave et de armario.

D. 41. 2. 3. 21   Paulus 54 ad ed.

Genera possessionum tot sunt, quot et causae adquirendi eius quod nostrum non sit, velut pro emptore: pro donato: pro legato: pro dote: pro herede: pro noxae dedito: pro suo, sicut in his, quae terra marique vel ex hostibus capimus vel quae ipsi, ut in rerum natura essent, fecimus. et in summa magis unum genus est possidendi, species infinitae.

D. 41. 2. 3. 22   Paulus 54 ad ed.

Vel etiam potest dividi possessionis genus in duas species, ut possideatur aut bona fide aut non bona fide.

D. 41. 2. 3. 23   Paulus 54 ad ed.

Quod autem Quintus Mucius inter genera possessionum posuit, si quando iussu magistratus rei servandae causa possidemus, ineptissimum est: nam qui creditorem rei servandae causa vel quia damni infecti non caveatur, mittit in possessionem vel ventris nomine, non possessionem, sed custodiam rerum et observationem concedit: et ideo, cum damni infecti non cavente vicino in possessionem missi sumus, si id longo tempore fiat, etiam possidere nobis et per longam possessionem capere praetor causa cognita permittit.

24. 占有

D. 41, 2, 30pr.　保罗:《萨宾评注》第 15 卷

不能认为占有一个建筑物的人同时占有建筑物上的单个物。这一规则同样适用于船舶和柜子。

D. 41, 2, 3, 21　保罗:《告示评注》第 54 卷

占有的种类与取得不属于我们的物的原因同样多,如买受人的占有、基于赠与的占有、基于遗赠的占有、对嫁资的占有、继承人的占有、基于损害投偿的占有,以及对自己之物的占有,即对我们从地上、海上及敌人那里取得之物或者我们自己生产之物的占有。总之,占有的性质是唯一的,但其种类却不胜枚举。

D. 41, 2, 3, 22　保罗:《告示评注》第 54 卷

占有可以被分为两类:善意占有和恶意占有。

D. 41, 2, 3, 23　保罗:《告示评注》第 54 卷

然而,昆图斯·穆丘斯把我们根据法官的命令为保管物而进行的占有列入占有之内,这是极不确切的。因为,法官命令一个人占有物或是为了保管该物,或是由于潜在损害未获得担保,或是为了胎儿的利益,该人被许可的不是对物的占有,而只是对物的看管。因此,当我们因邻居未提供潜在损害之要式口约而被特准占有一个物时,如果这种占有已经过很长时间,那么裁判官在查明情况后将允许我们占有物,并允许我们通过长期占有取得物之所有权。

24. De possessione

24. 2 De adquirenda vel amittenda possessione
(D. 41. 2 ; D. 50. 17)

24. 2. 1 Quis apisci possessionem possit

D. 41. 2. 1. 2　Paulus 54 ad ed.

Apiscimur autem possessionem per nosmet ipsos.

D. 41. 2. 1. 5　Paulus 54 ad ed.

Item adquirimus possessionem per servum aut filium, qui in potestate est, et quidem earum rerum, quas peculiariter tenent, etiam ignorantes, sicut Sabino et Cassio et Iuliano placuit, quia nostra voluntate intellegantur possidere, qui eis peculium habere permiserimus. igitur ex causa peculiari et infans et furiosus adquirunt possessionem et usucapiunt, et heres, si hereditarius servus emat.

D. 41. 2. 1. 8　Paulus 54 ad ed.

Per eum, in quo usum fructum habemus, possidere possumus, sicut ex operis suis adquirere nobis solet: nec ad rem pertinet, quod ipsum non possidemus: nam nec filium.

D. 41. 2. 49pr.　Papinianus 2 def.

Possessio quoque per servum, cuius usus fructus meus est, ex re mea vel ex operis servi adquiritur mihi, cum et naturaliter a fructuario teneatur et plurimum ex iure possessio mutuetur.

24. 占有

24.2 占有的取得和丧失
（D. 41, 2；D. 50, 17）

24.2.1 能够取得占有的人

D. 41, 2, 1, 2　保罗：《告示评注》第 54 卷
我们通过我们自己取得占有。

D. 41, 2, 1, 5　保罗：《告示评注》第 54 卷
同样，我们还可以通过处于我们权力下的奴隶和家子取得占有，并通过他们取得其特有产的占有，尽管我们未意识到这一点。这是萨宾、卡修斯和尤里安的观点。因为我们允许他们拥有特有产，他们被认为按照我们的意志进行占有，因此一个幼儿或者精神病人也可因特有产而取得占有，并可通过时效取得物之所有权。如果作为遗产一部分的一个奴隶购买了一物，继承人便取得对该物的占有。

D. 41, 2, 1, 8　保罗：《告示评注》第 54 卷
我们可以通过我们对之享有用益权的奴隶进行占有，就像我们通常以其服务取得占有一样。我们不占有他并不重要，因为我们也不占有家子。

D. 41, 2, 49pr.　帕比尼安：《定义集》第 2 卷
处于我的用益权下的奴隶，可以我的物或者自己的劳务为我取得占有，因为奴隶当然为用益权人所持有，且取得的占有完全依赖于用益权。

24. De possessione

D. 41. 2. 49. 1   Papinianus 2 def.

Qui in aliena potestate sunt, rem peculiarem tenere possunt, habere possidere non possunt, quia possessio non tantum corporis, sed et iuris est.

D. 41. 2. 24   Iavolenus 14 epist.

Quod servus tuus ignorante te vi possidet, id tu non possides, quoniam is, qui in tua potestate est, ignoranti tibi non corporalem possessionem, sed iustam potest adquirere: sicut id, quod ex peculio ad eum pervenerit, possidet. nam tum per servum dominus quoque possidere dicitur, summa scilicet cum ratione, quia, quod ex iusta causa corporaliter a servo tenetur, id in peculio servi est et peculium, quod servus civiliter quidem possidere non posset, sed naturaliter tenet, dominus creditur possidere. Quod vero ex maleficiis adprehenditur, id ad domini possessionem ideo non pertinet, quia nec peculii causam adprehendit.

D. 41. 2. 44. 1   Papinianus 23 quaest.

Quaesitum est, cur ex peculii causa per servum ignorantibus possessio quaereretur. dixi utilitatis causa iure singulari receptum, ne cogerentur domini per momenta species et causas peculiorum inquirere. nec tamen eo pertinere speciem istam, ut animo videatur adquiri possessio: nam si non ex causa peculiari quaeratur aliquid, scientiam quidem domini esse necessariam, sed corpore servi quaeri possessionem.

24. 2. 2   Quomodo apisci possessionem possit

D. 41. 2. 3. 1   Paulus 54 ad ed.

Et apiscimur possessionem corpore et animo, neque per se animo

24. 占有

D. 41, 2, 49, 1　帕比尼安:《定义集》第 2 卷

处于他人权力下的人可以持有特有产,但是他们不能占有它,因为占有不仅是一种事实,而且是一种权利。

D. 41, 2, 24　雅沃伦:《书信集》第 14 卷

有你的奴隶在你不知道的情况下以暴力占有的物,你并不占有该物,因为处于你权力下的人在你不知道的情况下可为你取得的不是事实上的占有(corporalis possessio),而是正当的占有(possessio iusta),就像他占有以特有产名义取得的物一样。尚需指出,主人还可以通过其奴隶占有物,这是非常合理的,因为事实上奴隶以正当理由持有的物是奴隶的特有产。奴隶不能依市民法占有而可依自然法持有之特有产,其主人被认为是占有人。然而,奴隶因私犯行为(maleficium)取得的占有不属于其主人,因为他不是以特有产为由取得它。

D. 41, 2, 44, 1　帕比尼安:《问题集》第 23 卷

有人问:奴隶为什么可以特有产名义为不知情的主人取得该占有? 我认为,此规定是为了方便,即让主人不必在任何时候都调查特有产的种类及取得原因。然而,这并不意味着仅占有的意思(animus)即取得占有。实际上,如果一个物不是以特有产名义取得,所有权人的知情是必要的,但是,占有的事实只是通过其奴隶的行为而实现。

24.2.2　取得占有的条件

D. 41, 2, 3, 1　保罗:《告示评注》第 54 卷

我们取得占有应当有占有体素(corpus)与占有心素(ani-

24. De possessione

aut per se corpore. quod autem diximus et corpore et animo adquirere nos debere possessionem, non utique ita accipiendum est, ut qui fundum possidere velit, omnes glebas circumambulet: sed sufficit quamlibet partem eius fundi introire, dum mente et cogitatione hac sit, uti totum fundum usque ad terminum velit possidere.

D. 41. 2. 3. 2 Paulus 54 ad ed.

Incertam partem rei possidere nemo potest, veluti si hac mente sis, ut quidquid Titius possidet, tu quoque velis possidere.

D. 41. 2. 3. 3 Paulus 54 ad ed.

Neratius et Proculus et solo animo non posse nos adquirere possessionem, si non antecedat naturalis possessio, ideoque si thensaurum in fundo meo positum sciam, continuo me possidere, simul atque possidendi affectum habuero, quia quod desit naturali possessioni, id animus implet. ceterum quod Brutus et Manilius putant eum, qui fundum longa possessione cepit, etiam thensaurum cepisse, quamvis nesciat in fundo esse, non est verum: is enim qui nescit non possidet thensaurum, quamvis fundum possideat. sed et si sciat, non capiet longa possessione, quia scit alienum esse. quidam putant Sabini sententiam veriorem esse nec alias eum qui scit possidere, nisi si loco motus sit, quia non sit sub custodia nostra: quibus consentio.

D. 41. 2. 3. 4 Paulus 54 ad ed.

Ex plurimis causis possidere eandem rem possumus, ut quidam putant et eum, qui usuceperit et pro emptore, et pro suo possidere: sic

24. 占有

mus)①。只凭占有心素或者占有体素均不能取得占有,不过,我们所说的我们取得占有应当有占有体素与占有心素,不能理解为如果一个人想占有一块土地,他就应当走遍那块土地的每一角落。只要他进入那块土地的任何一部分,同时他有占有那块土地直至其地界的意思即可。

D. 41, 2, 3, 2　保罗:《告示评注》第 54 卷

没有一个人可以占有物的不确定的部分,就像你想占有提裘斯拥有的一切那样。

D. 41, 2, 3, 3　保罗:《告示评注》第 54 卷

内拉蒂和普罗库勒认为,我们不能只凭占有心素取得占有,除非事先存在对物的自然占有(naturalis possessio)。因此,如果我知道有件埋藏物被埋于我的地下,一旦我有了占有心素,我便占了它,因为自然占有所缺少的由占有心素来补充。此外,布鲁图斯和马尼流斯认为,通过长期占有时效取得一块土地所有权的人,也通过取得时效取得埋藏物的所有权,尽管他不知道在那块地下有埋藏物。此观点是不正确的。因为,不知道有埋藏物的人,虽占有土地,但并不占有埋藏物。即使他知道有埋藏物,也不能通过长期占有时效取得埋藏物的所有权,因为他知道它是别人的。一些人认为萨宾的意见较正确,即知道有埋藏物的人,只有在埋藏物从地下被取出时才占有它,因为在此之前它不在其掌握之中。我同意这些人的观点。

D. 41, 2, 3, 4　保罗:《告示评注》第 54 卷

就像一些人认为的那样,我们可以各种名义占有同一个物。因此,通过时效取得物之所有权的人可以买受人的名义及他自己的名

---

① 占有体素亦称为占有的事实,占有心素亦称为占有的意思。——译者

24. De possessione

enim et si ei, qui pro emptore possidebat, heres sim, eandem rem et pro emptore et pro herede possideo: nec enim sicut dominium non potest nisi ex una causa contingere, ita et possidere ex una dumtaxat causa possumus.

D. 41. 2. 1. 3   Paulus 54 ad ed.

Furiosus, et pupillus sine tutoris auctoritate, non potest incipere possidere, quia affectionem tenendi non habent, licet maxime corpore suo rem contingant, sicuti si quis dormienti aliquid in manu ponat. sed pupillus tutore auctore incipiet possidere. Ofilius quidem et Nerva filius etiam sine tutoris auctoritate possidere incipere posse pupillum aiunt: eam enim rem facti, non iuris esse: quae sententia recipi potest, si eius aetatis sint, ut intellectum capiant.

D. 41. 2. 32. 2   Paulus 15 ad sab.

Infans possidere recte potest, si tutore auctore coepit, nam iudicium infantis suppletur auctoritate tutoris: utilitatis enim causa hoc receptum est, nam alioquin nullus sensus est infantis accipiendi possessionem. Pupillus tamen etiam sine tutoris auctoritate possessionem nancisci potest. Item infans peculiari nomine per servum possidere potest.

D. 41. 2. 1. 22   Paulus 54 ad ed.

Municipes per se nihil possidere possunt, quia universi consentire non possunt. forum autem et basilicam hisque similia non possident, sed promiscue his utuntur. sed Nerva filius ait, per servum quae peculiariter adquisierint et possidere et usucapere posse: sed quidam contra putant, quoniam ipsos servos non possideant.

D. 41. 2. 41   Paulus 1 inst.

Qui iure familiaritatis amici fundum ingreditur, non videtur

24. 占有

义占有物。这样，如果我变成了以买受人名义占有物的人的继承人，我便可以买受人及继承人的名义占有同一个物。虽然所有权只能基于一个原因被取得，但是，占有可以基于多个原因取得。

D. 41, 2, 1, 3　保罗：《告示评注》第 54 卷

精神病人及未达适婚年龄的被监护人，未经其监护人同意，不能进行占有。即使他们的身体经常触到物，但并无占有的意思，这就像把物放在睡眠中的人手上一样。但是，未达适婚年龄的被监护人经其监护人同意可以占有物。奥菲流斯和年青的内尔瓦认为，未达适婚年龄的被监护人未经其监护人同意也可进行占有，因为占有是一种事实，而非权利。如果他达到具有理解能力的年龄，此观点便可被接受。

D. 41, 2, 32, 2　保罗：《萨宾评注》第 15 卷

如果一个幼儿经其监护人同意而取得占有，他便能合法地占有，因为其判断力已为其监护人的同意所补充。允许这样是为了方便，还因为在取得占有时幼儿没有辨别能力。然而，未达适婚年龄的被监护人未经其监护人同意也可以取得占有。同样，幼儿也可通过奴隶以特有产名义进行占有。

D. 41, 2, 1, 22　保罗：《告示评注》第 54 卷

自治市不能占有任何物，因为全体市民的同意是不可能的。因此，他们不能占有市场、寺庙及其他类似之物，但是可以共同使用它们。然而，年青的内尔瓦说，他们可以通过奴隶来占有作为特有产取得之物，并可以通过时效取得它们的所有权。但一些人持相反的观点，因为他们自己没有奴隶。

D. 41, 2, 41　保罗：《法学阶梯》第 1 卷

基于友谊而进入其朋友的土地的人，不能被认为已占有那块土

24. De possessione

possidere, quia non eo animo ingressus est, ut possideat, licet corpore in fundo sit.

D. 41. 2. 1. 9   Paulus 54 ad ed.

Ceterum et ille per quem volumus possidere, talis esse debet, ut habeat intellectum possidendi.

24. 2. 3   Quomodo possessionem retinemus

D. 41. 2. 3. 7   Paulus 54 ad ed.

Sed et si animo solo possideas, licet alius in fundo sit, adhuc tamen possides.

D. 41. 2. 3. 8   Paulus 54 ad ed.

Si quis nuntiet domum a latronibus occupatam et dominus timore conterritus noluerit accedere, amisisse eum possessionem placet. quod si servus vel colonus, per quos corpore possidebam, decesserint discesserintve, animo retinebo possessionem.

D. 41. 2. 3. 11   Paulus 54 ad ed.

Saltus hibernos aestivosque animo possidemus, quamvis certis temporibus eos relinquamus.

D. 41. 2. 3. 12   Paulus 54 ad ed.

Ceterum animo nostro, corpore etiam alieno possidemus, sicut diximus per colonum et servum, nec movere nos debet, quod quasdam etiam ignorantes possidemus, id est quas servi peculiariter paraverunt: nam videmur eas eorundem et animo et corpore possidere.

24. 占有

地。因为，虽然他有停留在那块土地上的事实，但他在进入那块土地时无占有它的意思。

D. 41, 2, 1, 9　保罗：《告示评注》第 54 卷

此外，当我们想通过他人进行占有时，该他人也应当是有占有之意思的人。

24.2.3　占有的保持

D. 41, 2, 3, 7　保罗：《告示评注》第 54 卷

但是，如果你仅具有占有之意思而保持占有，那么即使别人在那块土地上，你也将继续占有该工地。

D. 41, 2, 3, 8　保罗：《告示评注》第 54 卷

若一个人通知房屋所有权人其房屋已被盗贼们占据，而惊恐的房屋所有权人不愿回到那里，那么应当认为他丧失对该房屋的占有。如果我通过奴隶或者佃农占有一个物，而他们放弃了该占有物或者死亡，我通过占有之意思而保持对该物的占有。

D. 41, 2, 3, 11　保罗：《告示评注》第 54 卷

我们通过占有心素占有着夏天和冬天放牧的牧场，虽然在一定时间内我们会离开它。

D. 41, 2, 3, 12　保罗：《告示评注》第 54 卷

正如我们通过奴隶及佃农进行占有那样，我们通过自己的占有心素和通过他人的占有体素而占有一个物。这使我们不必关心我们尚不知道自己占有某些物，即奴隶以特有产名义取得的那些物。因为，就这些物而言，我们认为未具有占有它们之意思及占有它们之事实。

24. De possessione

D. 41. 2. 3. 13   Paulus 54 ad ed.

Nerva filius res mobiles excepto homine, quatenus sub custodia nostra sint, hactenus possideri, id est quatenus, si velimus, naturalem possessionem nancisci possimus. nam pecus simul atque aberraverit aut vas ita exciderit, ut non inveniatur, protinus desinere a nobis possideri, licet a nullo possideatur: dissimiliter atque si sub custodia mea sit nec inveniatur, quia praesentia eius sit et tantum cessat interim diligens inquisitio.

D. 41. 2. 3. 14   Paulus 54 ad ed.

Item feras bestias, quas vivariis incluserimus, et pisces, quos in piscinas coiecerimus, a nobis possideri. sed eos pisces, qui in stagno sint, aut feras, quae in silvis circumseptis vagantur, a nobis non possideri, quoniam relictae sint in libertate naturali: alioquin etiam si quis silvam emerit, videri eum omnes feras possidere, quod falsum est.

D. 41. 2. 25. 2   Pomponius 23 ad q. muc.

Quod autem solo animo possidemus, quaeritur, utrumne usque eo possideamus, donec alius corpore ingressus sit, ut potior sit illius corporalis possessio, an vero (quod quasi magis probatur) usque eo possideamus, donec revertentes nos aliquis repellat aut nos ita animo desinamus possidere, quod suspicemur repelli nos posse ab eo, qui ingressus sit in possessionem: et videtur utilius esse.

D. 46. 2. 27   Papinianus 3 resp.

Emptor cum delegante venditore pecuniam ita promittit 'quidquid ex vendito dare facere oportet', novatione secuta usuras neutri post insecuti temporis debet.

D. 41. 2. 1. 14   Paulus 54 ad ed.

Per servum, qui in fuga sit, nihil posse nos possidere Nerva filius

24. 占有

D. 41, 2, 3, 13　保罗：《告示评注》第54卷

年青的内尔瓦认为，除奴隶外的动产，只要处于我们的看管之下，便为我们所占有，即只要我们愿意，我们便可以对它进行自然占有。一旦一个动物走失或者一个盆被遗失，以致不能被找到，它便立即不再为我们所占有，尽管它未被别的任何人占有。这与虽不能被马上找到但仍处于我们看管下之物的情况不同，因为它仍在那里，只是需要我们努力寻找。

D. 41, 2, 3, 14　保罗：《告示评注》第54卷

同样，我们关在圈里的野兽及放在鱼池中的鱼为我们所占有。但是，在湖里的鱼或者在被圈起来的林中漫游的野兽不为我们所占有，因为它们回到了无拘无束的自然状态。另一种观点认为，如果一个人购买了一片丛林，他便被认为占有了该丛林中的全部野兽。此观点是错误的。

D. 41, 2, 25, 2　彭波尼：《库伊特·穆齐评注》第23卷

然而，就我们仅以占有之意思占有之物而言，产生的问题是：我们是否在他人事实上占有该物之前继续占有着它，以便他人的占有更具效力？还是（很多人赞成的观点）在他人不拒绝我们占有它之前，或者在我们因怀疑他可能拒绝我们占有而有意停止占有之前，我们是否继续占有它？后一观点被认为是较正确的。

D. 46, 2, 27　帕比尼安：《解答集》第3卷

如果买受人同委托的出卖人就一笔财产订立要式口约"一切应当按出售契约实施给（dare）或者作为（facere）"，那么在债发生变更后产生的利息不属于两人中的任何一个人。

D. 41, 2, 1, 14　保罗：《告示评注》第54卷

年青的内尔瓦说，我们不能通过逃亡奴隶占有任何物，尽管有

341

24. De possessione

ait, licet respondeatur, quamdiu ab alio non possideatur, a nobis eum possideri ideoque interim etiam usucapi. sed utilitatis causa receptum est, ut impleatur usucapio, quamdiu nemo nactus sit eius possessionem. possessionem autem per eum adquiri, sicut per eos, quos in provincia habemus, Cassii et Iuliani sententia est.

24. 2. 4 Quomodo possessionem amittimus

D. 50. 17. 153 Paulus 65 ad ed.

Fere quibuscumque modis obligamur, isdem in contrarium actis liberamur, cum quibus modis adquirimus, isdem in contrarium actis amittimus. ut igitur nulla possessio adquiri nisi animo et corpore potest, ita nulla amittitur, nisi in qua utrumque in contrarium actum est.

D. 41. 2. 3. 6 Paulus 54 ad ed.

In amittenda quoque possessione affectio eius qui possidet intuenda est: itaque si in fundo sis et tamen nolis eum possidere, protinus amittes possessionem. igitur amitti et animo solo potest, quamvis adquiri non potest.

D. 41. 2. 3. 9 Paulus 54 ad ed.

Et si alii tradiderim, amitto possessionem, nam constat possidere nos, donec aut nostra voluntate discesserimus aut vi deiecti fuerimus.

D. 41. 2. 3. 10 Paulus 54 ad ed.

Si servus, quem possidebam, pro libero se gerat, ut fecit spartacus, et iudicium liberale pati paratus sit, non videbitur a domino possideri, cui se adversarium praeparat, sed hoc ita verum est, si diu in libertate moratur: alioquin si ex possessione servitutis in libertatem reclamaverit et liberale iudicium imploraverit, nihilo minus in possessione mea est et

24. 占有

人认为他未被别人占有而仍为我们所占有,甚至可能被我们通过时效取得。出于方便考虑,只要无别的人占有他,便认为可以对其实行时效取得。然而,卡修斯和尤里安认为,就像我们可以通过我们在行省的奴隶取得占有一样,我们可以通过逃亡奴隶取得占有。

24.2.4 占有的丧失

D. 50, 17, 153 保罗:《告示评注》第 65 卷

同样,我们通过哪些方式承担债务,亦通过与之相反的方式被免除债务;我们以哪些方式取得所有权,亦通过与之相反的方式丧失所有权。因此,就像若无占有之意思及占有之事实便不能取得占有一样,如果你未失去占有之意思与占有之事实,便未丧失占有。

D. 41, 2, 3, 6 保罗:《告示评注》第 54 卷

就丧失占有而言,还应当考虑占有人之意思。假如你在土地上而不想占有它,你将立即失去占有。因此,虽然占有不能仅凭占有之意思被取得,但是可因无占有之意思而丧失。

D. 41, 2, 3, 9 保罗:《告示评注》第 54 卷

如果我将一个物交付给他人,我便失去对该物的占有。因为很清楚,我们在自愿放弃占有或者占有物被暴力抢夺之前,我们占有着物。

D. 41, 2, 3, 10 保罗:《告示评注》第 54 卷

如果我占有的奴隶像斯巴达克斯那样如同自由人一样行动,并准备进行关于自由权的诉讼,那么他不能被认为将在诉讼中被相对方的主人所占有。倘若他长期处于自由状态,此观点便是正确的;反之,要是他在被我作为奴隶占有后主张他有自由权,并请求提起

24. De possessione

animo eum possideo, donec liber fuerit pronuntiatus.

D. 41. 2. 29   Ulpianus 30 ad sab.

Possessionem pupillum sine tutoris auctoritate amittere posse constat, non ut animo, sed ut corpore desinat possidere: quod est enim facti, potest amittere. alia causa est, si forte animo possessionem velit amittere: hoc enim non potest.

D. 41. 2. 30. 1   Paulus 15 ad sab.

Possessionem amittimus multis modis, veluti si mortuum in eum locum intulimus, quem possidebamus: namque locum religiosum aut sacrum non possumus possidere, etsi contemnamus religionem et pro privato eum teneamus, sicut hominem liberum.

D. 41. 2. 30. 3   Paulus 15 ad sab.

Item quod mari aut flumine occupatum sit, possidere nos desinimus, aut si is qui possidet in alterius potestatem pervenit.

D. 41. 2. 12. 1   Ulpianus 70 ad ed.

Nihil commune habet proprietas cum possessione: et ideo non denegatur ei interdictum uti possidetis, qui coepit rem vindicare: non enim videtur possessioni renuntiasse, qui rem vindicavit.

D. 50. 17. 119pr.   Ulpianus 13 ad ed.

Non alienat, qui dumtaxat amittit possessionem.

24. 占有

关于自由权的诉讼,那么他仍在我的占有下,并且我可以占有心素占有他,直至其被宣告为自由人。

D. 41, 2, 29　乌尔比安:《萨宾评注》第 30 卷

虽然无监护人的同意,未达适婚年龄的被监护人也可能失去占有,但是,他失去的只是对物的实际占有而非占有之意思,因为实际上他只可能失去对物的占有。如果他想放弃占有,情况却有所不同,因为他不能那样做。

D. 41, 2, 30, 1　保罗:《萨宾评注》第 15 卷

我们失去占有的方式很多,如我们把一个已故者埋葬于我们占有的土地上。因为,就像我们不能占有自由人一样,我们不能占有安魂之地或者圣地,尽管我们貌视宗教而把那块土地视为私人的。

D. 41, 2, 30, 3　保罗:《萨宾评注》第 15 卷

同样,我们将失去被大海或者河水淹没之地的占有;或者如果占有人变成了他权人时,他便失去了占有。

D. 41, 2, 12, 1　乌尔比安:《告示评注》第 70 卷

所有权同占有无共同之处。因为,请求返还某物的人不被认为已放弃占有,所以请求返还某物的人将不会拒绝"现状占有令状"。

D. 50, 17, 119pr.　乌尔比安:《告示评注》第 13 卷

丧失占有并非意味着进行了转让。

24. De possessione

24. 3 De interdictis retinendae aut reciperandae possessionis
(D. 41. 2 ; D. 43. 16/17/26/31)

24. 3. 1 De interdicto unde vi reciperandae possessionis

D. 43. 16. 1pr. Ulpianus 69 ad ed.

Praetor ait 'unde tu illum vi deiecisti aut familia tua deiecit, de eo quaeque ille tunc ibi habuit tantummodo intra annum, post annum de eo, quod ad eum qui vi deiecit pervenerit, iudicium dabo.'

D. 43. 16. 1. 2 Ulpianus 69 ad ed.

Ne quid autem per vim admittatur, etiam legibus Iuliis prospicitur publicorum et privatorum nec non et constitutionibus principum.

D. 43. 16. 1. 3 Ulpianus 69 ad ed.

Hoc interdictum non ad omnem vim pertinet, verum ad eos, qui de possessione deiciuntur. ad solam autem atrocem vim pertinet hoc interdictum, et ad eos tantum, qui de solo deiciuntur, ut puta de fundo sive aedificio: ad alium autem non pertinet.

D. 43. 16. 1. 4 Ulpianus 69 ad ed.

Et si quis de area deiectus sit, sine dubio interdicto locus est: et generaliter ad omnes hoc pertinet interdictum, qui de re solo cohaerenti deiciuntur: qualisqualis enim fuerit locus, unde quis vi deiectus est, interdicto locus erit.

24. 占有

24.3 保护占有和恢复占有的令状
（D. 41, 2；D. 43, 16/17/26/31）

24.3.1 因暴力驱逐引发的恢复占有令状

D. 43, 16, 1pr.　乌尔比安：《告示评注》第 69 卷
裁判官说："如果你或者你的奴隶以暴力强行剥夺了一个人当时拥有的财产，那么我将发出一个在一年之内有效的令状，使其重新获得因暴力强夺而失去的占有之物；在一年之后我将发出一个令状，使暴力强夺者返还其因暴力占有而获得的利益。"

D. 43, 16, 1, 2　乌尔比安：《告示评注》第 69 卷
为了不许以暴力获得财产，《尤流斯法》就像皇帝宪令那样对暴力占有公私财产作出了规定。

D. 43, 16, 1, 3　乌尔比安：《告示评注》第 69 卷
此令状并非涉及所有的暴力行为。它由受到暴力强夺而失去占有的人使用。该讼状只涉及残酷的暴力行为，只有被强夺对土地占有的人，如被从一块地上或者被从一个建筑物内逐出的人，才有权使用该令状，其他人无权使用。

D. 43, 16, 1, 4　乌尔比安：《告示评注》第 69 卷
如果一个人被逐出其占有的土地，毫无疑问，此令状将适用。通常，被逐离定着于地上之物的人有权使用该令状，因为不管一个人被逐出的那个地方是何方，只要是不动产，便将适用此令状。

24. De possessione

D. 43. 16. 1. 5 Ulpianus 69 ad ed.

Proinde et si superficiaria insula fuerit, qua quis deiectus est, apparet interdicto fore locum.

D. 43. 16. 1. 6 Ulpianus 69 ad ed.

Illud utique in dubium non venit interdictum hoc ad res mobiles non pertinere: nam ex causa furti vel vi bonorum raptorum actio competit: potest et ad exhibendum agi. plane si quae res sint in fundo vel in aedibus, unde quis deiectus est, etiam earum nomine interdictum competere non est ambigendum.

D. 43. 16. 1. 7 Ulpianus 69 ad ed.

Si quis de nave vi deiectus est, hoc interdicto locus non est, argumento eius, qui de vehiculo detractus est, quem nemo dixit interdicto hoc uti posse.

D. 43. 16. 1. 8 Ulpianus 69 ad ed.

Plane si quis de ligneis aedibus deiectus fuerit, nemo ambigit interdicto locum fore, quia qualequale sit quod solo cohaereat, inde qui vi deiectus est habet interdictum.

D. 43. 16. 1. 9 Ulpianus 69 ad ed.

Deicitur is qui possidet, sive civiliter sive naturaliter possideat: nam et naturalis possessio ad hoc interdictum pertinet.

D. 43. 16. 1. 12 Ulpianus 69 ad ed.

Deiecisse autem etiam is videtur, qui mandavit vel iussit, ut aliquis deieceretur: parvi enim referre visum est, suis manibus quis deiciat an vero per alium: quare et si familia mea ex voluntate mea deiecerit, ego videor deiecisse.

24. 占有

D. 43, 16, 1, 5　乌尔比安:《告示评注》第 69 卷

若一个人从其享有地上权的建筑物内被逐出,人们认为此令状将被适用。

D. 43, 16, 1, 6　乌尔比安:《告示评注》第 69 卷

无容置疑,此令状不适用于动产,因为对动产可适用盗窃之诉或者暴力抢劫财产之诉。显然,如果一些物在农场上或者在房屋内,而一个人被逐离这些地方,无疑他有权使用此令状。

D. 43, 16, 1, 7　乌尔比安:《告示评注》第 69 卷

如果一个人被他人以暴力逐下船,不适用此令状,一个人从车上被逐下也一样,从未有人说过他可以适用此令状。

D. 43, 16, 1, 8　乌尔比安:《告示评注》第 69 卷

当然,如果一个人从木屋内被逐出,没有一个人怀疑将适用此令状。因为,不管定着于地上之物是何物,被暴力逐出的人都有权使用此令状。

D. 43, 16, 1, 9　乌尔比安:《告示评注》第 69 卷

被驱逐的人应当是占有人,其占有或是市民法的占有或是自然占有,因为自然占有亦同此令状有关。

D. 43, 16, 1, 12　乌尔比安:《告示评注》第 69 卷

做出驱逐一个人的命令或者决定的人,也被认为驱逐了该人。因为人们认为,一个人是自己亲自驱逐还是通过他人驱逐并不重要。因此,如果我的奴隶按我的意志实施了驱逐行为,我便被认为实施了驱逐行为。

24. De possessione

D. 43. 16. 1. 22   Ulpianus 69 ad ed.

Quod servus vel procurator vel colonus tenent, dominus videtur possidere, et ideo his deiectis ipse deici de possessione videtur, etiamsi ignoret eos deiectos, per quos possidebat. et si quis igitur alius, per quem possidebam, deiectus fuerit, mihi competere interdictum nemini dubium est.

D. 43. 16. 1. 24   Ulpianus 69 ad ed.

Sive autem corpore sive animo possidens quis deiectus est, palam est eum vi deiectum videri. idcircoque si quis de agro suo vel de domo processisset nemine suorum relicto, mox revertens prohibitus sit ingredi vel ipsum praedium, vel si quis eum in medio itinere detinuerit et ipse possederit, vi deiectus videtur: ademisti enim ei possessionem, quam animo retinebat, etsi non corpore.

D. 43. 16. 1. 25   Ulpianus 69 ad ed.

Quod volgo dicitur aestivorum hibernorumque saltuum nos possessiones animo retinere, id exempli causa didici Proculum dicere: nam ex omnibus praediis, ex quibus non hac mente recedemus, ut omisisse omisisse possessionem vellemus, idem est.

D. 43. 16. 1. 26   Ulpianus 69 ad ed.

Eum, qui neque animo neque corpore possidebat, ingredi autem et incipere possidere prohibeatur, non videri deiectum verius est: deicitur enim qui amittit possessionem, non qui non accipitur.

D. 43. 16. 1. 23   Ulpianus 69 ad ed.

Interdictum autem hoc nulli competit nisi ei, qui tunc cum deiceretur possidebat, nec alius deici visus est quam qui possidet.

D. 43. 16. 3. 13   Ulpianus 69 ad ed.

Interdictum necessarium fuisse fructuario apparet 'si prohibeatur

24. 占有

D. 43, 16, 1, 22　乌尔比安：《告示评注》第 69 卷

一个奴隶、代理人或者佃农持有之物，被认为是其主人的占有标的。因此，当这些人被驱逐时，其主人被认为被逐离了占有之物，尽管他不知道其借以进行占有的那些人已被驱逐。如果我通过其他任何人进行占有而该人被驱逐，那么无人怀疑我有权使用此令状。

D. 43, 16, 1, 24　乌尔比安：《告示评注》第 69 卷

然而，如果有占有体素或者占有心素的人被驱逐，显然他被认为是受到了暴力驱逐。因此，如果一个人离开其土地或者房屋而未留下人在那里，在返回时他被阻止进入其土地，或者有人在半道上扣留了他并占有其土地，那么他被认为是受到了暴力驱逐。因为，虽然他并未进行事实上的占有，但你剥夺了他通过占有心素一直保持着的占有。

D. 43, 16, 1, 25　乌尔比安：《告示评注》第 69 卷

关于上述问题，我知道普罗库勒常举例说，我们通过占有心素保持着对夏天和冬天的牧场的占有，因为此规则适用于我们离开它们而无中止占有它们的意思的一切土地。

D. 43, 16, 1, 26　乌尔比安：《告示评注》第 69 卷

既无占有心素又无占有体素而被禁止进入和占有土地的人，不能被认为受到了暴力驱逐。此观点是正确的。因为，受到暴力驱逐者是失去了占有的人，而非尚未开始占有的人。

D. 43, 16, 1, 23　乌尔比安：《告示评注》第 69 卷

然而，除了受到暴力驱逐的占有人外，其他人无权使用此令状。除了占有人，其他人不被认为受到了暴力驱逐。

D. 43, 16, 3, 13　乌尔比安：《告示评注》第 69 卷

如果用益权人被阻止享有一块土地的用益权，那么暴力令状便

24. De possessione

uti frui usu fructu fundi'.

D. 43. 16. 3. 16   Ulpianus 69 ad ed.

Item si non usus fructus, sed usus sit relictus, competit hoc interdictum. ex quacumque enim causa constitutus est usus fructus vel usus, hoc interdictum locum habebit.

D. 43. 16. 3. 14   Ulpianus 69 ad ed.

Uti frui autem prohibuisse is videtur, qui vi deiecit utentem et fruentem aut non admisit, cum ex fundo exisset non usus fructus deserendi causa. ceterum si quis ab initio volentem incipere uti frui prohibuit, hoc interdictum locum non habet. quid ergo est? debet fructuarius usum fructum vindicare.

24. 3. 2   De interdicto uti possidetis retinendae possessionis

D. 43. 17. 1pr.   Ulpianus 69 ad ed.

Ait praetor: 'uti eas aedes, quibus de agitur, nec vi nec clam nec precario alter ab altero possidetis, quo minus ita possideatis, vim fieri veto. de cloacis hoc interdictum non dabo. neque pluris, quam quanti res erit: intra annum, quo primum experiundi potestas fuerit, agere permittam.'

D. 43. 17. 1. 2   Ulpianus 69 ad ed.

Huius autem interdicti proponendi causa haec fuit, quod separata esse debet possessio a proprietate: fieri etenim potest, ut alter possessor sit, dominus non sit, alter dominus quidem sit, possessor vero non sit: fieri potest, ut et possessor idem et dominus sit.

D. 43. 17. 1. 3   Ulpianus 69 ad ed.

Inter litigatores ergo quotiens est proprietatis controversia, aut

24. 占有

被认为是他所必需的。

D. 43, 16, 3, 16 乌尔比安:《告示评注》第 69 卷

同样,不管是用益权被遗赠还是使用权被遗赠,此令状皆可被适用。因为,不管用益权或者使用权基于何原因被设定,都适用此令状。

D. 43, 16, 3, 14 乌尔比安:《告示评注》第 69 卷

以暴力驱逐用益权人或者不许他进入其离开时无放弃用益权之意思的土地的人,被认为在以暴力阻止用益权人行使用益权。然而,若他在开始行使用益权时就遭到他人阻止,则不适用此令状。为什么?因为用益权人应当提起确认用益权之诉。

24.3.2 保护占有的现状占有令状

D. 43, 17, 1pr. 乌尔比安:《告示评注》第 69 卷

裁判官说:"同他相比你未以暴力地、非秘密地或者未不确定地占有争议之房屋,我便禁止他人为占有它而对你使用暴力。我不会就排水管发布此令状。根据此令状承担的责任限于赔偿损害。我将允许在一年之内适用此令状,期间从能适用该令状时起算。"

D. 43, 17, 1, 2 乌尔比安:《告示评注》第 69 卷

发布此令状的理由是占有应当有别于所有权,因为可能发生一个人是占有人却非所有权人,而另一个人是所有权人却非占有人的情况,还可能发生一个人既是占有人又是所有权人的情况。

D. 43, 17, 1, 3 乌尔比安:《告示评注》第 69 卷

因此,每当就所有权发生争议时,在争议者之间,或是达成

24. De possessione

convenit inter litigatores, uter possessor sit, uter petitor, aut non convenit. si convenit, absolutum est: ille possessoris commodo, quem convenit possidere, ille petitoris onere fungetur. sed si inter ipsos contendatur, luter possideat, quia alteruter se magis possidere adfirmat, tunc, si res soli sit, in cuius possessione contenditur, ad hoc interdictum remittentur.

D. 43. 17. 1. 4   Ulpianus 69 ad ed.

Est igitur hoc interdictum, quod volgo uti possidetis appellatur, retinendae possessionis (nam huius rei causa redditur, ne vis fiat ei qui possidet) et consequenter proponitur post interdictum unde vi. illud enim restituit vi amissam possessionem, hoc interdictum tuetur, ne amittatur possessio, denique praetor possidenti vim fieri vetat: et illud quidem interdictum obpugnat possessorem, hoc tuetur. et ut Pedius ait, omnis de possessione controversia aut eo pertinet, ut, quod non possidemus, nobis restituatur, aut ad hoc, ut retinere nobis liceat quod possidemus. restitutae possessionis ordo aut interdicto expeditur aut per actionem: retinendae itaque possessionis duplex via est, aut exceptio aut interdictum. exceptio datur ex multis causis ei qui possidet.

D. 43. 17. 1. 5   Ulpianus 69 ad ed.

Perpetuo autem hoc interdicto insunt haec: 'quod nec vi nec clam nec precario ab illo possides.'

D. 43. 17. 1. 9   Ulpianus 69 ad ed.

Quod ait praetor in interdicto 'nec vi nec clam nec precario alter ab altero possidetis', hoc eo pertinet, ut, si quis possidet vi aut clam aut precario, si quidem ab alio, prosit ei possessio, si vero ab adversario suo, non debeat eum propter hoc quod ab eo possidet vincere: has enim possessiones non debere proficere palam est.

24. 占有

协议以确定谁是占有人及谁是要求确定所有权的人，或是未达成协议。若有此协议，问题即被解决：被商定为占有人的人将享有占有的利益，相对方将承担证明所有权属于他的负担。但是，如果对何人是占有人有争议，因为每个人都声称自己是占有人，且争议之标的为不动产，那么他们将求助于该令状。

D. 43, 17, 1, 4　乌尔比安：《告示评注》第 69 卷

通常被称为现状占有的令状被用于保持占有，因为发布此令状是为了防止对占有人使用暴力。在裁判官的告示中它被列于暴力令状之后，因为后一种令状使因暴力而失去的占有得到恢复，前一种令状则使占有不被丧失。总之，裁判官禁止对占有人使用暴力。前一种令状用于保持占有人的占有现状，后一种令状则用于恢复占有人的占有。正如佩丢斯所说，关于占有的一切争议，其目的或是为了使我们丧失的占有之物被返还给我们，或是为了合法地保持我们占有之物。请求恢复占有的方式有两种：或通过令状，或通过诉讼。保持占有的方式也有两种：或通过抗辩，或通过令状。基于多种原因，抗辩权常被赋予占有人。

D. 43, 17, 1, 5　乌尔比安：《告示评注》第 69 卷

在此令状中总是包含下述语言："同他人相比，你未以暴力、未秘密地或者未不确定地占有。"

D. 43, 17, 1, 9　乌尔比安：《告示评注》第 69 卷

裁判官在占有保护令状中所说"一方未曾以暴力、欺瞒或者临时受让之手段，剥夺对方之占有"的意思是：如果一方以暴力、欺瞒或者临时受让之手段，从第三人而非对方当事人处取得占有，该占有对其产生［针对相对方当事人的］效力；但是，如果他［以上述手段］剥夺了对方的占有，他将不能胜诉，因为他非法地剥夺了对方的占有。显而易见，此类占有不产生［针对相对方当事人的］效力。

24. De possessione

D. 43. 17. 2   Paulus 65 ad ed.

Usta enim an iniusta adversus ceteros possessio sit, in hoc interdicto nihil refert: qualiscumque enim possessor hoc ipso, quod possessor est, plus iuris habet quam ille qui non possidet.

24. 3. 3   De interdicto utrubi retinendae possessionis

D. 43. 31. 1pr.   Ulpianus 72 ad ed.

Praetor ait: 'utrubi hic homo, quo de agitur, maiore parte huiusce anni fuit, quo minus is eum ducat, vim fieri veto.'

D. 43. 31. 1. 1   Ulpianus 72 ad ed.

Hoc interdictum de possessione rerum mobilium locum habet: sed optinuit vim eius exaequatam fuisse uti possidetis interdicto, quod de rebus soli competit, ut is et in hoc interdicto vincat, qui nec vi nec clam nec precario, dum super hoc ab adversario inquietatur, possessionem habet.

24. 3. 4   Quomodo possidere liceat

24. 3. 4. 1   Non vi

D. 43. 16. 1. 28   Ulpianus 69 ad ed.

Vi possidere eum definiendum est, qui expulso vetere possessore adquisitam per vim possessionem optinet aut qui in hoc ipsum aptatus et praeparatus venit ut contra bonos mores auxilio, ne prohiberi possit in grediens in possessionem, facit. sed qui per vim possessionem suam retinuerit, Labeo ait non vi possidere.

24. 占有

D. 43, 17, 2　保罗：《告示评注》第 65 卷

在此令状中，同他人相比，占有是否正当并不重要，因为任何占有人都是基于他是占有人这一理由而享有比非占有人更多的利益。

24.3.3　保护占有的优者占有令状

D. 43, 31, 1pr.　乌尔比安：《告示评注》第 72 卷

裁判官说："如果有争议的奴隶在一年的大部分时间里为两人中的人所占有，我便禁止另一个人以暴力将他带走。"

D. 43, 31, 1, 1　乌尔比安：《告示评注》第 72 卷

此令状适用于动产的占有，但是，应当指出它与适用于不动产占有的保护不动产占有令状具有同等效力。因此，在此令状中，非暴力地、非秘密地及非不确定地占有之人，在其占有为对方所禁止时将获得保护。

24.3.4　合法占有的条件

24.3.4.1　非暴力地占有

D. 43, 16, 1, 28　乌尔比安：《告示评注》第 69 卷

在以暴力驱逐原占有人后取得占有的人，或为获得占有而违反善良风俗，以阻止他人占有的方式取得占有的人，被认为在以暴力进行占有。但是拉贝奥认为，以暴力保持其占有的人不是在以暴力进行占有。

24. De possessione

D. 43. 16. 1. 29   Ulpianus 69 ad ed.

Idem Labeo ait eum, qui metu turbae perterritus fugerit, vi videri deiectum. sed Pomponius ait vim sine corporali vi locum non habere, ergo etiam eum, qui fugatus est supervenientibus quibusdam, si illi vi occupaverunt possessionem, videri vi deiectum.

D. 43. 16. 1. 27   Ulpianus 69 ad ed.

Vim vi repellere licere Cassius scribit idque ius natura comparatur: apparet autem, inquit, ex eo arma armis repellere licere.

D. 43. 16. 11   Pomponius 6 ex plaut.

Vim facit, qui non sinit possidentem eo, quod possidebit, uti arbitrio suo, sive inserendo sive fodiendo sive arando sive quid aedificando sive quid omnino faciendo, per quod liberam possessionem adversarii non relinquit.

D. 41. 2. 7   Paulus 54 ad ed.

Sed et si nolit in fundum reverti, quod vim maiorem vereatur, amississe possessionem videbitur: et ita Neratius quoque scribit.

24. 3. 4. 2   Non clam

D. 41. 2. 6pr.   Ulpianus 70 ad ed.

Clam possidere eum dicimus, qui furtive ingressus est possessionem ignorante eo, quem sibi controversiam facturum suspicabatur et, ne faceret, timebat. Is autem qui, cum possideret non clam, se celavit, in ea causa est, ut non videatur clam possidere: non enim ratio optinendae possessionis, sed origo nanciscendae exquirenda est: nec quemquam clam possidere incipere, qui sciente aut volente eo, ad quem ea res pertinet, aut aliqua ratione bonae fidei possessionem

24. 占有

D. 43, 16, 1, 29 乌尔比安:《告示评注》第 69 卷

拉贝奥还认为,受到一帮人的威胁而惊恐地逃跑的人被认为受到了暴力驱逐。但彭波尼认为,无实际的暴力行为便未发生暴力驱逐。我认为,受到暴力占有者的干涉而逃亡的人也应当被认为受到了暴力驱逐。

D. 43, 16, 1, 27 乌尔比安:《告示评注》第 69 卷

卡修斯写道,以暴力反抗暴力是合法的,这一权利是自然赋予我们的。他又说,由此可以认为,以武力反抗武力是合法的。

D. 43, 16, 11 彭波尼:《普劳提评注》第 6 卷

不许占有人按其意志使用占有物的人,或者通过播种、挖掘、犁地、建筑及从事其他施工阻止对方自由占有的人,是在实施暴力行为。

D. 41, 2, 7 保罗:《告示评注》第 54 卷

如果一个人因怕遭受更大的暴力袭击而不愿回到其土地上,他被认为已失去占有。内拉蒂也是这么写的。

24.3.4.2 非秘密地占有

D. 41, 2, 6pr. 乌尔比安:《告示评注》第 70 卷

我们说:有人怀疑他人会反对其占有,并担心这种情况会发生,因而在未通知该人时便偷偷地进行占有,其占有为秘密占有。然而,在非秘密占有时将自己隐藏起来的人,不能被认为在秘密地占有。因为,需考虑的不是占有的方式而是其取得的原因。一个人在物之所有权人明知或者同意其占有时进行占有,或以某种方式进行善意占有,不被认为在秘密占有。因此,彭波尼认为,一

24. De possessione

nanciscitur. itaque, inquit Pomponius, clam nanciscitur possessionem, qui futuram controversiam metuens ignorante eo, quem metuit, furtive in possessionem ingreditur.

D. 41. 2. 6. 1 Ulpianus 70 ad ed.

Qui ad nundinas profectus neminem reliquerit et, dum ille a nundinis redit, aliquis occupaverit possessionem, videri eum clam possidere Labeo scribit: retinet ergo possessionem is, qui ad nundinas abiit ^abit^: verum si revertentem dominum non admiserit, vi magis intellegi possidere, non clam.

24. 3. 4. 3 Non precario

D. 43. 26. 2. 3 Ulpianus 71 ad ed.

Habere precario videtur, qui possessionem vel corporis vel iuris adeptus est ex hac solummodo causa, quod preces adhibuit et impetravit, ut sibi possidere aut uti liceat :

D. 41. 2. 10pr. Ulpianus 69 ad ed.

Si quis ante conduxit, postea precario rogavit, videbitur discessisse a conductione: quod si ante rogavit, postea conduxit, conduxisse videbitur. potius enim hoc procedere videtur, quod novissime factum est: et hoc Pomponius ait.

D. 41. 2. 10. 1 Ulpianus 69 ad ed.

Idem Pomponius bellissime temptat dicere, numquid qui conduxerit quidem praedium, precario autem rogavit non ut possideret, sed ut in possessione esset (est autem longe diversum: aliud est enim possidere, longe aliud in possessione esse: denique rei servandae causa, legatorum,

24. 占有

个人因担心将来有人反对而在未通知的情况下偷偷地进行占有,即为秘密占有。

D. 41, 2, 6, 1　乌尔比安:《告示评注》第 70 卷

如果去市场的人未留下财产看守人,当其从市场返回时一个人已侵占其财产,拉贝奥写道,此人被认为在实施秘密占有,因此去市场的人仍保持着占有。但若侵占者不许所有权人恢复占有,那么他将被认为暴力占有而非秘密占有。

24.3.4.3 非临时性地占有

D. 43, 26, 2, 3　乌尔比安:《告示评注》第 71 卷

仅因请求而获得占有或者使用许可进而取得物体或者权利占有的人,被认为在进行不确定地占有。

D. 41, 2, 10pr.　乌尔比安:《告示评注》第 69 卷

如果一个人先租用一个物,而后请求不确定占有该物,那么他被认为已放弃租用。若先请求不确定占有而后租用,那么他被认为已租用该物。因为,只有最后的行为才被认为是有效的。彭波尼是这么说的。

D. 41, 2, 10, 1　乌尔比安:《告示评注》第 69 卷

彭波尼说得好,难道一个人租用了一块土地而后请求不确定占有不是为了占有它而是为了处于占有状态吗? 这是完全不同的问题,因为占有是一回事,而处于占有状态却是另一回事。因保存物或者因遗赠以及潜在损害而持有物的人并未占有物,其只是

24. De possessione

damni infecti non possident, sed sunt in possessione custodiae causa) : quod si factum est, utrumque procedit.

D. 41. 2. 10. 2   Ulpianus 69 ad ed.

Si quis et conduxerit et rogaverit precario, uti possideret, si quidem nummo uno conduxit, nulla dubitatio est, quin ei precarium solum teneat, quia conductio nulla est, quae est in uno nummo: sin vero pretio, tunc distinguendum, quid prius factum est.

24. 3. 5   De condemnationis summa

D. 43. 16. 6   Paulus 17 ad ed.

In interdicto unde vi tanti condemnatio facienda est, quanti intersit possidere: et hoc iure nos uti Pomponius scribit, id est tanti rem videri, quanti actoris intersit: quod alias minus esse, alias plus: nam saepe actoris pluris interesse hominem retinere, quam quanti is est, veluti cum quaestionis habendae aut rei probandae gratia aut hereditatis adeundae intersit eius eum possideri.

D. 43. 17. 3. 11   Ulpianus 69 ad ed.

In hoc interdicto condemnationis surnma refertur ad rei ipsius aestimationem. 'quanti res est' sic accipimus 'quanti uniuscuiusque interest possessionem retinere' . Servii autem sententia est existimantis tanti possessionem aestimandam, quanti ipsa res est: sed hoc nequaquam opinandum est: longe enim aliud est rei pretium, aliud possessionis.

D. 41. 2. 35   Ulpianus 5 de omn. trib.

Exitus controversiae possessionis hic est tantum, ut prius pronuntiet iudex, uter possideat: ita enim fiet, ut is, qui victus est de possessione, petitoris partibus fungatur et tunc de dominio quaeratur.

24. 占有

为了看管物而处于占有状态。若发生前述情况，他便既在占有又处于占有状态。

D. 41, 2, 10, 2　乌尔比安：《告示评注》第 69 卷

如果一个人租用一个物并请求不确定占有，且他只交付一元钱的租金，毫无疑问，他只享有不确定占有。因为，若交付的租金只有一元钱，租赁契约无效。如果交付了租金，则需要分清哪个行为在先。

24.3.5　判罚的金钱数额

D. 43, 16, 6　保罗：《告示评注》第 17 卷

根据暴力令状应当承担的赔偿责任与占有的利益一致。彭波尼写道，根据法学原理，原告的利益被认为是物的总价值，它有时较大，有时较小，因为原告占有奴隶的利益通常大于奴隶本身的价值。比如，占有他或是为了审问他，或是为了证明一件事，或是为了接受遗产，这就是原告占有奴隶的利益。

D. 43, 17, 3, 11　乌尔比安：《告示评注》第 69 卷

在此令状中，赔偿总额涉及物本身的价值。我们认为，物的价值是每个人保持占有的利益。然而，塞尔维乌斯认为，估算的占有利益额应等于物本身的价值额。但此观点根本不应当被考虑，因为物的价值是一回事，而占有利益的估算却是另一回事。

D. 41, 2, 35　乌尔比安：《论各种法庭》第 5 卷

对占有争议的处理结果仅仅是法官宣布两者中谁占有物，其结果将是：在占有诉讼中败诉的一方，在提出所有权问题时将充当原告。

索　引

优士丁尼《学说汇纂》	页码 拉	汉			
D. 1. 6. 2	210	211	D. 1. 8. 9pr.	6	7
D. 1. 8. 1pr.	2	3	D. 1. 8. 9. 1	6	7
D. 1. 8. 1	2	3	D. 1. 8. 9. 2	6	7
D. 1. 8. 2pr.	4	5	D. 1. 8. 9. 3	14	15
D. 1. 8. 2. 1	16	17	D. 1. 8. 9. 4	14	15
D. 1. 8. 3	20	21	D. 1. 8. 9. 5	6	7
D. 1. 8. 4pr.	20	21	D. 1. 8. 10	18	19
D. 1. 8. 4. 1	26	27	D. 1. 8. 11	14	15
D. 1. 8. 5pr.	30	31	D. 2. 14. 61	106	107
D. 1. 8. 5. 1	20	21	D. 4. 3. 39	126	127
D. 1. 8. 6pr.	20	21	D. 5. 3. 29	52	53
D. 1. 8. 6. 1	32	33	D. 6. 1. 1. 1	118	119
D. 1. 8. 6. 2	4	5	D. 6. 1. 1. 3	42/118	43/119
D. 1. 8. 6. 3	6	7	D. 6. 1. 3. 1	120	121
D. 1. 8. 6. 4	10	11	D. 6. 1. 3. 2	120	121
D. 1. 8. 6. 5	10	11	D. 6. 1. 5pr.	66/120	67/121
D. 1. 8. 7	10	11	D. 6. 1. 5. 1	66	67
D. 1. 8. 8pr.	12	13	D. 6. 1. 5. 2	62	63
D. 1. 8. 8. 1	12	13	D. 6. 1. 7	126	127
D. 1. 8. 8. 2	14	15	D. 6. 1. 9	124	125
			D. 6. 1. 10	140	141
			D. 6. 1. 12	140	141

索　引

D. 6. 1. 13	138	139	D. 6. 1. 58pr.	142	143
D. 6. 1. 15. 1	130	131	D. 6. 1. 62pr.	132	133
D. 6. 1. 15. 2	130	131	D. 6. 1. 62. 1	134	135
D. 6. 1. 15. 3	138	139	D. 6. 1. 63	142	143
D. 6. 1. 17pr.	138	139	D. 6. 1. 67	112	113
D. 6. 1. 20	132	133	D. 6. 1. 68	140	141
D. 6. 1. 23pr.	122	123	D. 6. 1. 73. 1	310	311
D. 6. 1. 23. 1	6/118	6/119	D. 6. 1. 74	310	311
D. 6. 1. 23. 3	68	69	D. 6. 1. 75	310	311
D. 6. 1. 23. 4	68	69	D. 6. 1. 76pr.	122	123
D. 6. 1. 23. 5	68	69	D. 6. 1. 76. 1	120	121
D. 6. 1. 23. 7	70	71	D. 6. 1. 80	128	129
D. 6. 1. 24	122	123	D. 6. 2. 1pr.	222	223
D. 6. 1. 25	126	127	D. 6. 2. 1. 1	222	223
D. 6. 1. 27pr.	126	127	D. 6. 2. 1. 2	222	223
D. 6. 1. 27. 1	128	129	D. 6. 2. 2	224	225
D. 6. 1. 27. 3	124	125	D. 6. 2. 3. 1	224	225
D. 6. 1. 27. 5	134	135	D. 6. 2. 5	224	225
D. 6. 1. 33	132	133	D. 6. 2. 7. 1	80	81
D. 6. 1. 34pr.	134	135	D. 6. 2. 7. 8	226	227
D. 6. 1. 35. 3	38	39	D. 6. 2. 9. 4	224	225
D. 6. 1. 36pr.	124	125	D. 6. 2. 17	224	225
D. 6. 1. 36. 1	138	139	D. 6. 3. 1pr.	230	231
D. 6. 1. 38	136	137	D. 6. 3. 1. 1	230	231
D. 6. 1. 44	52	53	D. 6. 3. 2	230	231
D. 6. 1. 46	80	81	D. 7. 1. 1	240	241
D. 6. 1. 48	134	135	D. 7. 1. 3pr.	264	265
D. 6. 1. 49pr.	120	121	D. 7. 1. 7. 2	256	257
D. 6. 1. 49. 1	120	121	D. 7. 1. 7. 3	256	257
D. 6. 1. 56	118	119	D. 7. 1. 9pr.	240	241

索　引

D. 7. 1. 9. 1	240	241	D. 7. 4. 1pr.	266	267
D. 7. 1. 9. 2	240	241	D. 7. 4. 3. 3	266	267
D. 7. 1. 9. 3	242	243	D. 7. 4. 5. 2	266	267
D. 7. 1. 9. 4	242	243	D. 7. 4. 10. 7	268	269
D. 7. 1. 9. 5	242	243	D. 7. 4. 12pr.	268	269
D. 7. 1. 9. 6	242	243	D. 7. 4. 13	252	253
D. 7. 1. 9. 7	242	243	D. 7. 4. 27	268	269
D. 7. 1. 12. 2	244	245	D. 7. 4. 31	250	251
D. 7. 1. 13. 3	264	255	D. 7. 5. 1	272	273
D. 7. 1. 13. 4	252	253	D. 7. 5. 2. 1	274	275
D. 7. 1. 13. 5	252	253	D. 7. 5. 3	274	275
D. 7. 1. 13. 6	254	255	D. 7. 5. 7	36/274	37/275
D. 7. 1. 15. 1	254	255	D. 7. 6. 1. 1	246	247
D. 7. 1. 15. 6	258	259	D. 7. 6. 5pr.	144/270	145/271
D. 7. 1. 15. 7	260	261	D. 7. 6. 5. 1	270	271
D. 7. 1. 17pr.	260	261	D. 7. 7. 4	250	251
D. 7. 1. 18	244	245	D. 7. 7. 5	276	277
D. 7. 1. 21	250	251	D. 7. 8. 4. 1	278	279
D. 7. 1. 27. 3	258	259	D. 7. 8. 10pr.	278	279
D. 7. 1. 44	254	255	D. 7. 8. 10. 1	280	281
D. 7. 1. 56	266	267	D. 7. 8. 10. 2	280	281
D. 7. 1. 58pr.	246	247	D. 7. 8. 10. 3	280	281
D. 7. 1. 59. 1	244	245	D. 7. 8. 14. 3	278	279
D. 7. 1. 61	254	255	D. 7. 8. 16. 1	260	261
D. 7. 1. 64	258	259	D. 7. 8. 19	262	263
D. 7. 1. 68. 2	248	249	D. 7. 9. 1pr.	258	259
D. 7. 1. 70pr.	248	249	D. 7. 9. 5. 3	276	277
D. 7. 1. 70. 1	248	249	D. 7. 9. 9. 3	256	257
D. 7. 1. 70. 2	248	249	D. 8. 1. 1	284	285
D. 7. 1. 71	268	269	D. 8. 1. 4pr.	294	295

索　引

D. 8. 1. 4. 1	294	295	D. 8. 3. 35	304	305
D. 8. 1. 4. 2	294	295	D. 8. 4. 7pr.	298	299
D. 8. 1. 8pr.	292	293	D. 8. 4. 11pr.	286	287
D. 8. 1. 8. 1	290	291	D. 8. 4. 11. 1	288	289
D. 8. 1. 10	286	287	D. 8. 4. 13pr.	288	289
D. 8. 1. 14pr.	296	297	D. 8. 4. 13. 1	208	209
D. 8. 1. 15. 1	288	289	D. 8. 5. 2pr.	298	299
D. 8. 1. 16	300	301	D. 8. 5. 4. 3	216	217
D. 8. 1. 17	292	293	D. 8. 5. 4. 4	216	217
D. 8. 2. 2	284	285	D. 8. 5. 6. 2	288	289
D. 8. 2. 6	302	303	D. 8. 5. 6. 3	300	301
D. 8. 2. 23. 1	54/298	55/299	D. 8. 5. 8. 5	144	145
D. 8. 2. 26	290	291	D. 8. 5. 8. 6	146	147
D. 8. 2. 27pr.	290	291	D. 8. 5. 10pr.	296	297
D. 8. 2. 27. 1	216	217	D. 8. 5. 10. 1	300	301
D. 8. 2. 28	292	293	D. 8. 5. 20. 1	48	49
D. 8. 3. 1pr.	284	285	D. 8. 6. 1	302	303
D. 8. 3. 1. 1	286	287	D. 8. 6. 4	12	13
D. 8. 3. 1. 2	296	297	D. 8. 6. 5	300	301
D. 8. 3. 3pr.	286	287	D. 8. 6. 14. 1	206	207
D. 8. 3. 3. 1	286	287	D. 10. 1. 1	148	149
D. 8. 3. 3. 2	286	287	D. 10. 1. 2. 1	150	151
D. 8. 3. 4	292	293	D. 10. 1. 3	150	151
D. 8. 3. 7. 1	290	291	D. 10. 1. 4. 1	150	151
D. 8. 3. 11	214	215	D. 10. 1. 4. 2	150	151
D. 8. 3. 17	30	31	D. 10. 1. 4. 8	148	149
D. 8. 3. 23. 2	116	117	D. 10. 1. 4. 9	148	149
D. 8. 3. 31	302	303	D. 10. 1. 4. 10	148	149
D. 8. 3. 32pr.	304	305	D. 10. 1. 8pr.	150	151
D. 8. 3. 34. 1	304	305	D. 10. 1. 8. 1	148	149

索 引

D. 10. 2. 55	220　221	D. 19. 1. 25	204　205
D. 10. 3. 1	218　219	D. 19. 2. 9. 1	246　247
D. 10. 3. 2pr.	214　215	D. 20. 1. 2	312　313
D. 10. 3. 3pr.	220　221	D. 20. 1. 11. 2	262　263
D. 10. 3. 4pr.	220　221	D. 20. 1. 11. 3	296　297
D. 10. 3. 7. 10	264　265	D. 20. 1. 14pr.	316　317
D. 10. 3. 14pr.	220　221	D. 20. 1. 15pr.	54　55
D. 10. 3. 28	216　217	D. 20. 1. 17	316　317
D. 10. 4. 5. 5	204　205	D. 20. 1. 29. 2	314　315
D. 11. 7. 2pr.	12　13	D. 20. 2. 1	314　315
D. 11. 7. 5	10　11	D. 20. 2. 2	314　315
D. 11. 7. 12pr.	206　207	D. 20. 2. 7pr.	312　313
D. 11. 7. 36	12　13	D. 20. 3. 1. 2	316　317
D. 12. 1. 2. 1	36　37	D. 20. 4. 11. 3	54　55
D. 13. 7. 1pr.	312　313	D. 20. 4. 11. 4	318　319
D. 13. 7. 9. 2	312　313	D. 20. 4. 12. 8	318　319
D. 13. 7. 13pr.	320　321	D. 20. 5. 8	318　319
D. 15. 1. 2	250　251	D. 20. 5. 9. 1	318　319
D. 17. 2. 83	66　67	D. 20. 5. 13	318　319
D. 18. 1. 1pr.	36　37	D. 20. 6. 6pr.	320　321
D. 18. 1. 8pr.	52　53	D. 20. 6. 7. 2	320　321
D. 18. 1. 8. 1	54　55	D. 20. 6. 8pr.	320　321
D. 18. 1. 32	306　307	D. 21. 2. 11pr.	114　115
D. 18. 1. 51	22　23	D. 21. 3. 1pr.	226　227
D. 18. 1. 74	84　85	D. 21. 3. 2	226　227
D. 18. 1. 80. 3	232　233	D. 22. 1. 25pr.	60　61
D. 19. 1. 17. 7	42　43	D. 22. 1. 25. 1	60　61
D. 19. 1. 17. 8	44　45	D. 22. 1. 26	50　51
D. 19. 1. 17. 9	44　45	D. 22. 1. 28pr.	50/248　51/249
D. 19. 1. 17. 10	44　45	D. 22. 1. 28. 1	50/250　51/251

索　引

D. 22. 6. 9. 4	82	83	D. 39. 1. 5. 12	156	157
D. 23. 3. 66	262	263	D. 39. 1. 8. 2	158	159
D. 24. 1. 3. 12	88	89	D. 39. 1. 20. 3	160	161
D. 30. 26. 2	38	39	D. 39. 1. 20. 6	160	161
D. 30. 71. 5	230	231	D. 39. 1. 22	162	163
D. 30. 71. 6	232	233	D. 39. 1. 23	162	163
D. 33. 2. 1	294	295	D. 39. 2. 2	164	165
D. 33. 2. 2	276	277	D. 39. 2. 7. 1	164	165
D. 33. 2. 42	50	51	D. 39. 2. 7. 2	174	175
D. 33. 3. 1	298	299	D. 39. 2. 9. 1	206	207
D. 33. 7. 8pr.	46	47	D. 39. 2. 9. 4	168	169
D. 33. 7. 8. 1	48	49	D. 39. 2. 9. 5	170	171
D. 33. 7. 12. 23	46	47	D. 39. 2. 13. 3	168	169
D. 33. 7. 17. 1	48	49	D. 39. 2. 15. 11	172	173
D. 39. 1. 1pr.	152	153	D. 39. 2. 15. 16	172	173
D. 39. 1. 1. 1	152	153	D. 39. 2. 15. 21	172	173
D. 39. 1. 1. 2	158	159	D. 39. 2. 15. 30	172	173
D. 39. 1. 1. 6	158	159	D. 39. 2. 18pr.	168	169
D. 39. 1. 1. 7	160	161	D. 39. 2. 19. 1	166	167
D. 39. 1. 1. 11	152	153	D. 39. 2. 24. 1a	170	171
D. 39. 1. 1. 12	154	155	D. 39. 2. 24. 2	166	167
D. 39. 1. 1. 13	154	155	D. 39. 2. 24. 9	166	167
D. 39. 1. 1. 16	154	155	D. 39. 2. 26	164	165
D. 39. 1. 1. 17	154	155	D. 39. 2. 32	170	171
D. 39. 1. 1. 19	156	157	D. 39. 3. 1pr.	176	177
D. 39. 1. 3. 3	310	311	D. 39. 3. 1. 1	176	177
D. 39. 1. 3. 4	156	157	D. 39. 3. 1. 3	178	179
D. 39. 1. 4	156	157	D. 39. 3. 1. 6	180	181
D. 39. 1. 5. 3	158	159	D. 39. 3. 1. 7	180	181
D. 39. 1. 5. 11	156	157	D. 39. 3. 1. 8	180	181

369

索　引

D. 39. 3. 1. 10	178	179	D. 41. 1. 9. 5	86	87
D. 39. 3. 1. 11	178	179	D. 41. 1. 9. 8	112	113
D. 39. 3. 1. 12	178	179	D. 41. 1. 10. 3	250	251
D. 39. 3. 1. 13	18	19	D. 41. 1. 12pr.	76	77
D. 39. 3. 1. 21	178	179	D. 41. 1. 14pr.	20	21
D. 39. 3. 1. 22	16	17	D. 41. 1. 15	30	31
D. 39. 3. 2pr.	180	181	D. 41. 1. 20pr.	90	91
D. 39. 3. 2. 1	180	181	D. 41. 1. 20. 1	90	91
D. 39. 3. 2. 3	182	183	D. 41. 1. 20. 2	92	93
D. 39. 3. 3pr.	184	185	D. 41. 1. 23pr.	92	93
D. 39. 3. 4. 2	184	185	D. 41. 1. 26. 1	70	71
D. 39. 3. 6. 4	182	183	D. 41. 1. 29	72	73
D. 39. 3. 6. 5	182	183	D. 41. 1. 30. 2	74	75
D. 39. 3. 6. 6	184	185	D. 41. 1. 31pr.	88	89
D. 39. 3. 6. 7	184	185	D. 41. 1. 35	82	83
D. 39. 3. 22pr.	272	273	D. 41. 1. 36	90	91
D. 39. 3. 22. 2	272	273	D. 41. 1. 43. 1	82	83
D. 39. 3. 25	300	301	D. 41. 1. 43. 2	92	93
D. 39. 4. 11. 1	232	233	D. 41. 1. 50	18	19
D. 39. 4. 11. 2	78	79	D. 41. 1. 51. 1	58	59
D. 41. 1. 1. 1	56	57	D. 41. 1. 52	222	223
D. 41. 1. 3pr.	56	57	D. 41. 1. 56pr.	74	75
D. 41. 1. 3. 1	56	57	D. 41. 1. 56. 1	74	75
D. 41. 1. 6pr.	62	63	D. 41. 1. 63pr.	58	59
D. 41. 1. 7. 1	72	73	D. 41. 1. 63. 1	60	61
D. 41. 1. 7. 2	72	73	D. 41. 2. 1pr.	326	327
D. 41. 1. 7. 7	64	65	D. 41. 2. 1. 1	56	57
D. 41. 1. 9pr.	70	71	D. 41. 2. 1. 2	330	331
D. 41. 1. 9. 2	70	71	D. 41. 2. 1. 3	336	337
D. 41. 1. 9. 3	82	83	D. 41. 2. 1. 5	330	331

索 引

D. 41. 2. 1. 8	330	331	D. 41. 2. 12. 1	344	345
D. 41. 2. 1. 9	338	339	D. 41. 2. 18. 2	86	87
D. 41. 2. 1. 14	340	341	D. 41. 2. 21. 1	96	97
D. 41. 2. 1. 22	336	337	D. 41. 2. 24	332	333
D. 41. 2. 1. 21	86	87	D. 41. 2. 25. 2	340	341
D. 41. 2. 3pr.	326	327	D. 41. 2. 29	344	345
D. 41. 2. 3. 1	332	333	D. 41. 2. 30pr.	328	329
D. 41. 2. 3. 2	334	335	D. 41. 2. 30. 1	344	345
D. 41. 2. 3. 3	334	335	D. 41. 2. 30. 3	344	345
D. 41. 2. 3. 4	334	335	D. 41. 2. 32. 2	336	337
D. 41. 2. 3. 5	326	327	D. 41. 2. 33	82	83
D. 41. 2. 3. 6	342	343	D. 41. 2. 35	362	363
D. 41. 2. 3. 7	338	339	D. 41. 2. 41	336	337
D. 41. 2. 3. 8	338	339	D. 41. 2. 44. 1	332	333
D. 41. 2. 3. 9	342	343	D. 41. 2. 49pr.	330	331
D. 41. 2. 3. 10	342	343	D. 41. 2. 49. 1	332	333
D. 41. 2. 3. 11	338	339	D. 41. 2. 51	84	85
D. 41. 2. 3. 12	338	339	D. 41. 3. 1	94	95
D. 41. 2. 3. 13	340	341	D. 41. 3. 2	94	95
D. 41. 2. 3. 14	340	341	D. 41. 3. 3	94	95
D. 41. 2. 3. 21	328	329	D. 41. 3. 4pr.	94	95
D. 41. 2. 3. 22	328	329	D. 41. 3. 4. 1	94	95
D. 41. 2. 3. 23	328	329	D. 41. 3. 4. 2	96	97
D. 41. 2. 5	100	101	D. 41. 3. 4. 6	96	97
D. 41. 2. 6pr.	358	359	D. 41. 3. 4. 19	96	97
D. 41. 2. 6. 1	360	361	D. 41. 3. 4. 20	66	67
D. 41. 2. 7	358	359	D. 41. 3. 4. 26 (27)	98	99
D. 41. 2. 10pr.	360	361	D. 41. 3. 4. 28 (29)	98	99
D. 41. 2. 10. 1	360	361	D. 41. 3. 10pr.	102	103
D. 41. 2. 10. 2	362	363	D. 41. 3. 10. 1	96	97

371

索　引

D. 41. 3. 30pr.	40	41	D. 43. 8. 2. 29	26	27
D. 41. 3. 30. 1	40	41	D. 43. 8. 3pr.	20	21
D. 41. 3. 30. 2	40	41	D. 43. 8. 3. 1	18	19
D. 41. 3. 31. 5	100	101	D. 43. 12. 1. 1	28	29
D. 41. 3. 32. 1	100	101	D. 43. 12. 1. 2	28	29
D. 41. 3. 45pr.	26	27	D. 43. 12. 1. 3	28	29
D. 41. 4. 2pr.	102	103	D. 43. 12. 1. 5	28	29
D. 41. 4. 2. 6	102	103	D. 43. 12. 1. 12	28	29
D. 41. 4. 11	104	105	D. 43. 12. 3. 1	30	31
D. 41. 6. 1pr.	104	105	D. 43. 12. 3. 2	30	31
D. 41. 7. 1	112	113	D. 43. 16. 1pr.	346	347
D. 41. 7. 2. 1	112	113	D. 43. 16. 1. 2	346	347
D. 41. 7. 3	214	215	D. 43. 16. 1. 3	346	347
D. 41. 8. 2	104	105	D. 43. 16. 1. 4	346	347
D. 41. 8. 7	104	105	D. 43. 16. 1. 5	348	349
D. 41. 9. 1pr.	104	105	D. 43. 16. 1. 6	348	349
D. 43. 6. 1pr.	8	9	D. 43. 16. 1. 7	348	349
D. 43. 6. 1. 2	8	9	D. 43. 16. 1. 8	348	349
D. 43. 8. 1	22	23	D. 43. 16. 1. 9	348	349
D. 43. 8. 2pr.	24	25	D. 43. 16. 1. 12	348	349
D. 43. 8. 2. 1	24	25	D. 43. 16. 1. 22	350	351
D. 43. 8. 2. 2	24	25	D. 43. 16. 1. 23	350	351
D. 43. 8. 2. 6	24	25	D. 43. 16. 1. 24	350	351
D. 43. 8. 2. 8	18	19	D. 43. 16. 1. 25	350	350
D. 43. 8. 2. 10	24	25	D. 43. 16. 1. 26	350	351
D. 43. 8. 2. 11	24	25	D. 43. 16. 1. 27	358	359
D. 43. 8. 2. 12	26	27	D. 43. 16. 1. 28	356	357
D. 43. 8. 2. 17	306	307	D. 43. 16. 1. 29	358	359
D. 43. 8. 2. 19	8	9	D. 43. 16. 3. 13	350	351
D. 43. 8. 2. 21	26	27	D. 43. 16. 3. 14	352	353

索　引

D. 43. 16. 3. 16	352	353	D. 43. 24. 1. 4	188	189
D. 43. 16. 6	362	363	D. 43. 24. 1. 5	192	193
D. 43. 16. 11	358	359	D. 43. 24. 3pr.	192	193
D. 43. 17. 1pr.	352	353	D. 43. 24. 3. 7	192	193
D. 43. 17. 1. 2	352	353	D. 43. 24. 5. 14	196	197
D. 43. 17. 1. 3	352	353	D. 43. 24. 7pr.	196	197
D. 43. 17. 1. 4	354	355	D. 43. 24. 7. 3	192	193
D. 43. 17. 1. 5	354	355	D. 43. 24. 7. 4	194	195
D. 43. 17. 1. 9	354	355	D. 43. 24. 7. 5	188	189
D. 43. 17. 2	356	357	D. 43. 24. 7. 7	194	195
D. 43. 17. 3. 11	362	363	D. 43. 24. 11pr.	190	191
D. 43. 18. 1. 1	306	307	D. 43. 24. 11. 14	196	197
D. 43. 18. 1. 2	308	309	D. 43. 24. 14	198	199
D. 43. 18. 1. 3	308	309	D. 43. 24. 15pr.	196	197
D. 43. 18. 1. 4	308	309	D. 43. 24. 15. 3	198	199
D. 43. 18. 1. 5	308	309	D. 43. 24. 15. 7	198	199
D. 43. 18. 1. 6	310	311	D. 43. 24. 15. 8	198	199
D. 43. 18. 1. 7	310	311	D. 43. 24. 16. 1	196	197
D. 43. 18. 2	306	307	D. 43. 24. 16. 2	200	201
D. 43. 20. 1pr.	32	33	D. 43. 24. 22. 3	190	191
D. 43. 20. 1. 27	32	33	D. 43. 25. 1. 2	160	161
D. 43. 20. 4.	296	297	D. 43. 25. 1. 3	156	157
D. 43. 23. 1pr.	186	187	D. 43. 26. 2. 3	360	361
D. 43. 23. 1. 2	186	187	D. 43. 27. 1pr.	202	203
D. 43. 23. 1. 3	186	187	D. 43. 27. 1. 1	202	203
D. 43. 23. 1. 7	186	187	D. 43. 27. 1. 2	202	203
D. 43. 23. 1. 14	168	169	D. 43. 28. 1pr.	204	205
D. 43. 23. 2	186	187	D. 43. 28. 1. 1	204	205
D. 43. 24. 1pr.	188	189	D. 43. 31. 1pr.	356	357
D. 43. 24. 1. 2	188	189	D. 43. 31. 1. 1	356	357

373

索　引

D. 45. 3. 1. 4	216	217	D. 50. 16. 242pr.	44　45
D. 45. 3. 5	218	219	D. 50. 16. 242. 2	44　45
D. 46. 2. 27	340	341	D. 50. 16. 242. 4	44　45
D. 46. 3. 79	84	85	D. 50. 16. 245pr.	44　45
D. 47. 2. 43pr.	90	91	D. 50. 16. 246. 1	130　131
D. 47. 2. 43. 5	112	113	D. 50. 17. 11	80　81
D. 47. 2. 43. 9	112	113	D. 50. 17. 25	312　313
D. 47. 2. 43. 11	110	111	D. 50. 17. 73. 2	190　191
D. 47. 2. 44pr.	88	89	D. 50. 17. 119pr.	344　345
D. 47. 2. 62. 8	62	63	D. 50. 17. 131	128　129
D. 47. 10. 13. 7	22	23	D. 50. 17. 153	342　343
D. 47. 12. 5	12	13	D. 50. 17. 156pr.	128　129
D. 48. 11. 8pr.	96	97		
D. 48. 13. 15(13)	58	59	**优士丁尼《法典》**	
D. 49. 14. 31	58	59	C. 1. 2. 21pr.	8　9
D. 50. 10. 3pr.	210	211	C. 1. 2. 21. 1	8　9
D. 50. 16. 5pr.	34	35	C. 1. 2. 21. 2	10　11
D. 50. 16. 15	32	33	C. 2. 3. 20	80　81
D. 50. 16. 35	128	129	C. 3. 32. 5. 1	136　137
D. 50. 16. 39. 1	34	35	C. 3. 32. 22	130　131
D. 50. 16. 49	34	35	C. 3. 33. 2	260　261
D. 50. 16. 77	50	51	C. 3. 33. 13pr.	280　281
D. 50. 16. 83	34	35	C. 3. 33. 13. 1	280　281
D. 50. 16. 96pr.	20	21	C. 3. 33. 13. 2	280　281
D. 50. 16. 109	100	101	C. 3. 33. 13. 3	282　283
D. 50. 16. 121	52	53	C. 3. 33. 13. 4	282　283
D. 50. 16. 178pr.	34	35	C. 3. 34. 13	268　269
D. 50. 16. 219	232	233	C. 3. 34. 14. 1	16　17
D. 50. 16. 222	34	35	C. 4. 9. 3	130　131
D. 50. 16. 238. 2	312	313	C. 4. 19. 2	122　123

374

索 引

C. 4. 40. 3	106	107		C. 8. 10. 4	76	77
C. 4. 54. 9pr.	108	109		C. 8. 10. 12. 2	212	213
C. 4. 54. 9. 1	108	109		C. 8. 10. 12. 5	212	213
C. 4. 66. 1	232	233		C. 8. 13. 1	314	315
C. 4. 66. 2pr.	234	235		C. 8. 13. 2pr.	314	315
C. 4. 66. 2. 1	234	235		C. 8. 13. 2. 1	316	317
C. 4. 66. 2. 2	234	235		C. 8. 13. 3	316	317
C. 4. 66. 3pr.	236	237		C. 8. 33. 3. 1	322	323
C. 4. 66. 3. 1	236	237		C. 8. 33. 3. 2	322	323
C. 4. 66. 3. 2	236	237		C. 8. 33. 3. 3	322	323
C. 4. 66. 3. 3	236	237		C. 8. 34. 3pr.	320	321
C. 4. 66. 3. 5	238	239		C. 8. 53. 1	86	87
C. 7. 25. 1	228	229		C. 8. 53. 28	86	87
C. 7. 31. 1pr.	98	99		C. 8. 54. 1	114	115
C. 7. 31. 1. 1	98	99		C. 8. 54. 2	114	115
C. 7. 31. 1. 5	4	5		C. 11. 43. 1pr.	78	79
C. 7. 32. 4	110	111		C. 11. 43. 1. 1	78	79
C. 7. 36. 1	320	321		C. 11. 43. 1. 2	212	213
C. 8. 1. 1	202	203		C. 11. 56. 1	106	107
C. 8. 4. 7	78	79				

图书在版编目(CIP)数据

拉汉对照优士丁尼国法大全选译. 第 2 卷, 物与物权/(意)桑德罗·斯奇巴尼选编;范怀俊,费安玲译. —北京:商务印书馆,2022
(优士丁尼国法大全选译)
ISBN 978 - 7 - 100 - 21338 - 7

Ⅰ.①拉… Ⅱ.①桑… ②范… ③费… Ⅲ.①罗马法—物权法—研究 Ⅳ.①D904.1

中国版本图书馆 CIP 数据核字(2022)第 116587 号

权利保留,侵权必究。

拉汉对照
优士丁尼国法大全选译
第 2 卷
物与物权
〔意〕桑德罗·斯奇巴尼　选编
范怀俊　费安玲　译
〔意〕阿尔多·贝特鲁奇　朱赛佩·德拉奇纳　校

商 务 印 书 馆 出 版
(北京王府井大街36号　邮政编码100710)
商 务 印 书 馆 发 行
北京通州皇家印刷厂印刷
ISBN 978 - 7 - 100 - 21338 - 7

2022 年 10 月第 1 版　　开本 850×1168 1/32
2022 年 10 月北京第 1 次印刷　印张 13¾
定价:78.00 元